Zu Tisch
bei den alten Römern

Zu Tisch bei den alten Römern

Eine Kulturgeschichte des Essens und Trinkens

VON GUDRUN GERLACH

THEISS

Sonderheft 2001 der Zeitschrift »Archäologie in Deutschland«

Die Deutsche Bibliothek – CIP-Einheitsaufnahme

Ein Titeldatensatz für diese Publikation ist bei
Der Deutschen Bibliothek erhältlich.

Umschlaggestaltung:
Atelier Jürgen Reichert, Stuttgart, unter Verwendung einer
Aufnahme von Scala, Florenz (römisches Paar beim Bankett)

Der Verlag dankt allen Leihgebern für ihre Bereitschaft, Bildmaterial
für diese Publikation zur Verfügung zu stellen. Leider war es nicht
in allen Fällen möglich, die Inhaber der Urheberrechte zu ermitteln.
Etwaige Ansprüche kann der Verlag bei Nachweis entgelten.

Produktion: Verlagsbüro Wais & Partner, Stuttgart
Gesamtherstellung: Offizin Andersen Nexö, Leipzig
Printed in Germany
ISBN 3-8062-1353-4

Inhalt

DIE ESS- UND TRINKKULTUR DER RÖMER IN ROM UND ITALIEN 9
Kennenlernen geht durch den Magen 9
Der Römer ist nicht ›der‹ Römer 10
Die bäuerlichen Ursprünge 11
Die römische Esskultur – historische und soziale Aspekte 12
Tageslauf und Mahlzeiten 13

EINER GEHT DURCH DIE STADT... 18
Märkte und Lebensmittelläden 21
Besuch in einer domus: Kochen und Essen in der Familie 22
Das römische Stadthaus 22
Das Triklinium 22
Triklinien im Freien und in Gärten . . 25
Die ›Gartenmöbel‹ 27
Die Küchen 28
Triklinien und Wirtschaftsräume in den Gutshöfen (›villae rusticae‹) 29
Küche und Esszimmer in einfachen Verhältnissen 30
Projizierte Sinnenfreude: Bilder von Essen und Trinken 31
Spuren in Asche und Boden 31

KÜCHE, EWIGES THEMA DER LITERATUR 33
›Apicius‹ über die Kochkunst 35

IN DER KÜCHE BEI DER ARBEIT 38
Köche 39
Teller, Töpfe und Pokale 39

Ein Pfau auf einem Wandgemälde in aufmerksamer Haltung. Sein Fleisch und seine Eier fanden sich als Delikatessen auf den Tischen der Superreichen.

Oben: Languste aus einem Fresko bei Pompeji; unten: Ein Jagdhund hat einen Hasen gepackt, die »größte Delikatesse« laut Martial (Wandmalerei)

DIE SPEISEN UND IHRE WÜRZUNG 41

Garum, Raute, Teufelsdreck 41

»... und dieses Kraut gemengt mit anderem Kraut...« 42

Notwendige Gewürze in einer gut geführten Küche 46

Fett, Öl und Oliven 46

DIE GENÜSSE DER TAFEL 48

Fleisch von Haustieren 49

Käse 51

Geflügel 51

Wildvögel 52

Wild 53

Bilch, Haselmaus und Siebenschläfer 55

Die »Kinder der Götter«: Fische 55

Maris poma: Die ›Früchte des Meeres‹ 59

Pflanzenkost 60

Obstfrüchte und Beeren 64

Wein 66

Lauer, Posca, Bier und anderes 69

»GUTE GÖTTER, WIE VIELE MENSCHEN HÄLT EIN BAUCH IN TRAB!« (SENECA) 70

Die römische Cena in der Kaiserzeit 70

Des Gastgebers wahrhafte Größe.... 74

Horaz: Tafelfreuden 75

Plinius d. J.: Mangold statt Austern – und vom Gast versetzt! 77

Historia Augusta: Kaiser Elagabals exzessive Prunkgelage 77

LEBENSMITTELHANDEL UND -TRANSPORT............. 79

Salz und Grundnahrungsmittel 79

Luxuswaren 80

Handel in den nördlichen Provinzen 80

Transportwege 80
Meer, Flüsse und Straßen 80
Lastfahrzeuge 82
Zölle 82

DIE ESS- UND TRINKKULTUR DER RÖMER IN DEN NÖRDLICHEN PROVINZEN 83
»Export« der heimischen Esskultur 83
Die archäologischen Quellen 84
Die Militärlager 85
Gräber 86
Die villae rusticae 88
Die Portikusvilla 89
Die Speiseräume 89
Küchen und Keller 89
Die römische Villa von Bad Kreuznach 90
»Streifenhäuser« 90
Die römische Stadt Augusta Raurica 91
Die Großküche in der Insula 1 91
Das Augster Stadtgebiet 92
Die Herdstelle in der Insula 1 92

DINKEL UND AUSTERN: BLICK IN DAS MENÜ DER RÖMER IM NORDEN 93
Getreide und Hülsenfrüchte 93
Gemüse, Gewürzpflanzen, Obst 94
Obst 95
Honig 96
Pfeffer 97
Heilkräuter 97
Fleisch – Haustiere 97
Fleisch – Wild 98
Geflügel und Vögel 99
Delikatessen 100
Fische 100
Aus Fässern und Amphoren 101
Wein 102
Olivenöl 105
Bier *105*

REZEPTE DER ALTEN RÖMER .. 107
Lebensmittelpreise und Löhne 108
Register 109
Literatur 111
Bildnachweis 112

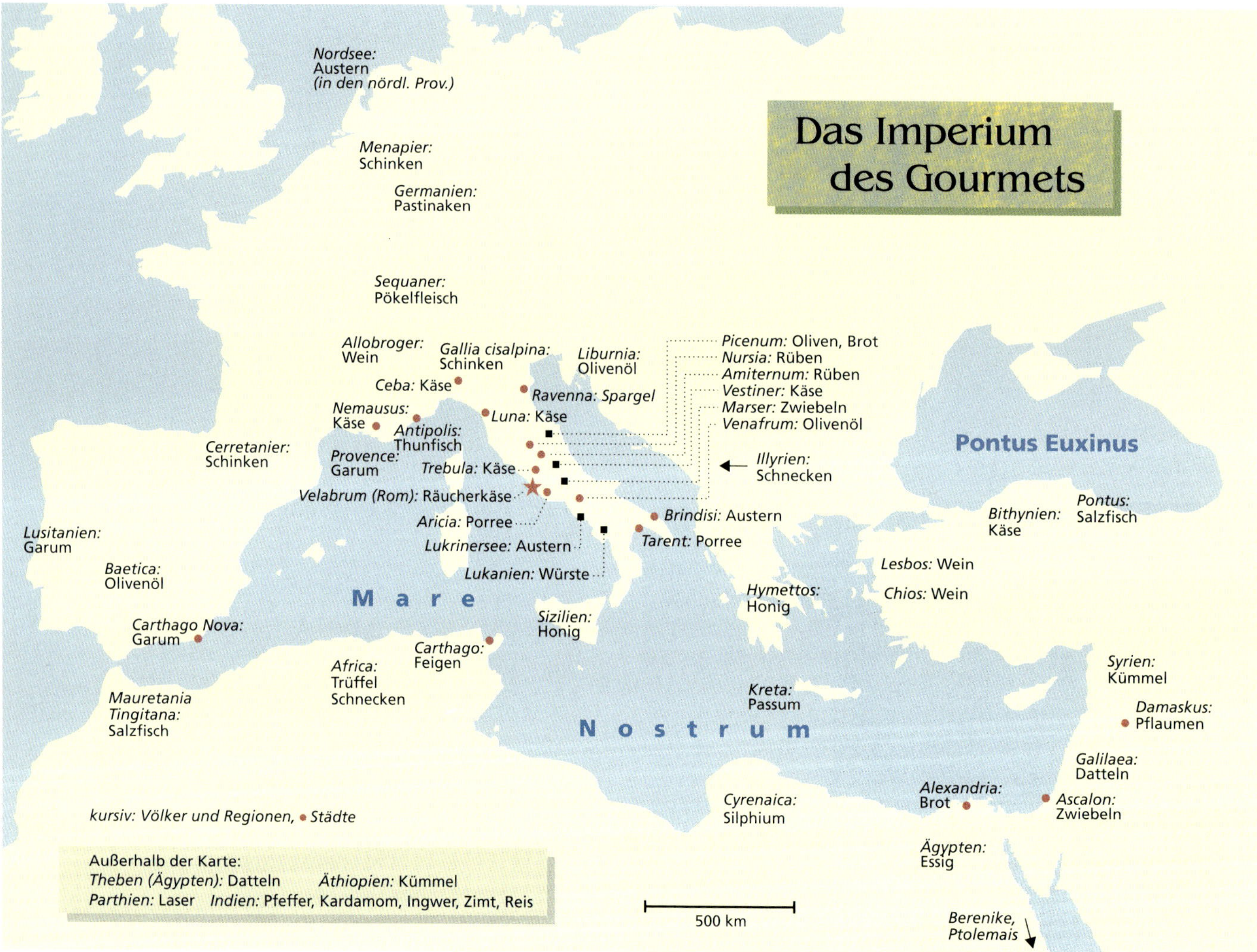
Das Imperium des Gourmets
Nordsee: Austern (in den nördl. Prov.)
Menapier: Schinken
Germanien: Pastinaken
Sequaner: Pökelfleisch
Allobroger: Wein
Gallia cisalpina: Schinken
Liburnia: Olivenöl
Picenum: Oliven, Brot
Nursia: Rüben
Amiternum: Rüben
Vestiner: Käse
Marser: Zwiebeln
Venafrum: Olivenöl
Ceba: Käse
Ravenna: Spargel
Nemausus: Käse
Luna: Käse
Antipolis: Thunfisch
Cerretanier: Schinken
Provence: Garum
Trebula: Käse
Illyrien: Schnecken
Velabrum (Rom): Räucherkäse
Aricia: Porree
Brindisi: Austern
Lukrinersee: Austern
Tarent: Porree
Lukanien: Würste
Pontus Euxinus
Pontus: Salzfisch
Bithynien: Käse
Lusitanien: Garum
Baetica: Olivenöl
Lesbos: Wein
Chios: Wein
Hymettos: Honig
Mare
Carthago Nova: Garum
Sizilien: Honig
Carthago: Feigen
Africa: Trüffel Schnecken
Mauretania Tingitana: Salzfisch
Kreta: Passum
Syrien: Kümmel
Damaskus: Pflaumen
Nostrum
Galilaea: Datteln
Cyrenaica: Silphium
Alexandria: Brot
Ascalon: Zwiebeln
kursiv: Völker und Regionen, • Städte
Ägypten: Essig
Außerhalb der Karte:
Theben (Ägypten): Datteln Äthiopien: Kümmel
Parthien: Laser Indien: Pfeffer, Kardamom, Ingwer, Zimt, Reis
500 km
Berenike, Ptolemais

Die Ess- und Trinkkultur der Römer in Rom und Italien

Kennenlernen geht durch den Magen

Was wir von den Römern wissen, ob wir es in der Schule erfahren oder sonstwo mitgenommen haben, ist wohl zunächst einmal ein Bild von Eroberern und Kriegsherren, Staatsmännern und Schriftstellern, Straßenbauern vielleicht und Baumeistern imposanter Monumente. Ihre Literatur bildet einen wichtigen Bestandteil unseres kulturellen Hintergrundes, ihr Rechtssystem ist im Kern auch heute noch bestimmend. Auch sonst sind sie uns nah, in zahlreichen Wörtern, die aus ihrer Sprache stammen, in manchen Redewendungen, oft auch gern auf Lateinisch zitiert, in den zahlreichen materiellen Hinterlassenschaften, die wir bis an die Nordgrenzen ihres Reiches unter freiem Himmel oder in Museen betrachten und studieren können. Aber all das bleibt uns letztlich doch im eigentlichen Sinn des Wortes äußerlich. Gehen wir durch die Straßen ihrer Städte, wo wir das können, insbesondere in Pompeji oder Herkulaneum, betreten wir ihre Häuser oder Villen, kommen wir ihnen schon näher und betrachten erstaunt das Ambiente ihres Lebens mit den vielen Einrichtungen und Accessoires ihres täglichen Daseins, die uns faszinieren – weil diese uns sehr vertraut vorkommen, denn in den Grundzügen leben wir nicht viel anders. Eine ganz andere Erfahrung jedoch besteht darin, zu essen wie sie! Auf unseren Reisen in benachbarte oder ferne Länder haben wir diese Möglichkeit, nutzen sie je nach persönlicher Neugier (oder Mut), und kochen die exotischsten Gerichte nach, um die Fremde mit nach Hause zu holen und uns so ›einzuverleiben‹. Nicht zuletzt dadurch hat unsere Küche auch einen starken Wandel durchgemacht.

Diese vielleicht unmittelbarste Erfahrung des Anderen bieten uns auch die Römer – dadurch, dass uns gut 1000 Rezepte bei antiken Schriftstellern überliefert worden sind und weil sie sich oft und gern in ihren Schriften über das Essen äußer-

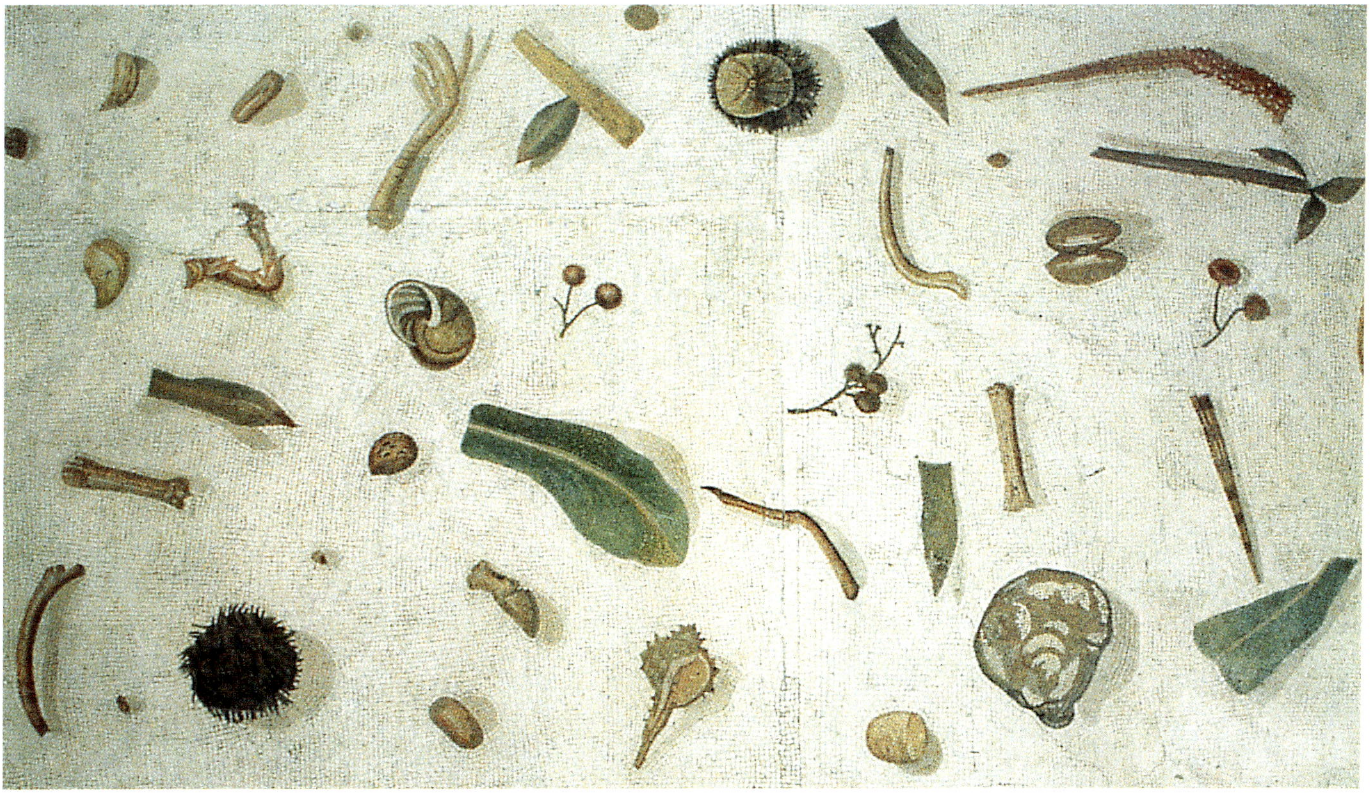

5 ›Oikos asárotos‹ (griech.), ›Ungefegter Speiseraum‹: So hat man sich den Fußboden nach einem Gastmahl vorzustellen, die Reste landeten auf dem Boden – Knochen, Geflügelbeine, Krebsscheren, Obstkerne, Schneckengehäuse u.a. Mosaik. Rom, Vatikanische Museen.

ten. Und nehmen wir einmal den Magen zum Maßstab: Wie fremd kommt uns plötzlich dieses Volk – das so viele Völkerschaften in sich aufgenommen hat – vor! Auch das soll in diesem Buch ein wenig deutlich werden, mehr noch aber, dass wir uns an ihren Tisch über die Jahrhunderte hinweg als Gast einladen können, um zu schmecken und zu genießen wie sie, wenn auch mit bestimmten Einschränkungen, die sich aus der Natur ihrer Küche und dem Charakter ihrer schriftlichen Mitteilungen ergeben.

Der Römer ist nicht ›der‹ Römer

In einem in seiner Thematik einzigartigen Text einer Idylle (Schilderung eines ländlichen Idylls) eines unbekannten Dichters vermutlich aus der augusteischen Zeit, der ursprünglich (fälschlicherweise) Vergil zugeschrieben worden war, erhalten wir in etwa einhundertzwanzig Versen einen geradezu liebevoll gezeichneten Einblick in das armselige Alltagsleben eines von einem Großgrundbesitzer abhängigen und in dessen Diensten stehenden römischen Pachtbauern. Im fahlen Licht eines Wintermorgens erhebt sich Simylus (›Plattnase‹) nach dem ersten Hahnenschrei von seinem Lager, um auf seinem Herd mühsam aus der letzten Glut des Vortags neues Feuer zu entfachen. Dann tastet er sich in den Nebenraum seiner Hütte, kratzt etwas vom dürftigen Haufen seines Getreidevorrats zusammen, mahlt, Lieder singend, unter abwechselnder Benutzung der linken und der rechten Hand – das Mahlen war ein mühseliges Geschäft – die Körner in seiner Handmühle. Nachdem er seine afrikanische Magd Scybale (etwa ›Gemüseliesel‹), eher seine Konkubine, denn heiraten durfte er als abhängiger Kleinbauer nicht, geweckt hat, siebt er das Mehl, fügt Wasser und Salz hinzu und formt schließlich penibel aus dem Teig einen Fladen. Diesen gibt er auf den von Scybale sorgsam gereinigten Herd auf einen Backziegel zum Backen: Über den Fladen wird ein Topf gedeckt, darauf Glut geschichtet, sodass er mit Ober- und Unterhitze ausbacken kann.

Während der Fladen im Ofen ist, bereitet Simylus eine Zukost zum Brot, damit das Frühstück nicht allzu ›frugal‹ bleibt. Ein Stück Fleisch oder Schinkenspeck besitzt er nicht, immerhin aber einen Käse, der über seinem Herd hängt. Er begibt sich in den Garten, in dem üppig mancherlei Gemüse gedeiht; doch dieses ist für ›die Leute‹ in der Stadt, d.h. den Markt bestimmt, die dadurch erworbenen Pfennige braucht Simylus dringend, und nur selten kann er vom Erlös etwas Fleisch mit heimbringen. So begnügt er sich damit, vier Knoblauchknollen, Sellerie, Raute und Koriander hereinzuholen. Von der Magd lässt er sich den Mörser geben und bereitet nun aus den genannten Kräutern, Käse, Salz, etwas Öl und Essig durch Stampfen und Rühren einen Kräuter-Käse-Kloß, ein *moretum,* der für diesen Tag die Sorge vor drohendem Hunger vertreiben kann. Die sorgfältige Beschreibung voller Poesie der Herstellung des *moretum* nimmt den weitaus größten Teil dieser Dichtung ein. Scybale holt dann den inzwischen fertig gebackenen warmen Fladen aus dem Backtopf, und fertig ist das Mahl, das sie nun ›freudig‹ genießen können. Darauf spannt der Bauer die Ochsen an und zieht zum Tagewerk auf das Feld.

Bei allem Realismus der Schilderung ist unübersehbar, dass es sich um eine distanzierte idealisierende Idylle handelt, die der reiche Stadtrömer in der Manier der beliebten hellenisierenden Genrekunst aus der Haltung dessen heraus entwirft, der es nicht nötig hat (und noch weniger daran denkt), sein Leben gegen die Armseligkeit des bäuerlichen Landlebens zu tauschen; dessen hauptsächliche Funktion bestand, nachdem Rom sich zur urbanen Herrin eines Imperiums entwickelt hatte, darin, die Stadt – und das heißt: die Begüterten – zu ernähren. Das Lob des einfachen Landlebens, und damit auch des einfachen ländlichen Essens, bleibt ein Topos des Selbstverständnisses der herrschenden Nobilität die ganze Geschichte des Imperiums hindurch. Und gerade auch das *moretum* – eine wirklich schmackhafte bäuerliche Kost, gerade zu frischem Brot – wird z.B. von Ovid in seinen *Fasti,* der Dichtung über

6 Das (anonyme) Kleinepos ›Moretum‹ aus der Appendix Vergiliana beschreibt die Herstellung eines ›Kräuterkloßes‹, ›moretum‹, als Kost armer Leute aus Käse, Knoblauch, Öl und den Kräutern Sellerie, Koriander, Weinraute, hier abgebildet bei der Herstellung in einer rekonstruierten Reibschale.

7 Ein Bauer bringt mit seiner Kuh seine Erzeugnisse zum Markt: In der Rechten hält er einen Korb mit Früchten, in der Linken einen Tragstock mit einem daran gebundenen Tier; über den Rücken der Kuh sind zwei Lämmer gebunden. Relief des 1. Jh. n. Chr. München, Glyptothek.

den römischen Festkalender, zu den ›prisci cibi‹, den ›altehrwürdigen Speisen‹ gezählt, die man auch einer Göttin »vorzusetzen sich nicht zu scheuen braucht«.

Damit führt diese Dichtung im Rahmen des Gesamtthemas dieses Bandes über das römische Essen zu zweierlei hin: zu den bäuerlichen Ursprüngen Roms und damit zu den Ursprüngen seiner bäuerlichen Esskultur auf der einen Seite und zur historischen und sozialen Seite der römischen Küche auf der anderen.

Die bäuerlichen Ursprünge

Über die ursprüngliche Küche der römischen Bauern ist mangels Quellen konkret nichts bekannt. Die unbedeutende Siedlung am Tiber – lange Zeit so unwichtig, dass z. B. Aristoteles bei seiner Sammlung von Verfassungen im 4. Jahrhundert v. Chr. nicht einmal Roms Namen erwähnt – war von Bauern und Hirten bevölkert, die sich in der dieser Lebensform adäquaten Weise ernährten, d. h. von den Produkten von Ackerbau und Viehzucht, nach örtlichen Gegebenheiten auch von Jagd und Fischfang. Allerdings lebten die römischen Bauern und Hirten im Umfeld Etruriens,

Moretum: 300 g Hartkäse, am besten z. B. Pecorino, vier (blanchierte) Knoblauchzehen, zwei geputzte Selleriestangen, ein wenig frische Raute, einige Korianderblätter (oder Petersilie), zwei Esslöffel Olivenöl, ein Esslöffel Essig. Käse und Kräuter werden zerkleinert und dann Öl und Essig hinzugegeben, je nach Salzgrad des Käses auch noch Salz. Aus der fertigen Masse wird ein Kloß oder eine Kugel geformt. (Die Zugabe von vier Knoblauch*knollen* wie im Text des Kleinepos dürfte für unseren Geschmack zu ›rustikal‹ sein; natürlich kann man die Anteile der Zutaten nach Geschmack verändern.) Ganz perfekt ist das römische Bauernmahl, wenn man auch einen Fladen selbst dazu bäckt.

8 Steinerne Handmühle eines Soldaten aus dem Legionslager Haltern/Westfalen aus der Zeit des Augustus (Anf. 1. Jh. v. Chr.); Durchmesser 40 cm. Westfälisches Römermuseum Haltern.

das sich schon Jahrhunderte vor Rom zu einer hohen urbanen Kultur entwickelt hatte und von seinen städtischen Zentren aus schon regelrechte Latifundienwirtschaft betrieb. Rom selbst war bis zur Vertreibung der Etruskerkönige eine etruskische Stadt gewesen, und Italien, insbesondere Mittelitalien als Schmelztiegel, kannte natürlich keine sozusagen nationalstaatlichen Barrieren, sondern allenfalls vom Selbstverständnis der einzelnen Völkerschaften her geprägte kulturelle Scheidelinien. So scheint Rom, während die Etrusker üppige, ausgelassene Bankette feierten, deren Gepräge von den Sitten Griechenlands und des griechischen Kleinasiens her bestimmt war, gegen die dortigen Bräuche zunächst ›immun‹ geblieben zu sein. Man trieb Handel mit den Etruskern, kaufte Getreide oder Eisenprodukte, bewahrte jedoch die überlieferten Eigenheiten jedenfalls in den meisten Bereichen des täglichen Lebens.

Wenn der Philosoph Poseidonios von Apameia (2./1. Jahrhundert v. Chr.) die Etrusker empört dafür kritisiert, dass sie »zweimal täglich« speisten (womit wohl zwei *ausgiebige* Mahlzeiten gemeint waren, denn Griechen wie Römer nahmen drei Mahlzeiten täglich zu sich), mag das ein Indiz dafür sein, dass die Römer zu dieser Zeit noch weitgehend ihren frugalen Traditionen treu waren, freilich änderte sich das dann sehr rasch. Doch auch nachdem die Römer zu Beginn der Kaiserzeit die Etrusker in ihrem Speiseluxus schon längst überholt hatten, sich von Sklavenscharen bedienen ließen und wie die Etrusker und Griechen bei Tisch zum Essen auf Speisesofas lagen, als die Etrusker als Volk offiziell nicht mehr existierten, galten diese bei den Römern weiterhin als ›*pingues* – fett‹ und ›*obesi* – verfressen‹.

Die römische Esskultur – historische und soziale Aspekte

Selbstverständlich muss man auch in den ersten Jahrhunderten der römischen Republik angesichts der in historischer Zeit von Anfang an vorhandenen sozialen Scheidung in Patrizier und Plebejer davon ausgehen, dass die Tische nicht bei allen gleich gedeckt waren, allerdings vertiefte und verbreiterte sich die Kluft immer mehr, und was als römische Küche oder römischer Tafelluxus bekannt ist, war natürlich ausschließlich eine Sache der Begüterten und der Reichen, nicht anders als heute in den armen Gegenden der Welt die einen hungern und sich bei den anderen die Tische unter luxuriösen Speisen und silbernem oder goldenem Geschirr biegen. Der kritische Punkt wurde in Rom erreicht, als durch die Folgen der Eroberungskriege im 2. Jahrhundert v. Chr. die wirtschaftliche Existenz von Mittel- und Kleinbauern ruiniert worden war (Aufgabe der selbständigen Ackerwirtschaft durch Verschuldung und Konkurrenz aus den Provinzen) und diese sich einerseits als Pächter verdingen mussten, andererseits als mittelloses Proletariat in die Städte, insbesondere Rom, abwanderten und buchstäblich von der Hand im Mund zu leben hatten. Ein aus eigener Kraft zubereitetes *moretum* wäre fast ihr Traum gewesen. Gleichzeitig hielten bei den Begüterten neue Speise- und Essgewohnheiten Einzug, die,

9 Dieses Relief (Abb. links und hier) vom Sarkophag des Lucius Iunius Octavius Valerianus zeigt die Phasen des Getreideanbaus und der Verarbeitung: links oben Vorbereitung des Bodens durch Pflügen und Hacken; rechts oben Ernte mit der Sichel im Bücken; rechts unten Transport des geernteten Getreides mit dem plaustrum, dem zweirädrigen Ochsenkarren; links unten das Mahlen des Getreides in der pistrina, der Bäckerei, und seine Verarbeitung zu Brot im Backofen. Rom, Musei Vaticani.

wie gesagt, bei den Etruskern sozusagen schon immer üblich waren, denen aber auch die Griechen in unmittelbarer Nachbarschaft in der Magna Graecia und den Kolonien Kampaniens frönten.

Die Entwicklung der römischen Esskultur ist somit – logischerweise – gebunden an die Geschichte des Imperiums, genauer: sie ist Ergebnis dieser Geschichte und speziell der wachsenden Bedürfnisse der herrschenden Schicht und ihrer Anpassung an imperiale Strukturen, die der Hellenismus den Römern als immer übermächtigere Idee vermittelt hatte. Auf dem Gebiet des Essens und Trinkens existierten insofern spätestens ab der sozialen Krise des 2. Jahrhunderts zwei Kulturen nebeneinander, die bäuerlich-ländliche und die raffiniertere urbane, dazwischen der tägliche Kampf der Mittellosen um irgendetwas Essbares und, wovon noch gar nicht die Rede war, selbstverständlich das Terrain der Ernährung der Sklaven durch die Lebensmittelzuteilungen seitens ihrer Herren; davon haben wir ein recht genaues Bild, das die Ausführungen bei den Agrarschriftstellern wie Cato und Columella liefern: Sie machen sich natürlich intensivste Gedanken über die rationellste Verköstigung mit dem Lebensnotwendigsten.

›Der Römer‹ war nach dem ihm vermittelten Selbstverständnis bis in die beginnende Spätantike *cives et miles,* Bürger und Soldat, und diente Jahrzehnte seines Lebens. Dessen Ernährung war zunächst Aufgabe des Staates, dann der Heerführer wie Sulla, Pompejus oder Caesar, die ihre Privatarmeen unterhielten, schließlich der Kaiser. Da in Italien selbst keine Soldaten standen, finden sich die einschlägigen archäologischen Quellen nur außerhalb des Mutterlandes. Auch sie aber geben natürlich Auskunft über die Essgewohnheiten ›des‹ Römers.

Die genannte raffiniertere urbane Esskultur der begüterten Römer bedingte und war abhängig von Warenimporten aus allen Winkeln des Reiches. Der *cives Romanus,* der mit seinen Städten und Villen in allen Provinzen des Imperiums speisen wollte ›wie zu Hause‹, hatte seine Bedürfnisse. Eine gewaltige Infrastruktur wurde aufgebaut und unterhalten, um diese Bedürfnisse zu befriedigen, eine nicht nur industriemäßige sondern geradezu industrielle Lebensmittelproduktion überzog schließlich das Reich, deren Spuren noch überall rings um das Mittelmeer zu finden sind. Vielleicht ist es nicht einmal zuviel gesagt, dass der Zweck des Reiches letztlich darin bestand, die Esskultur zu ermöglichen? Nicht nur in dem Sinne, dass die begehrten Delikatessen auf den Tisch gelangten, sondern genauso natürlich, weil die gehandelten Esswaren Objekte des Handels und damit Quelle ökonomischen Gewinns waren – eigentlich nicht anders als heute: Barsche aus dem Victoriasee oder Papaya in Recklinghausen, damals Austern aus der Nordsee in Augusta Treverorum (Trier) oder Datteln aus Syrien in Sumelocenna (Rottenburg).

Tageslauf und Mahlzeiten

Taghell erleuchtete Städte, Laternen an Straßen und Wegen: All das ermöglicht uns heute ein Leben, in dem die Nacht zum Tage wird. Der Rhythmus der Maschinen, der Takt des öffentlichen Lebens, Heizungen und Klimaanlagen haben die Herrschaft der Jahreszeiten weitgehend aufgehoben. In agrarischen Gesellschaften ohne Elektrizität oder Gas ist das Leben vom Kreislauf der Natur und vom Sonnenlauf bestimmt. So erhoben sich die Römer bei Sonnenaufgang und begaben sich mit Untergang der Sonne zur Nachtruhe: Man sparte in der kalten Jahreszeit an Brennholz zum Heizen und an Öl für die ohnehin knappe Beleuchtung mit den einfachen tönernen Öllämpchen. Entsprechend genügsam sind die Mahlzeiten. Die Römer essen – wie wir in der Regel – dreimal täglich: *ientaculum* (Frühstück), *cena* (Mittagessen als Hauptmahlzeit), *vesperna* (Abendessen) sind die Bezeichnungen dafür in der Zeit der ersten Jahrhunderte.

Unmittelbar nach dem Frühstück beginnt das Tagewerk, das mittags beendet wird. Nach dem Mittagsmahl folgt eine Siesta, das Abendessen ist gewöhnlich mit Eintritt der Dunkelheit abgeschlossen. (Dieser Rhythmus erfährt auch später im städtischen Leben keine prinzipielle Änderung.) Die einzige Variation liegt in der jahreszeitlich abhängig wechselnden Länge der Tage und der Nächte.

10 Fresko aus Herkulaneum: Feigen auf einem Fensterbrett und ein Brot.

Die Einteilung der Zeit folgt diesem aufregungslosen Schema, das nur durch religiöse Festtage unterbrochen wird: *ante meridiem* (vor Mittag) und *post meridiem* (nach Mittag) genügen als Angaben zur Orientierung im Tageslauf.

Die Küche ist bäuerlich einfach, frugal. Grundlage der Nahrung war die *puls,* ein aus Emmer *(far),* einer Weizenart, dem anfangs hauptsächlich angebauten Getreide der Römer hergestellter dicker Getreidebrei. Der zerstoßene und geröstete Emmer wurde dazu in Wasser, auch mit Zugabe von Milch, gekocht. So eigentümlich und charakteristisch war diese Speise für die Römer, die gebackenes Brot erst später kennen und – etwa ab dem 2. Jahrhundert – als annähernd gleichwertige Grundnahrung schätzen lernten, dass sie der Komödiendichter Plautus (ca. 250–184 v. Chr.) kollektiv als *pultiphagi,* d.h. ›Brei(fr)esser‹ bezeichnen konnte. Der Brotfladen, den der eingangs genannte Simylus bäckt, ist also keineswegs die ›typisch römische‹ Kost. Ergänzt wurde diese Nahrungsgrundlage durch gekochtes oder roh gegessenes Gemüse, das ohne besonderen Aufwand zubereitet wurde. Als Getränk dienten Wasser oder – in geringen Mengen genossen – besonders Wein. Für Frauen und junge Leute allerdings ist Wein ursprünglich verboten; bei Cato d. Ä., dem konservativen Politiker, strengen Sittenwächter und Schriftsteller (234–149 v. Chr.) lesen wir, dass der Ehemann als Richter seiner Frau, »sie verurteilen darf, wenn sie Wein getrunken oder Ehebruch begangen hat« (berichtet bei Gellius X, 23); aus grauen Urzeiten wird erzählt (z. B. bei Plinius), dass Ehemänner ihre Frauen nach Weingenuss sogar töteten! – Fleisch gehört nicht zu den regelmäßig genossenen Nahrungsmitteln.

Gegessen wird in dieser Zeit in der ›*familia*‹, zu der neben dem *pater familias,* dem rechtlichen Oberhaupt, die Frau, die Kinder und die Sklaven gehörten, und zwar im Atrium des Hauses beim Herd. Der *pater* speiste im Liegen, die Übrigen im Sitzen an einem oder an mehreren Tischen. Man beachte aber nochmals, dass hier von den Gewohnheiten der besser gestellten Familien die Rede ist.

Mit der sprunghaften Ausdehnung des Reiches ab dem 3. Jahrhundert v. Chr. änderten sich die Bedürfnisse und damit die Bräuche der Reicheren rasch. Die Verfügung über weitere Landstriche, der engere Kontakt zu den anderen Völkern des Mittelmeerraumes (erst ab dem ersten punischen Krieg wurden aus den römischen Bauern nach und nach Seefahrer!), der durch die Eroberungskriege gewonnene Reichtum öffneten die Möglichkeiten zu Importen von Nahrungs- und Ge-

11 Stillleben mit Rebhuhn und Granatapfel, Wandmalerei. Neapel, Archäologisches Nationalmuseum.

nussmitteln und damit auch zu neuen kulinarischen Erfahrungen auf breiterer Basis, die den Speisezettel bereicherten – ein durchaus verständliches Streben nach höherem Lebensstandard. Die neue Macht veränderte das ursprünglich rein bäuerliche Selbstverständnis.

Dieser Prozess verlief allerdings nicht ohne Windungen. Die konservativen Wahrer der *mores maiorum,* der Sitten der Vorfahren, traten auf den Plan, um den neuen Tendenzen auf allen Gebieten zu wehren, auch auf dem des Essens. Die römische Republik besaß unter ihren Ämtern auch das des Zensors, dessen Hauptaufgabe die Durchführung des Zensus war, also die Einteilung der römischen Bürger in Zensusklassen nach ihrem Besitz. Sie hatten aber ebenfalls über die Sitten zu wachen, und dazu gehörte auch die Aufsicht über unziemlichen ausschweifenden Tafelluxus – wie immer der zu dieser Zeit ausgesehen haben mag. Der schon erwähnte Cato erhielt übrigens den Beinamen ›Censorius‹, weil er (184 v. Chr.) mit einem Sittengesetz auch Luxussteuern einführte, die u. a. kulinarische Schwelgereien im Sinne der bäuerlichen Ideale eindämmen sollten. Bezeichnenderweise hießen die den Stein des Anstoßes bildenden Luxusdiners *convivia tempestiva,* ›vorzeitig, zur Unzeit beginnende Gastmähler‹. Hätte Cato mit seinem Gesetz Erfolg gehabt, wäre eine Einladung zur *cena* an den Tisch der alten Römer freilich, wie schon gesehen, einigermaßen unattraktiv geworden. Unnötig auch hier zu sagen, dass die *plebs,* das einfache Volk, von den neuen Genüssen allenfalls das mitbekam, was die Patrone ihr gelegentlich als Gunst gewährten.

Einen Reflex dieser Änderungen finden wir in einer Komödie des schon erwähnten Plautus (*Pseudolus*, 810–825), der einen Koch – eine be-

12 Spanferkel mit Lorbeer: ›Porcellum laureatum‹ (nach Apicius 8, 7, 9).

liebte volkstümliche Komödienfigur – über die neumodische Sitte, die Speisen mit einer Unmenge bisher unüblicher Kräuter anzumachen und zu würzen, Klage führt:

»Ich würze meine Speisen nicht wie jenes Volk,
Das ganze Wiesen auf den Platten herserviert,
Als gält es Rindvieh zu bewirten, Kraut nur gibt
Und dieses Kraut dazu noch mengt mit anderem Kraut,
Das Koriander, Fenchel, Knoblauch, schwarzen Kohl,
Sauerampfer, Mangold und Spinat zusammenwirft
Und mit einem ganzen Pfunde Silphion zergehen lässt.
Darunter reiben sie den gottverdammten Senf,
Der, eh er noch ausgerieben ist, den Reibenden
Die Tränen auspresst. Mögen diese für sich selbst
Das Mahl bereiten. Wenn sie würzen, würzen sie
Statt mit Gewürz mit Hexenkraut, das dem, der's isst,
Bei noch lebendigem Leibe das Gedärm zerfrisst.
Drum dauert auch der Menschen Leben nur so kurz,
Wenn mit dergleichen Krautwerk sie den Bauch sich füllen,
Furchtbar schon auszusprechen, nicht zu essen bloß:
Was selbst das Vieh nicht fressen mag, das isst der Mensch.«
(Übersetzung: Wilhelm Binder / Walther Ludwig)

Am Tageslauf als solchem und der Verteilung der Mahlzeiten änderte sich, wie schon erwähnt, nichts. Die *cena* als Hauptmahlzeit wurde jedoch auf den Abend verlegt, an ihre Stelle trat mittags das *prandium* (daraus italienisch *pranzo)* als Brotzeit oder zweites Frühstück. Das erste Frühstück – *ientaculum* – wurde etwas reichhaltiger, Brot, Käse, vielleicht Oliven wurden genommen, als Getränk diente Wasser, doch es war eher eine Mahlzeit nebenbei; das *prandium* bestand zumeist aus kaltem Fleisch vom Vorabend, aus Obst, etwas Wein, aber auch ihm wurde keine große Aufmerksamkeit geschenkt, man aß hier ebenfalls eher nebenher und zumeist auch im Stehen. (In der Kaiserzeit empfahlen Ärzte als Diät sogar, sich beim Frühstück auf ein Glas Wasser zu beschränken.) Die nunmehr verlegte *cena* schließlich folgte am Nachmittag, ggf. auch erst zur 10. Stunde, wenn man seine Tagesgeschäfte erledigt hatte, und weiterhin bezeichnete der Einbruch der Dunkelheit ihr Ende und den Beginn der Nachtruhe. (Tag und Nacht waren in jeweils zwölf Stunden eingeteilt, die je nach Sonnenlauf unterschiedlich lang waren; die 10. Stunde begann beim Sommersolstitium im Juni gegen 16 Uhr, zur Zeit der Wintersonnenwende im Dezember nach 14 Uhr.)

Allerdings schuf man sich im Rahmen der neuen Bedürfnisse auch neue Möglichkeiten: an die Stelle der *cena* konnte zu besonderen Anlässen – oder ohne solche – die *comissatio* treten, ein Zechgelage mit Speisen und reichlich Wein, das nachts abgehalten wurde, oder eine *cena* konnte in eine *comissatio* gleitend übergehen.

Zu den Tagesgeschäften des begüterten Römers von Stand gehörte in seiner Rolle als *patronus* morgens als Erstes die *salutatio* (›Begrüßung‹), d.h. der Empfang seiner ›Klienten‹ *(clientes);* dabei handelte es sich um Bürger, die sich einem Patron unterstellten, um von ihm Schutz in Rechtsangelegenheiten zu genießen, diesen ihrerseits mit Dienstleistungen und ihrer Wahlstimme unterstützten. Die tägliche *salutatio* diente dabei der Entgegennahme des sog. ›Körbchens‹, der *sportula,* d.h. einer Zuteilung von Speisen zum Mitnehmen, von denen sich diese Gruppe freier rö-

BANKETT AUS DER ZEIT CAESARS (nach Macrobius)

Gustatio (Vorspeise)
Tafelaustern, Lazarusklappen, Venusmuscheln, Lerchen
Poularde mit Spargel
Austern und Miesmuscheln in Sauce
schwarze oder weiße Meertulpen

Prima cena (Erster Hauptgang)
Klappmuscheln, Miesmuscheln, Seenesseln
gebratene Feigenfresse (Singvögel)
Reh- und Wildschweinkoteletts
Hühnerpasteten
Feigenfresser in Spargelsauce
Stachel- und Purpurschnecken

Altera cena (Zweiter Hauptgang)
Sau-Euter natur oder geschnetzelt
Wildschweinkopf
gebratene Entenbrust und -hals
frikassierte Wildenten
Braten von phrygischen Hasen und Hühnern

Mensae secundae (Nachspeisen)
Mehlspeisen
Gebäck und Torten

mischer Bürger weitgehend ernährte. Ursprünglich wurden diese Speisen am Tisch der *familia* ausgegeben, doch mit Zunahme der Zahl der ›Klienten‹ (je mehr umso höher das Ansehen des Patrons), die schließlich bei ihrem Patron ab Tagesanbruch Schlange standen, war das nicht mehr möglich, sodass die *sportula* diesen Brauch ablöste. Auf diese Weise profitierte immerhin ein nicht geringer Teil mittelloser römischer Bürger ebenfalls von den Reichtümern, die ihre *patroni* aus der Ausbeutung der eroberten Gebiete zogen.

Erst mit der Kaiserzeit übrigens erlangten auch die unverheirateten jungen Frauen das Recht, an der *cena* teilzunehmen. Diese hatte am Ende der Republik als Folge der sozialen Entwicklung ein Niveau der kulinarischen Raffinesse und des Tafelluxus erreicht, der darauf in der Kaiserzeit freilich noch weit in den Schatten gestellt werden sollte, bis hin zu den bekannten exzessiven Auswüchsen nicht nur im Kaiserhaus, sondern bei den ›upper few‹ überhaupt: »Die Römer essen, um sich zu erbrechen, und erbrechen sich, um zu essen« heißt es bei Seneca, »vomunt ut edant, edunt ut vomant«, und »Gute Götter, wieviele Menschen hält ein Bauch in Trab!«. Im 2. Jahrhundert n. Chr. erreichte die römische Bankett- und Esskultur ihren Höhepunkt. Immerhin scheinen aber zur Zeit Caesars prunkvolle üppige Gastmähler doch noch relativ außergewöhnlich gewesen zu sein, sodass etwa ein ›Staatsbankett‹ anlässlich der Ernennung des Mucius Lentulus Niger zum Pontifex mit seiner Speisenfolge im Staatsarchiv dokumentiert wurde, aus dem der römische Beamte und Schriftsteller Macrobius (5. Jahrhundert n. Chr.) zitieren konnte, der die lukullische Speisefolge dadurch der Nachwelt erhalten hat.

13 Wandgemälde aus der Nekropole vor dem Vesuvtor in Pompeji mit Darstellung eines Silberservices: Alle Gefäße außer dem Mischkrug sind paarweise vorhanden: Schüsseln, bauchige Flaschen, Trinkhörner auf Ständern, Becher (kántharoi), Schöpfkellen (simpula) und kleine Schöpflöffel.

Einer geht durch die Stadt…

… bleiben wir in Pompeji, der Stadt, die infolge ihres Schicksals die eindrucksvollste – und gleichzeitig bestürzendste – ›Momentaufnahme‹ antiken Lebens bietet, und gehen durch die Straßen mit ihren Bürgersteigen und zebrastreifenähnlichen Übergängen. Überall Brunnen, jedoch versiegt; einst boten sie frisches Wasser, Durst unterwegs konnte sofort gelöscht werden. Und wer in den aktiveren Stadtvierteln unterwegs war, hatte zumindest dort auch keine Not mit dem Hunger: Fast auf Schritt und Tritt finden sich noch heute die Imbissstände und Garküchen, *thermopolia* (›Warmverkaufsstände‹, ein griechisches Wort) und *popinae* (eine sprachliche Variante zu *coquina*, ›Küche‹). Dabei handelt es sich um zur Straße hin offene Läden mit gemauerten Theken, die tiefe Einlassungen aufwiesen; in diese waren die Kessel mit Speisen eingehängt, die zum Verkauf angeboten wurden. Der hungrige Gast konnte also das Angebot zunächst in Augenschein nehmen und dann auswählen. Hinter der Theke befanden sich an der Seite Regale mit Weinamphoren, die Rebensaft verschiedener Provenienz und Qualität enthielten, mit Krügen, Trink- und Essgefäßen und sonstigen Waren. Auch ein Ofen oder Kohlebecken gehörte zur Ausstattung dieser Etablissements, auf dem in einem Kessel warmes Wasser verfügbar gehalten wurde, sodass der Gast je nach Wunsch oder Vorliebe seinen Wein mit warmem Wasser oder solchem in Umgebungs- oder Brunnentemperatur gemischt bestellen konnte. Auf einem Grillrost über Holzkohlenfeuer wurden für den, der es sich leisten konnte, Fleischstücke gebraten.

Nach hinten verfügten dieses ›Bistros‹ außer über Nebenräume zur Lagerung von Vorräten oft ebenfalls noch über Gastzimmer, die auch zur Einnahme von Mahlzeiten mit Bedienung gemietet werden konnten. Diese Gastzimmer waren – wie die Räume bei den Römern generell – nur mit dem Nötigsten, d.h. Tisch und Stühlen, eingerichtet, Regale oder Borde mit Haken an den Wänden dienten zur Lagerung oder Präsentation von Speisen wie Würste, Schinken, Käse oder Obst. Offenbar, so liest man, wurde in manchen *popinae* aber auch Anderes feilgeboten, nämlich die Dienste von Prostituierten.

14 Blick in ein Thermopolium an der Via dell'Abbondanza in Pompeji. Rechts neben der Theke, im Hintergrund, befindet sich an der Wand ein Larenbild, d.h. ein Hausaltar. In der Mitte der Genius, wohl des Ladenbesitzers, der sich, flankiert von Laren, den Hausgeistern, beim Opfer befindet. Ganz links Merkur, der Gott der Kaufleute, rechts Bacchus, der Gott des Weines – unverkennbar der sinnige Bezug zum ›Unternehmenszweck‹ der Garküche mit Getränkeausschank.

Dazu gab es *tabernae,* ebenfalls Wirtshäuser bzw. reine Kneipen, oder Obstläden wie das nach seiner Einrichtung zu urteilen besonders gediegen ausgestattete Geschäft des Obsthändlers Fortunatus an der heute so genannten ›Via dell‹Abbondanza‹ (›Straße des Überflusses‹), in dem man sich die Auslage eines üppigen Angebots z.B. von Trauben, Äpfeln, Birnen, importierten Datteln und den aus dem römischen Nahrungsalltag nicht wegzudenkenden Feigen besonders gut vorstellen kann. Auch Bretterstände wie die von Brot- und Gebäckverkäufern gab es, in denen die römischen Brote in der aus Funden und bildlichen Darstellungen bekannten Form vierfach quer eingeschnittener runder Laibe hoch gestapelt zum Verkauf vorgehalten wurden; gebacken wurden sie in den Großbäckereien der Stadt, die im Stadtbild auch unübersehbar waren und heute noch sind. Und wem der Besuch eines Thermopoliums noch zu aufwendig war, der fand

15 Wirtshausschild (Wandmalerei) mit Speisen und Getränken. Ostia antica, Via di Diana.

im Getümmel der Straßen oder Plätze mobile Garköche, die den Passanten aus Kesseln, deren Inhalt über einem Feuer warm gehalten wurde, ein Eintopfgericht in ein bereit gehaltenes oder mitgebrachtes Gefäß verkauften, desgleichen fliegende Händler mit Backwerk oder Würstchen.

Natürlich bestand das Angebot in den Thermopolien und Wirtshäusern nicht aus besonders exquisiten Speisen. Da die römische Küche aber reich gerade an Eintopfgerichten war (Gabeln wa-

16 Gäste in einem Thermopolium, die um den dreifüßigen Tisch sitzen und speisen. Ein Diener (rechts) ist im Verhältnis zu den Gästen kleiner wiedergegeben. Offenbar handelt es sich um Reisende, darauf deuten die Reisemäntel mit Kapuze (cuculli) hin. An der Wand hängen Esswaren, darunter Würste und Käse. Fresko aus Pompeji, Osteria della via di Mercurio.

17 **Blick in eine Großbäckerei in Pompeji: Im Hintergrund erkennt man eine Getreidemühle, im Vordergrund rechts eingemauerte Vorratsfässer (dolia) mit weiter Halsöffnung für Getreide.**

18 **Ein Garkoch mit seinem Kessel auf dem Marktplatz; links vom Kessel der Käufer, rechts vermutlich ein Bettler; links werden Feigen verkauft. Nachzeichnung eines Freskos aus Herkulaneum, 1. Jh. n. Chr.**

ren unbekannt, was nicht mit Löffeln zu essen war, wurde mit den Fingern verspeist) hatte der Koch eines *thermopolium* oder einer *popina* keine Not zu variieren, wenn er damit seine Kundschaft besser locken konnte, z.B. (Rezepte nach dem Kochbuch des Apicius) mit:

Hydrogarata isicia (›Gulaschsuppe‹) – klein geschnittenes oder gehacktes Fleisch in einer Brühe aus Zisternenwasser (!), Pfeffer, Liebstöckel, ein wenig Bertram und *liquamen (garum,* ein flüssiges Standardgewürz auf Fischbasis, das anstelle von Salz bei nahezu keiner Speise fehlte, s.u.) gekocht;

Isicia amulata ab aheno (›Eingedicktes Kesselfleisch‹) – Pfeffer, Liebstöckel, Majoran, eine Spur Teufelsdreck, ein wenig Ingwer, Honig sowie *liquamen* werden zusammengerührt, hineingegeben wird gehacktes Fleisch, das Ganze gekocht und anschließend mit Stärkemehl gebunden;

Pisam (›Erbsensuppe‹) – Zu gekochten Erbsen werden, nachdem der Schaum abgeschöpft wurde, Lauch, Koriander und (Kreuz)Kümmel hinzugegeben. Zur weiteren Würzung dient eine Mischung aus gestoßenem Pfeffer, Liebstöckel, Wiesenkümmel, Dill, frischem Basilikum, *liquamen* und Wein, die unter Umrühren hinzugefügt wird, bis die Suppe aufkocht; nach Geschmack kann mit der Mischung nachgewürzt werden. – Und für den, der Süßes mochte gab es vielleicht

Dulcia domestica (›Süßspeise nach Hausmacherart‹) – entkernte Datteln werden mit einer Nuss, Pinienkernen oder zerstoßenem Pfeffer gefüllt, in Salz gewendet und in gekochtem Honig gebacken.

Was man allerdings sowohl in Pompeji wie auch sonst im römischen Reich vergeblich suchen wird, das sind ›Restaurants‹ bzw Speiselokale in gehobenerem Stil wie heute üblich: Die vorhandenen Einrichtungen dienten eher den einfacheren Leuten, die in ihrer Unterkunft häufig nicht oder nur provisorisch kochen konnten, Werktätigen, die in der Stadt ihrer Arbeit nachgingen, und natürlich Reisenden (viele Wirtshäuser lagen in der Nähe der Stadttore, und auch die Hotels verfügten über ihre eigenen Gaststuben mit Küche). Der Betuchte speiste zuhause, und zu Festen oder sonstigen Gelegenheiten lud man seine Freunde und Bekannten ausschließlich dorthin ein; war man unterwegs, hatte man zumeist seine Freunde oder wenigstens Empfehlungen. Der unlängst (2000) erfolgte Fund eines außergewöhnlichen Gebäudes etwas außerhalb Pompejis, das aufgrund seiner Anlage und Ausmaße als eine Art ›Luxushotel‹ gedeutet werden muss, erweitert allerdings unser bisheriges Bild des Restaurantbetriebs stark. Das Hotel verfügte außer über üppige Bäder auch über fünf nobel ausgestattete Speiseräume, in denen für jedes Speisesofa ein Wasserkran zum Händewaschen angebracht war. Im übrigen gab es in der Kaiserzeit regelmäßig Restaurants bzw. Tavernen in Verbindung mit den öffentlichen Thermen, wo man in geselliger Runde die Nachmittage oder Abende verbrachte. – Im kaiserlichen Rom übrigens beobachteten die Behörden die Tavernen der ›Plebs‹, recht argwöhnisch, und der Kaiser erließ Gesetze gegen den Verkauf warmen Essens, weil diese Treffpunkte des einfachen Volks augenscheinlich Ausgangsstätten sozialer Unruhe waren oder als solche rein präventiv verdächtigt wurden.

19 Ladenschild eines Gemischtwarenladens aus Ostia. In der Mitte verkauft die Frau des Inhabers einem Kunden Feigen, während der Kaufmann mit zwei Männern offenbar über den Preis eines Kaninchens verhandelt. Unten rechts werden weitere Kaninchen in einem Käfig zum Verkauf vorgehalten, die Affen hingegen dienen dem Anlocken und der Belustigung der Kundschaft. 2.H. 2.Jh. n.Chr.

Märkte und Lebensmittelläden

Wer auf dem Lande lebte, dort sein bäuerliches Anwesen besaß, erst recht die Besitzer der großen Landgüter, hatte es nicht nötig, zumindest das zur Ernährung grundlegend Notwendige einzukaufen. Man lebte von den Produkten des eigenen Bodens und vom eigenen Vieh, auch wenn sie im Falle der kleinen Leute karg und einfach waren. Anders verhielt es sich natürlich in den Städten. Dort war man je nach persönlichen Umständen zwar auch darauf bedacht, mehr oder weniger Gemüse selbst zu ziehen oder sich Haustiere zu halten – die Kleintierhaltung war sehr verbreitet –, doch das Gros der Städter musste sich auf Märkten oder in Läden versorgen. Aber auch das Anwachsen der Bedürfnisse der Reicheren führte dazu, dass viele Wünsche nur über den Einkauf der entsprechenden Produkte befriedigt werden konnten. So besaßen die Städte denn ihre Fleischmärkte, und auf Schritt und Tritt stieß man auf kleine Läden aller Art, die in ihrem Angebot gewöhnlich spezialisiert waren. In der Regel handelte es sich um Geschäfte mit einem zur Straße hin offenen Ladenraum, den eine Verkaufstheke (wie bei den Thermopolien) von dieser trennte. Im Innern dienten Regale zur Aufbewahrung des Angebots, die Besitzer wohnten im Stockwerk darüber. Von diesen Läden zeugt neben den Architekturfunden überall eine große Reihe erhaltener Laden›schilder‹, oft in Stein skulptierte, auch auf die Häuserwände aufgemalte Darstellungen des jeweiligen Gewerbes. Sie weisen entweder nur die feilgehaltenen Waren auf oder auch lebendige Szenen, auf denen Käufer, Verkäufer und Waren festgehalten sind.

Die meisten dieser Geschäfte gruppierten sich, zusammen mit dem *macellum*, dem Fleischmarkt, um das Forum der Städte. In Rom findet sich, auch heute noch im alten römischen Zentrum unübersehbar, eine einzigartige Anlage aus der Zeit des Kaisers Trajan, die ›Trajansmärkte‹. Dabei handelt es sich um ein fünfstöckiges regelrechtes Einkaufszentrum, in dem etwa 150 Läden zusammengefasst waren. Die einzelnen Stockwerke waren für verschiedene ›Warengruppen‹ bestimmt: Unten gab es Obst und Blumen (Blu-

20 Stand eines Brotverkäufers auf einem Wandgemälde aus der Casa del Panettiere in Pompeji. Die Brote haben die typische ›Rosetten‹form. Sie liegen auf einem mobilen Stand aus Brettern aus, links im Hintergrund sieht man einen zum Transport der Brote bestimmten Flechtkorb. Neapel, Archäologisches Nationalmuseum.

21 Ansicht des Gartenperistyls im Vettierhaus in Pompeji. Die Anpflanzungen wurden nach archäobotanischen Analysen des ursprünglichen Bewuchses vorgenommen. Etwa dieser Anblick bot sich auch den Gästen vom Speisesaal aus.

22 Ein sog. »Oecus Corinthius«, ein Salon für Bankette, in der Casa delle Nozze d'Argento in Pompeji. Kennzeichnend für den Oecus Corinthius sind die freistehenden Säulen (hier auf Sockeln), die ein Gewölbe tragen.

men waren nicht zuletzt für die Dekoration der Bankette wichtig!), in der zweiten und dritten Etage gab es Gewürze und Delikatessen. Der vierte Stock war von Behörden belegt, dort wurden die Lebensmittelspenden an die mittellose Bevölkerung ausgegeben. Die fünfte Etage belegten die Fischhändler, die dort ihre fangfrische Ware in mit Meer- oder Süßwasser gefüllten Bassins an die besser gestellten Kunden verkauften: kein *ipermercato* also für arme Leute, sondern geradezu eine Einkaufserlebnislandschaft, in die die Herren freilich ihre Bediensteten schickten.

Besuch in einer *domus:* Kochen und Essen in der Familie

Das römische Stadthaus

Wo aßen und kochten die Römer bzw. ließen sie kochen, wenn sie zuhause speisten, wie das bei den Bessergestellten die Regel war? Werfen wir einen Blick in die entsprechenden Räume und auf ihre Lage im Haus sowie in ihre Gärten.

Zentrum des altrömischen Hauses, der *domus*, war das *atrium*, ein großer rechteckiger Raum, in dem der Herd stand; durch das Kochen auf dem offenen Feuer wurden die Wände schwarz, daher meinten die Römer (fälschlicherweise) der Name stamme vom Wort *ater:* ›schwarz‹. Ursprünglich besaß es keine Dachöffnung *(impluvium)*, sondern ein geschlossenes Dach. Der Rauch des Herdfeuers zog durch ein Fenster in der Wand ab. Der Eingang mit zwei seitlichen Räumen (*vestibulum*) lag an der einen Schmalseite; ihm gegenüber, an der anderen Schmalseite befand sich ein mittelgroßer Raum, das *tablinum*, ursprünglich das Speisezimmer, in dem außerdem die Ahnenbilder und wichtige Familiendokumente aufbewahrt wurden. An den Längsseiten des Atriums lagen die Schlafzimmer und Wirtschaftsräume. Aus dieser frühen Zeit gibt es in Pompeji – neben Herkulaneum die wichtigste Quelle zum römischen Wohnen – nur wenige Häuser, die nicht spätestens in der Kaiserzeit grundlegend umgestaltet worden sind.

Dieses frührömische Haus hatte kein Peristyl; durch den Kontakt mit der hellenistischen Kultur während und nach den Eroberungen im Mittelmeerraum im 3./2. Jahrhundert v. Chr. lernten die Römer das griechische Peristylhaus kennen und fügten ihrem Atriumhaus einen Garten mit Säulengängen hinzu, eben das Peristyl. Bei den Griechen ist das Peristyl etwas anderes: ein gepflasterter *Hof*, von Säulengängen umgeben, hinter denen die einzelnen Zimmer liegen. Im römischen Haus ändert sich durch die Anfügung des Peristyls die Funktion des Tablinums, das nun zu einem Raum zwischen Atrium und Peristyl wird und seine Funktion als Esszimmer verliert: Vitruv zufolge dient das Tablinum in seiner Zeit (frühe Kaiserzeit) als Warteraum für *clientes* (Protegés des Hausherrn) bzw. als Salon.

Das Triklinium

Da die Römer die griechische Kultur für entwickelter hielten als ihre eigene, bäuerliche, führte der griechische Einfluss nach der Eroberung des Ostens im 2. Jahrhundert v. Chr. zu der oben beschriebenen Veränderung der römischen Tischsitten; wie die Griechen tafelte man nun in den besseren Kreisen *im Liegen* statt wie bisher im Sitzen. Mit der Sitte übernahm man gleich den Namen: *kline* (griech.) heißt das Bett, entsprechend heißt das Liegemöbel-Ensemble für drei bis neun Personen latinisiert *triclinium*. Der Name der Essgarnitur wird bald auf den Raum übertragen: so bedeutet *triclinium* Esszimmer, bezeichnet aber genauso einen Essplatz im Freien mit einer gemauerten Drei-Betten-Gruppe für maximal neun Personen, der meist von einer Pergola beschattet wird.

Das *triclinium* des römischen Hauses seit der Zeit der späten Republik (2./1. Jahrhundert v. Chr.), wie es in Pompeji und Herkulaneum in großer Vielfalt erhalten ist, liegt entweder seitlich des Tablinums oder im Peristyltrakt. Welcher Raum als Triklinium eingerichtet wird, ist im Grunde beliebig. Schon längst auch hat man den Herd aus dem Atrium verbannt; er steht in einem Nebenraum, wo er nicht stört. Der Raum für die Küche ist ebenfalls nicht festgelegt, oft ist es ein Eckraum am Atrium bzw. Peristyl. Mit viel Liebe und Sorgfalt gestalten die Römer ihre Gärten und verschönern sie durch Wasserspiele und Statuen. Um das Peristyl liegen oft die schönsten Räume, und zu diesen gehört in erster Linie das Speisezimmer, von dem aus man dann einen schönen Blick in den Garten genießen kann.

Die richtige Anordnung der Räume beim Hausbau war für den Hausherrn nicht so einfach; für ein normales Stadthaus mit Atrium und Peristyl war zwar der allgemeine Rahmen vorgegeben doch gerade bei schmalen Grundstücken war es oft eine knifflige Aufgabe, trotz engem Raum ein schönes Triklinium oder sogar mehrere zu konzipieren. Was man dabei grundsätzlich beachten sollte, was aber leider in der Realität nicht immer gelang, schreibt der Architekturtheoretiker Vitruv zum Thema ›Anlage von Privathäusern‹:

»Die Triklinien (Speisesäle) wird man doppelt so lang als breit machen müssen. Die Höhen aller langgestreckten Räume müssen so berechnet werden, dass Längen- und Breitenmaß zusammengerechnet und von der Summe die Hälfte genommen wird, und was dabei herauskommt, gebe man der Höhe« (Vitruv, *10 Bücher über Architektur*, VI 3,8: danach müsste ein 6 × 3 m großer Raum eine Höhe von 4,5 m erhalten, was dem Befund in pompejanischen Häusern durchaus entspricht).

Unbedingt sollten die Himmelsrichtungen berücksichtigt werden, was auch nach Möglichkeit getan wurde, wie die Hausgrundrisse in Pompeji und Herkulaneum zeigen: so sollten Winterspeisezimmer nach Süden oder Südwesten gerichtet sein, um Licht und Wärme der Abendsonne zu nutzen. Das Frühlings- und Herbstspeisezimmer dagegen sollte nach Osten blicken, damit es sich morgens erwärmt und nachmittags, wenn man isst, noch *mäßig* warm ist. Folgerichtig muss das Sommerspeisezimmer nach Norden gerichtet sein, damit man in der heißesten Zeit im Kühlen speisen kann (VI 4,1f.). Dass Vitruv hier Ratschläge für die High Society erteilt, ist offensichtlich; einige sehr herrschaftliche Häuser in Pompeji und Herkulaneum haben mehrere Esszimmer, doch das durchschnittliche Haus hat nur eines und eventuell zusätzlich ein Gartentriklinium. In solchen Häusern verhält es sich mit der Lage des Esszimmers wie heutzutage auch: es hängt von der Grundstückslage und -form ab, ob das Esszimmer nun eines für Sommer, Winter oder Frühling ist. So liegt im ›Haus der vergoldeten Putten‹ in Pompeji das *triclinium* an der westlichen Schmalseite des Peristyls mit der Tür zum Peristyl nach Osten. Mit Blick zum Garten und dem darin plätschernden Springbrunnen wird man hier am Spätnachmittag angenehm kühl gelegen und gegessen haben.

In unserer Kultur gibt es eine scharfe Trennung zwischen privater und öffentlicher Sphäre; das prägt auch die Architektur; bei uns ist Wohnen, egal ob im Haus oder in der Wohnung, ob reich oder arm, grundsätzlich der Privatsphäre zugehörig; nicht so bei den Römern: In Häusern der Adelsklasse ist ein Teil fremden Leuten zugänglich, die als Klienten kommen oder geschäftlich mit dem Hausherrn zu tun haben – Büros, Firmenzentralen, Bankgebäude etc. gab es nicht. Die gesellschaftliche Stellung muss der Hausherr Vitruv

23 Gemauertes Triklinium in der Casa del Moralista in Pompeji.

24 Nachbildung eines bronzenen Kohlebeckens. Solche Kohlebecken dienten als Wärmequelle bei Kälte, aber auch zum Wärmen von Speisen. Rom (EUR), Museo della Civiltà Romana.

25 Das ›Sommertriklinium‹ in der Casa di Nettuno e di Anfitrite in Herkulaneum. Es füllt ganz den kleinen Innenhof aus, die rückwärtige Wand ist als Nymphäum (Brunnenanlage) gestaltet. Ein kleiner Springbrunnen in der Mitte brachte den Gelagegästen Kühlung. Auf der Wand rechts das blaugrundige Mosaik mit Neptun und Amphitrite, nach dem das Haus benannt ist.

zufolge unbedingt beim Hausbau berücksichtigen:

»Denn in die Privaträume haben nicht alle Zutritt, sondern nur geladene Gäste, z.B. in die Schlafräume, *Speisezimmer*, Baderäume und die übrigen Räume, die gleichen Gebrauchszwecken dienen. Allgemein zugängliche Räume aber sind die, in die auch uneingeladen Leute aus dem Volk mit Fug und Recht kommen können, d.h. Vorhallen, Höfe, Peristyle und solche Räume, die in derselben Weise benutzt werden können. Daher sind für Leute, die nur durchschnittliches Vermögen besitzen, prächtige Vorhallen, Empfangssäle, Atrien nicht notwendig, weil diese Leute anderen durch ihren Besuch ihre Aufwartung machen, aber nicht von anderen besucht werden« (VI 5,1).

Mit dieser Aussage wird bestätigt, was man in Pompeji und Herkulaneum vorfindet, dass die Größe von Atrien und Peristylen, den Repräsentationsräumen, sehr unterschiedlich ist, die der Triklinien und anderer Privaträume jedoch nicht: stattdessen findet man in reichen Häusern *mehrere* Speisezimmer und eine größere Anzahl von *cubicula* (Schlafräumen) als in einfacheren und kleineren Häusern. Außerdem ist die Innenausstattung dort erlesener. Riesige Triklinien findet man zumindest in Pompeji und Herkulaneum nicht, sie sind etwa 2–3 mal so groß wie Schlafzimmer. Darin hatten neun liegende Personen bequem Platz, wobei die Gäste im Kreis oder häufiger U-förmig nebeneinander lagen, mit den Köpfen der Mitte zugewandt. Die einzelnen Liegen bestanden aus einem vierbeinigen oder manchmal sechsbeinigen Gestell aus Holz; der Rahmen war mit Gurten bespannt. Darauf lag ein Polster; Kissen und Decken durften nicht fehlen.

Außer den Liegesofas waren Tische die wichtigsten Möbel; manche Leute machten daraus regelrechte Prestigeobjekte. Die einbeinigen Tische galten als besonders edel; größere Tische hatten drei und vier Beine. Der Satiriker Juvenal übertreibt sicher ein bisschen, wenn er die aufwendigen Tische neureicher Zeitgenossen seinem schlichten Tisch aus heimischem Nussbaum gegenüberstellt:

»Heute dagegen bereitet das Speisen den Reichen keinerlei Lust, weder der Steinbutt noch das Reh schmeckt, zu stinken scheinen Parfüm und Rosen, falls nicht die breiten Tischplatten mächtiges Elfenbein trägt, ein mit offenem Rachen sich hochreckender Panther aus den Stoßzähnen, die das Tor Syenes schickt, die flinken Mauren und der Inder, noch dunkler als der Maure, und die im Nabatäischen Wald das Untier ablegte, da sie schon zu groß und für den Kopf zu schwer wurden. Von daher regt sich der Appetit, dies gibt dem Magen Kräfte; denn ein Fuß aus Silber ist für sie wie am Finger ein Ring aus Eisen« (Juvenal, 11. Satire, 120ff., Übersetzung Joachim Adamietz).

Zur Ausstattung eines Trikliniums gehörten ferner Teppiche und Kandelaber zur Beleuchtung. In Pompeji und Herkulaneum sind gerade Triklinien diejenigen Räume, die am schönsten ausgemalt sind, die erlesene Fußböden haben, vielfach mit Mosaik belegt sind. Es sind auch meistens höhere Räume als etwa Schlafzimmer. In manchen Häusern (Casa di Meleagro; Casa delle nozze d‹argento) gibt es Säle mit gewölbter Decke und Säulen vor den Wänden, die dem von Vitruv (VI 3,8f.) beschriebenen *Oecus Corinthius* entsprechen, ein festlicher Raum, der sich für Gastmähler mit Musik- und Tanzdarbietung eignet.

Triklinien im Freien und in Gärten

Wie allgemein verbreitet damals der Wunsch war, im Freien zu essen, zeigen uns die gemauerten Gartentriklinien in Pompeji und Herkulaneum, die auch dann eingerichtet wurden, wenn der Garten nur klein war. Die Vorliebe wird einen weiteren Grund darin haben, dass es im Sommer ziemlich warm und stickig in den Räumen war, wo doch die abendlichen Gastmähler bereits gegen vier Uhr nachmittags begannen; Ventilatoren kannte man ja nicht, und wenn nun neun Personen, Personal und die warmen Gerichte in *einem* Zimmer zusammenkamen, müsste es eigentlich unerträglich heiß geworden sein. So kann man die Vorliebe fürs Essen im Freien sehr gut verstehen. Allerdings gab es auch Sklaven, die den Teilnehmern eines Gastmahls Luft zufächelten.

Das sog. Haus des Neptun- und Amphitrite-Mosaiks in Herkulaneum, das nach dem sehr gut erhaltenen Mosaik an einer Wand des Hofes benannt ist, hat statt eines Garten einen hübsch ausgestatteten kleinen Hof. Zur Straße hin öffnet sich ein Weinladen mit Ausschank und einem Vorrat an Weinamphoren. Der Innenhof ist auf seinen vier Seiten von Hausmauern umgeben, doch was hat der Hausherr aus diesem Fleckchen gemacht! So füllt den größten Teil ein gemauertes Triklinium, das von Wand zu Wand reicht; wie bei derartigen Triklinien üblich, bilden die drei Seiten eine zusammenhängende Fläche, die zur Mitte hin, wo das Tischchen stand, erhöht ist und zu den Wänden hin abfällt. Um auf einem solchen steinernen Bett bequem zu liegen, brauchte man zweifellos viele Polster und Kissen.

Für Beete mit Bäumen und Blumen war allerdings auf dem Grundstück kein Platz, und so müssen gemalte Pflanzen den Garten ersetzen. Dabei hat der Maler erfolgreich versucht, durch die perspektivische Darstellung einer niedrigen Mauer, vor der in halbrunden Apsiden Wasserbecken stehen, die Illusion zu schaffen, als öffne sich der Hof auf einen dahinter liegenden Garten. Gut denkbar ist, dass vor dem gemalten Garten echte Pflanzen in solchen Töpfen standen, wie sie am Nymphäum der Stirnwand als Mosaikbilder vorkommen, und dass so alles noch echter wirkte bzw. Wirklichkeit und Kunst hier eng verflochten waren. Mit viel Geschmack hat der Hausherr das Nymphäum (Wasserspiel) mit Mosaik verkleiden lassen, die mittlere Zone füllen Jagdszenen auf blauem Grund; marmorne Theatermasken bekrönen das Nymphäum. Diese Ausstattung bildete sicher einen geistanregendes Ambiente für die Gastmähler eines offenbar kultivierten Menschen, der eben dies mit der anmutigen, heiteren Hofgestaltung ausdrücken wollte. Von diesem namentlich unbekannten Hausherrn wissen wir sonst nur, was man erschließen kann, nämlich dass das Gut, dessen Wein hier verkauft wurde, nicht in unmittelbarer Nähe lag, wahrscheinlich außerhalb von Herkulaneum, denn dafür fehlte hier der Platz.

In Pompeji dagegen gab es ausgedehnte Gärten auch *innerhalb* der Stadt; die hat man in den sechziger und siebziger Jahren untersucht, und anhand von Wurzelresten feststellen können, welche Baumarten und Gewächse dort vorzugsweise angepflanzt waren: Wein, Oliven, Obst, Haselnüsse, Walnuss, Mandel, Feige, und Bohnen zwischen Reben und Bäumen. Einige Gärten innerhalb der Stadtmauern waren so groß, dass die geernteten

26 Ein Laubengang mit Biklinium im Haus des Octavius Quartio in Pompeji. Das Biklinium befindet sich am Ende eines Kanals, der zusammen mit einem weiteren (nach rechts in den Garten führenden) den Nil symbolisierte. Hausherren und Gäste fühlten sich hier in die Heimat der ägyptischen Göttin Isis versetzt.

27 Garten der Villa der Iulia Felix in Pompeji mit Fischbecken.

254 Picknick bei der Jagd unter einem roten Tuch. Mosaik aus der Villa del Casale bei Piazza Armerina (Sizilien), 4. Jh. n. Chr. Um sich vorstellen zu können, wie man im Freien zu Tisch lag, ist eine Szene aus dem ›kleinen Jagdmosaik‹ der spätantiken Villa von Piazza Armerina anschaulich. Sie zeigt ein ›Picknick‹ im Walde als Abschluss einer erfolgreichen Jagd. Gegen die Sonne hat man ein Segel an den umstehenden Bäumen befestigt. Um eine runde Grillstelle hat sich die Jagdgesellschaft niedergelassen; hier wo es kein Triklinium gibt, scheint eines für die Bequemlichkeit im Freien sehr wichtig zu sein, nämlich ein langes wulstiges Polster – sogar hübsch gemustert –, auf das man die Ellenbogen stützen kann. Gewiss gehörte etwas Entsprechendes auch zur Polsterung der Gartentriklinien.

Früchte nicht nur für die Selbstversorgung bestimmt gewesen sein können, sondern für den Verkauf in den Läden der Stadt. Z. B. gab es ja den Laden des erwähnten Obsthändlers (*pomarius*) in der *Via dell'Abbondanza* (Regio I, 8,1).

Der ausgedehnte Garten im Südosten Pompejis (Regio I 22) diente eindeutig kommerziellen Zwecken. Pollenanalysen ergaben, dass hier unter anderem Oliven- und Walnussbäume wuchsen, ja es muss hier einst eine regelrechte Obstplantage gegeben haben, in der, ähnlich wie heute, die Bäume relativ jung und klein und in dichtem Abstand gepflanzt waren; insgesamt enthielt der Garten ca. 300 Bäume. Außer diesen ›Plantagenbäumen‹ stellte man sieben ausladendere Bäume mit einem Durchmesser von ca. 30 cm fest. Drei davon spendeten einem mitten in der Plantage gelegenen Sommer-Triklinium Schatten. Dieses besteht aus der bekannten U-förmigen Liegefläche und einem Tisch dazwischen; genau in der Achse des Tisches befindet sich in einiger Entfernung davon ein Altärchen. Es war durchaus üblich, auch im Garten den Göttern an einem Altar von den Tieren oder Früchten des Tisches zu opfern. – In der Nähe des Trikliniums erwartete die Ausgräber eine Überraschung: in einer noch unberührten Lapillischicht fanden sie Knochen von jungen Tieren, von Kalb, Ferkel und Lamm, sowie Schneckenhäuser, was darauf schließen ließ, dass hier – kurz vor dem Ausbruch am Nachmittag des 24. August 79 – noch gegessen wurde!

So haben sich die Bewohner des Hauses in ihrer Obstplantage die Möglichkeit geschaffen, im Sommer im Freien zu speisen. Im nun folgenden Haus dagegen dient der große Garten nicht der Ernährung oder als Erwerbsquelle, sondern allein dazu, eine schön gestaltete Umgebung zu bieten, zum Spazierengehen, zum Ansehen und um sich darin wohl zu fühlen, so wie die Mehrzahl heutiger Gärten, nur größer. Die Vorstellungen von ›schöner‹ Gartengestaltung waren jedoch anders:

Zum Haus des D. Octavius Quartio (Regio, II 2,2; auch ›Haus des Loreius Tiburtinus‹) gehört ein etwa 70 × 35 m großer Garten, der ungefähr in der Mittelachse von einem Kanal durchflossen wird; zusammen mit einem dazu quer verlaufenden Kanal vor der Gartenseite des Hauses entsteht ein T-förmiger Wasserlauf, der den Nil darstellen soll, wie sich aus den längs des Kanals gefundenen Statuetten – Sphinx, Nil, Serapis – erschließt. Der Kanal durch den Garten hat zu beiden Seiten Laubengänge zum Spazierengehen; der Schnittpunkt beider Kanäle ist durch ein viersäuliges Tempelchen und ein Wasserspiel besonders hervorgehoben. Von den Räumen, die dem Garten zugewandt sind – natürlich die schönsten –, tritt man auf eine lange Terrasse, die ebenso lang wie der parallel verlaufende Kanalarm ist. Am nordöstlichen Ende der Terrasse liegt ein Essplatz, jedoch diesmal kein *tri*clinium sondern ein *bi*clinium, mit nur zwei Liegeflächen einander gegenüber; anstelle der dritten erhebt sich ein säulengestützter Giebel über einer Apsis, die durch einen rauen Putz wie eine Naturgrotte erscheinen soll. Von hier wurde der Kanal mit Wasser aus einer natürlichen Quelle gespeist.

Weitere Attraktionen des Gartens sind eine kleine Brücke, ein Nymphäum, ein Bassin, dessen Wände mit Fischen bemalt sind, dass man es für ein Aquarium halten könnte, und eine Kaskade. Auf der Gartenmauer standen Töpfe mit Zierpflanzen; die Baumwurzeln entlang der Mauer verraten, dass hohe Bäume mit dichtem Laub, Platanen vielleicht, ringsum Schatten spendeten. Ein Gastmahl in diesem Rahmen, mit dem schönem Ausblick, dazu das Wasserplätschern und die Anspielungen auf Ägypten und seine Götter durch Statuen, außerdem Malereien mit mythischen Themen, Wasserspiele und Pflanzen hatte den Charakter eines Gesamtkunstwerks, wenn man sich außerdem noch Musikanten, Spaßmacher, Festredner, Diener und Dienerinnen in farbenfroher Kleidung dazu vorstellt. Wenn man von der Anlage auf Besonderheiten der Bewohner schließt, möchte man sie sich als ›intellektuelle

Pompejaner‹ vorstellen, die außerdem Anhänger der Isis-Religion sind.

Ein großes Anwesen im Osten Pompejis (Regio II, 4) liegt nahe beim Amphitheater und gehörte laut Inschrift einer Iulia Felix, die im August 79 eine Komfortwohnung darin vermieten wollte. Der Komplex umfaßte ein Privathaus mit Porticus und Garten, vielleicht von der Eigentümerin bewohnt, eine Thermenanlage, Läden, zwei Gaststätten *(cauponae)*, eine davon verbunden mit einem Restaurant, das mit gemauerten Liegen ausgestattet war; eine Wein-, Obst- und Olivenplantage, in denen sich zwei Triklinien befinden; ferner Wirtschaftsräume u.a. für die Weinpresse und ein Keller für die Weinlagerung. Dem Besitz nach zu urteilen, muss Iulia Felix eine tatkräftige Frau gewesen sein, die mit Geld umgehen konnte.

Wie im Haus I 22 ist auch hier eine Plantage der Ort des Sommertrikliniums; hier gibt es jedoch gleich zwei, wobei das Privathaus noch über ein eigenes Triklinium verfügt, angelegt mit Aussicht auf den Kunstgarten mit Wasserspielen im Stil des zuvor besprochenen im Haus des Octavius Quartio. So fragt man sich, für welche Personen die beiden Triklinien im Obstgarten bestimmt waren; ein sehr plausibler Vorschlag lautet, dass es sich hier um ein Gartenrestaurant handeln könnte, das vor allem von den Besuchern des nur wenige Schritte entfernten Amphitheaters frequentiert wurde.

Der Garten selbst war durch zwei sich kreuzende Wege mit schattenspendenden Pergolen in vier Abschnitte unterteilt. Hier wuchs in erster Linie Wein, doch außerdem fand man die Wurzeln von Obst- und Olivenbäumen. Der Ertrag von ca. 1000 Rebstöcken, die sich aufgrund der Pflanzdichte für den ganzen Garten ergeben, betrüge 9000 Liter Wein; im Lagerraum neben der Weinpresse fand man 10 Fässer *(dolia)* mit einem Fassungsvermögen von je 1000 *l*, sodass eine Weinmenge, wie für den Garten berechnet, hier auch tatsächlich gelagert werden konnte. Wie im Garten des Hauses I 22 wurden auch hier im Bereich der Essplätze Knochen gefunden, die bearbeitet worden waren, um das Mark herauszuholen, das in der Antike als Delikatesse galt. Dass sich darunter auch Pferdeknochen befanden, befremdet allerdings, denn in Italien wurde nie Pferdefleisch gegessen.

Die ›Gartenmöbel‹

Von den im Inneren der Häuser aufgestellten hölzernen Speiseliegen sind nur in Ausnahmefällen Reste erhalten. Viele Bürger hatten jedoch die Idee, sich steinerne Triklinien bauen zu lassen,

sonst wüssten wir nichts über ihre Vorliebe, im Freien zu essen. Natürlich muss man davon ausgehen, dass man auch in Gärten ohne gemauerte Triklinien draußen aß, man konnte die hölzernen Liegen des Triklinium-Raumes einfach in den Garten bringen lassen, so wie wir heute unsere Gartenmöbel aufzustellen pflegen, wenn die Sonne scheint. Während bei den im Innentriklinium verwendeten Holzliegen die vier Beine gleich lang waren, war das gemauerte Triklinium abgeschrägt, sodass die Beine niedriger als der Kopf lagen. Dies ist ein charakteristisches Merkmal *aller* in Pompeji und Herkulaneum gefundenen Steintriklinien. Allerdings gehört ein gemauertes Tischchen wie im Garten des Hauses I 22 nicht immer dazu.

29 Blick in die Küche der Casa dei Vettii in Pompeji mit dem Herd und darauf befindlichen bronzenen Töpfen. Obwohl es sich bei dem Vettierhaus um eines der prächtigsten und größten Häuser Pompejis handelt, ist die Küche relativ klein und beengt.

30 Wirtschaftstrakt mit Backofen (links hinten) und Wasserbecken (rechts) in der Mysterienvilla in Pompeji. In Anwesen wie diesem stand für die Vorbereitungen zu einem Gastmahl viel Platz außerhalb der Küche selbst zur Verfügung.

Die Küchen

In der Kaiserzeit war die ursprüngliche Sitte, im Atrium zu kochen, längst passé, nur auf dem Lande hielt sich diese Tradition noch lange Zeit: dort hieß der Hauptraum bezeichnenderweise *culina*, ›Küche‹. – Gut zu speisen, war den Römern zwar äußerst wichtig, doch da weder der Hausherr noch die Hausfrau selbst kochten, sondern dies trotz der großen Bedeutung Sklavensache war, ist den Küchen als Räumen nicht anzusehen, ob in einem Haus Feinschmecker wohnten oder nicht. Sie waren klein, dunkel und hatten nicht immer einen Rauchabzug und besaßen einen aus Ziegelsteinen gemauerten Herd, oft war noch ein Ausguss vorhanden, um Flüssigkeiten wegzuschütten. Wasserhähne, Vorrichtungen, um das Wasser aus der Rohrleitung abzusperren, gab es wahrscheinlich nicht (weder wurden entsprechende Sperrvorrichtungen an Hauswasserleitungen gefunden, noch berichten die antiken Autoren, die sich speziell mit technischen Dingen befassen, Vitruv und Frontinus, über Derartiges); demnach floss das Wasser wie auch in öffentlichen Brunnen fortwährend, und zwar zuerst in ein Becken, aus dem man es dann zum Trinken, Kochen und Waschen entnehmen konnte; am Ende gelangte es in die Latrine als Spülwasser und von dort weiter in die Kanalisation.

Wie wenig architektonische Beachtung den Küchen geschenkt wurde, zeigt sich auch darin, dass Vitruv sich zwar sehr ausführlich über Atrien, Peristyle etc. im Privathaus äußert, jedoch kein Wort über die Küche verliert, obwohl ja jedes Haus eine hat; wir können das Fehlen jeglicher schriftlicher Notiz und das Aussehen der pompejanischen Küchen nur so interpretieren, dass ein x-beliebiger Raum weitab der Repräsentationsräume lieblos und ohne weiteres Nachdenken als Küche eingerichtet wurde; falls eine Wasserleitung ins Haus führte, richtete man sie aus praktischen Gründen nahe dem Bad ein. Wohl weil die Küche Arbeitsplatz von Sklaven unter der Regie eines Koches war, gab man sich hier keine Mühe. Bei manchen Häusern, z.B. dem ›Haus des Faun‹ (Regio VI 12,2) in Pompeji, fragt man sich, wie denn die Köche in solcher Enge zurechtkamen, wenn dort für eine größere Gesellschaft ein Essen ausgerichtet wurde: der bescheidene Küchenraum zwischen einem Triklinium und einem Bad steht in keinem uns angemessenen Verhältnis zu den *drei* Triklinien des Hauses. – Man muss jedoch berücksichtigen, dass die Küche eines großen Hauses oftmals in einem Wirtschaftstrakt liegt, so im Haus des Faun, im Vettierhaus und in der Casa del Citarista (alle in Pompeji, Regio I 4,5). Daraus kann man schließen, dass nur einige Arbeiten, die direkt mit dem Kochen und Backen zu tun hatten, *in der Küche selbst* erledigt wurden, während andere notwendige Vorbereitungen in anderen Räumen des Trakts bzw. einem Hof, einem Peristyl oder, wie im Haus des Faun und im Vettierhaus, in einem Atrium des Wirtschaftstrakts verrichtet wurden.

Als weiteres fällt auf, dass Küche, Bad und Latrine dicht beieinander liegen, eine sehr vernünftige und einzig mögliche Zusammenlegung, wenn das Haus einen eigenen Wasseranschluss hatte; außerdem konnte man so die Wärme des Herdes auch für andere Zwecke nutzen, so im Haus des Faun, wo von der Küche aus das angrenzende Triklinium und auf der anderen Seite das Bad mit beheizt wurden; in beiden Räumen sind die entsprechenden Hypokausten vorhanden. – In Küchen oder Küchennähe trifft man oft auf Larenaltäre.

Im Haus des Fauns (dem Fundort des berühmte ›Alexandermosaiks‹) gehört zum Wirtschaftstrakt außerdem ein Stall, und das in einem herrschaftlichen Stadthaus! – Da die großen Häuser in Pompeji oft auch *innerhalb* der Stadtmauern zugleich *villae rusticae,* d.h. Wohnhäuser mit Landwirtschaft oder Gartenbau waren, ist die Nähe von Küche und Stall nur konsequent; Vitruv empfiehlt dies ausdrücklich für *ländliche Gebäude*: »... Im Hofraum soll man an einer möglichst warmen Stelle die Kochstelle abzeichnen. Sie soll mit den *Rinderställen* in Verbindung stehen, deren Krippen nach dem Herd und nach Osten zu gerichtet sein sollen...« (VI, 6,1).

31 Sklaven transportieren eine Amphore. Relief auf einer Hauswand in Pompeji.

Triklinien und Wirtschaftsräume in den Gutshöfen (›villae rusticae‹)

Im Umkreis von Pompeji wurden außerhalb von Ortschaften etliche Anwesen gefunden, die als Luxusvillen oder als Wohnhäuser mit landwirtschaftlichem Betrieb dienten. Eine *Luxusvilla* hatte etwa die Funktion eines Ferienhauses, d.h. der Besitzer und seine Familie wohnten auswärts und kamen nur gelegentlich, das Dienstpersonal war ständig anwesend. Ein *Wohnhaus mit landwirtschaftlichem Betrieb* hatte in vielen Fällen einen luxuriösen Wohntrakt mit hohem Komfort. Zu ihnen ist die sog. Mysterienvilla zu zählen.

Bei der Mysterienvilla denkt man vor allem an den berühmten rotgrundigen Fries mit den Szenen der dionysischen Mysterien, mit dem ein Raum ausgemalt ist, doch in diesem Zusammenhang interessiert uns die Aufteilung der Villa. Das bereits im 2. Jahrhundert v.Chr. errichtete Gebäude war zum Zeitpunkt des Vesuvausbruchs am 24.8.79 noch im Umbau begriffen wie viele pompejanische Häuser, die durch das Erdbeben von 63 n.Chr. beschädigt worden waren. Das ehemals herrschaftliche Haus war im Begriff, ohne Rücksicht auf die ursprüngliche Konzeption eine Teilung zu erfahren: der Ostteil mit dem Peristyl wurde zum Wirtschaftstrakt, der Westteil mit dem Atrium zur herrschaftlichen Wohnung. Der Wirtschaftstrakt wird durch das Peristyl zweigeteilt: im Norden liegen die Räume, die zum Weingut gehören, mit Weinpresse und einem Auffangbecken für den Most, von dem aus dieser über eine Rinne in eine Zisterne gelangte. Man fand in dem Teil auch landschaftliche Geräte wie Rebmesser, Hacke, Pfahl, Hammer, Feuerzange, Nägel.

Südlich des Peristyls wurde ein Küchentrakt eingerichtet, dort wo sich ursprünglich ein Bad befand. Zu diesem Teil gehören zwei Backöfen, Lararium (Altar für die Hausgötter) und eine Latrine. Dieser Teil enthielt Küchengeräte und Amphoren.

Der sich nach Westen erstreckende Wohntrakt erhält seinen besonderen Reiz durch eine umlaufende Terrasse, die auf der Stirnseite im Westen von einer großzügigen halbrunden Exedra unterbrochen wird, die wahrscheinlich Glasfenster hatte. Von der Exedra wie von der Terrasse muss der Blick aufs Meer, auf den Vesuv, die Monti Lattari und auf den Garten im Vordergrund sehr schön gewesen sein. Als Speiseräume dienten wohl auch hier die Zimmer, die sich auf die Landschaft öffneten. Da entsprechende Möbel nicht

32 Die weniger begüterten kochten ihre Speisen und wärmten ihre Getränke auf einfachen ›mobilen‹ Kochstellen aus Terrakotta. Im unteren Teil wurde Feuer gemacht, in den oberen konnten die Töpfe hineingestellt werden. Aus einem Ort am Vesuv. Neapel, Archäologisches Nationalmuseum.

33 Etagenküche in der Casa delle Volte Dipinte, einem Mietshaus in Ostia. Die Treppe führt zum nächst höheren Stockwerk. Die Küche mit ihrem Herd stand den Bewohnern aller Räume der Etage zur Verfügung.

gefunden wurden – die Villa war ja im Umbau – muss die Zuweisung offen bleiben; gut denkbar ist, dass der Mysterienraum und sein Pendent wegen ihrer Aussichtslage als Esszimmer vorgesehen waren.

Eine andere Vorstadtvilla, an der pompejanischen Gräberstraße gelegen, war ebenfalls nicht nur Wohnhaus, sondern zugleich Wirtschaftsgebäude, die sog. Villa des Diomedes. Der Komplex besteht aus vier Bereichen, der Wohnung um ein mehrsäuliges Atrium, einem Bad, einem Wirtschaftsbereich und einem von Säulenhallen eingefassten Garten mit Kryptoportikus im Untergeschoss. Wegen des Erhaltungszustands ist nicht gesichert, welcher Raum als Triklinium benutzt wurde, sehr wahrscheinlich hatte der sich auf den Garten öffnende große Raum in der Achse eines Wasserbassins und eines Sommertrikliniums diese Funktion, denn er bietet die beste Aussicht.

Die Kryptoportikus (›verborgene Säulenhalle‹) diente als Lagerraum für Wein: die Ausgräber stießen hier auf Weinamphoren, von denen 40 noch intakt waren. Dort im Untergeschoss stieß man auch auf Skelette der Hausbewohner, so das des Hausherrn, der gerade noch sein Geldvermögen in Sicherheit bringen wollte, neben ihm ein Diener. Unter den Opfern befanden sich eine Frau mit viel Schmuck, den sie wohl auch im Keller sicher aufbewahrt hatte, und zwei Kinder; sie alle waren durch die eindringenden Gase erstickt.

Die beschriebenen Villen, die hier für viele andere stehen, zeigen im wesentlichen Gemeinsamkeiten, was ihre Speiseräume, Küchen, Wirtschafts- und Lagerräume betrifft:

1. Triklinien im Haus bieten nach Möglichkeit eine schöne Aussicht und öffnen sich zum Garten bzw. Peristyl, sodass viel frische Luft einströmen kann.
2. Der Gesichtspunkt der Aussicht ist beim *Sommertriklinium* ebenso wichtig wie die Berücksichtigung der Himmelsrichtungen, um eine kühle, schattige Lage am Nachmittag zu erreichen.
3. Küchen befinden sich dort, wo der Wasseranschluss liegt; sie sind recht klein und dunkel; in großen Häusern sind sie Teil eines Küchentraktes mit einem Hof. Die Entfernung vom Esszimmer spielt keine Rolle.
4. Wohn- und Wirtschaftstrakt sind strikt voneinander getrennt.
5. Die Räume für die Weinverarbeitung liegen separat (Villa dei Misteri). Für die Lagerung des Weins nutzt man Keller oder möglichst kühle Räume.

Küche und Esszimmer in einfachen Verhältnissen

Grundsätzlich gilt, dass jedes Haus, jede Wohnung mit Speisezimmer notwendigerweise auch eine Küche hat, jedoch bestand in den Städten die Mehrzahl der Bewohner aus unzähligen zwar freien, aber armen Bürgern, die von der Hand im Munde lebten, auf öffentliche Zuwendungen angewiesen waren (›Brot und Spiele‹) und in einem Zimmerchen oder einer engen Wohnung in einem mehrstöckigen Haus zur Miete wohnten. In solchen Verhältnissen gab es weder Speisezimmer noch Küche: wer so leben musste, ging morgens mit seinem Körbchen zu einem reichen Patron, und erhielt seine Überlebensration bzw. etwas Geld, mit dem er dann in einer Garküche oder bei einem Straßenhändler eine warme Mahlzeit kaufen konnte (die ›sportula‹, s. o.).

In mehrstöckigen Häusern gab es vor allem in den unteren Stockwerken durchaus auch große, komfortable Wohnungen mit Speisezimmer und Küche. Glücklicherweise sind in Ostia, der Hafenstadt Roms, Mietshäuser – *insulae* – mit mehreren Stockwerken erhalten geblieben, teilweise sind sogar Details der Innenausstattung noch vorhanden, so in der *Casa delle Volte Dipinte,* wo im 1. Stock, direkt neben der Treppe, eine kleine Küche mit Herd liegt. Eine Küche in der Etage ist ein besonderer Komfort, denn in den meisten Häusern von Ostia fehlt sie. Wie in Pompeji dient auch hier dazu ein sehr bescheidener Raum. In einer Wohnung ohne Küche wurde unter Umständen auch auf einem transportablen Ofen gekocht, mit dem man im Winter zugleich heizte.

Projizierte Sinnenfreude: Bilder von Essen und Trinken

Befänden sich alle dank dem Ausbruch des Vesuvs zum Teil großartig und farbenprächtig erhaltenen Wandmalereien in Pompeji oder Herkulaneum, in den um den Vesuv ausgegrabenen Villen alle noch an ihrem Platz, wäre noch augenfälliger, was auch so noch unübersehbar ist: Die Römer aßen nicht nur leidenschaftlich gern (doch von wem könnte man das nicht sagen?) und gut (soweit sie es sich leisten konnten), sie hatten offenbar auch große Freude und Genuss daran, ihr Wohnambiente mit malerischen Darstellungen auszustatten, die dem Thema Essen und Trinken, Bankett und genießerischer Frohsinn breiten Raum gaben. Es findet sich überall neben den Malereien z. B. mythischen und sonstigen Inhalts eine Fülle gerade von Stillleben, in denen einfache Dinge wie Brot, Fisch oder Feigen, aber auch Drosseln, Pfauen, Hasen, Fische und anderes Seegetier, Wildschweine usw. verewigt wurden, Silbergeschirr genauso wie einfacheres Speisegerät; dazu treten lebendige Szenen von Banketten oder Gelagen intimen genauso wie realistischen Charakters, mit denen die Künstler (oder ihre Auftraggeber) bisweilen ein geradezu selbstironisches Bild ihrer, wir verstehen das, durchaus auch überschwänglichen Leidenschaft zeichneten.

Die Gewohnheit, Räume im Haus mit Darstellungen von Essbarem auszustatten, besaßen schon die Griechen; ihre Hausarchitektur hatten die Römer ja auch übernommen. Vitruv (VI 7, 4) erklärt die griechische Sitte damit, dass jene »für die Gastfreunde, die zu Besuch kamen, Speisezimmer, Schlafzimmer und Speisekammern mit Speisevorrat einzurichten« pflegten. »Am ersten Tag pflegten sie sie zur Mahlzeit einzuladen, am folgenden Hühnchen, Eier, Gemüse, Obst und andere ländliche Erzeugnisse in die Gastwohnung zu schicken. Daher nannten die Maler, wenn sie das, was man den Gastfreunden zu schicken pflegte, auf einem Gemälde nachahmten, dies ›Xenia‹ [Gastgeschenke]. So fühlten sich die Besucher, obwohl sie nur Gäste waren, wie zu Hause, da sie in diesen Gastwohnungen ganz für sich die Freigebigkeit (der Gastgeber) genossen« (Übersetzung C. Fensterbusch).

Ungleich mehr noch als die Römer hatten sich die Etrusker bei dem verewigt, was nach Ausweis ihrer Bilder ihr elementares Lebensziel schien, nämlich dem ungezügelten, sinnenfrohen Essen, jedoch geschah das offenbar nur – vielleicht ist unser Bild aufgrund des archäologischen Befundes jedoch einseitig – in den prachtvoll mit Malereien ausgestatteten Gräbern. Die Römer dagegen, die sich – jedenfalls ›in der Toga‹, d.h. ›am Sonntag‹ und bei Festreden – als Wahrer von *virtus,* ›Tüchtigkeit‹, *pietas,* ›sittlichem Anstand‹, *gravitas,* ›ernster Würde‹, *severitas,* ›Strenge‹ und was ihrer Tugenden sonst noch sei, präsentierten, umgaben sich hier mit Symbolen, die ihre – nachvollziehbaren – leiblichen Neigungen offenbarten, aber eben auf dem unantastbareren Niveau künstlerischer Verfremdung sublimierten. In jedem Fall jedoch bieten uns diese Malereien – genauso wie viele Reliefs, die indes keine kulinarische Farbenpracht zeigen – als archäologische Quellen einen weiteren, in diesem Fall sinnenfrohen Einblick in ihre Esskultur und erlauben eine unmittelbare, teils fast fotografisch getreue Anschauung ihres Lebens bei Tisch oder ihrer Fantasien von dem, was ihnen das Wasser im Munde zusammenlaufen ließ. Die Steine und der Mörtel der architektonischen Zeugnisse erhalten durch sie eine Ergänzung, die sie erst mit Leben erfüllt.

34 Wandmalerei aus Pompeji mit Stillleben: Glasschale mit Obst, daneben Gefäße mit Eingemachtem. 1. Jh. n. Chr.

Spuren in Asche und Boden

Was die Archäologie aus dem Boden der römischen Vergangenheit an Zeugnissen der Architektur, der bildenden Kunst, an Kunst- und Gebrauchsgegenständen ans Licht gebracht hat, gibt schon ein überaus lebendiges, detailreiches und man möchte fast meinen: erschöpfendes Bild zur Ess- und Trinkkultur jedenfalls der mehr oder weniger begüterten Schichten dieses Volkes. Aber nicht nur diese Zeugnisse hat der Boden freigegeben. Über die Jahrhunderte haben sich auch zahlreiche Spuren von vielerlei Lebensmitteln erhalten, nicht nur Spuren, sondern zum Teil auch recht gut konservierte Reste verschiedenster Art,

35 Im durch den Vesuvausbruch verschütteten Pompeji wurden auch recht gut bewahrte Nahrungsmittelreste gefunden, hier: ein Brot in der typischen runden Form, Eier, Haselnüsse, Mandeln und (aus dem Orient stammende) Datteln.

von Knochen natürlich, deren Fleisch irgendeine Mahlzeit bereichert hatte, doch gleichfalls Getreidekörner, Obstkerne, Oliven, Datteln, Feigen, ganze Brote gar oder Eierschalen und anderes mehr. Die Magazine von Pompeji bergen kistenweise Funde dieser Art, doch in allen Grabungsorten des römischen Reiches traten und treten sie zutage. Sie fanden sich im Boden, in Abfallgruben, an Tonscherben von Koch- und Küchengeschirr, in Amphoren und Vorratsgefäßen für Getreide, Honig oder Öl, an eisernen Gerätschaften zum Hantieren in der Küche und am Herd, an Einrichtungen oder Geräten wie z.B. Herden und Mühlsteinen.

Nun sind, wie leicht einzusehen ist, die Umstände etwa in Pompeji besonders günstig, die zur Bewahrung dieser Reste führten, Asche und Schlammmassen vom Vesuvausbruch haben sie zum Teil kokonhaft eingehüllt. Doch die Fortschritte naturwissenschaftlicher Ergänzungsdisziplinen der Archäologie wie Archäobotanik und Archäozoologie in den letzten Jahrzehnten haben zu verfeinerten Methoden geführt, die es möglich machen, z.B. feinste Partikel organischer Stoffe nicht nur auszufiltern und zu bestimmen, sondern etwa auch das Schlachtalter von Tieren festzustellen, woraus sich unter Umständen Rückschlüsse auf Verwendungsgewohnheiten der Tiere ableiten lassen. Auf diese Dinge wird in der Forschung stärker und systematisch geachtet, seit sich die Archäologie in Ergänzung zu den mehr rein kunstwissenschaftlichen oder architekturgeschichtlichen Fragestellungen auch den Fragen des Alltagslebens konkret zugewandt hat. Für die ältere römische Geschichte, etwa die Zeit der Republik, sind solche Erkenntnisse mangels einschlägiger Funde allerdings eher spärlich.

Trotz aller Erfolge auf diesem Gebiet, die unser Bild insgesamt erheblich bereichern, muss man sich aber auch der Probleme bewusst sein. Infolge der Zufallshaftigkeit der Funde können die Untersuchungsergebnisse einerseits in der Regel nur mit äußerster Vorsicht, wenn überhaupt, verallgemeinert werden, und andererseits bestätigen sie oft nur Selbstverständlichkeiten wie den Verzehr von Getreide, Obst oder Fleisch. Offenbar aber bieten die durch moderne naturwissenschaftliche Methoden erzielbaren Aussagen zu Dingen, die ›uns‹ so besonders nahe sind und aus zunächst unscheinbaren Fundstellen wie Abwasserkanälen und Fäkaliengruben, Brunnenverfüllungen oder Zisternen stammen, schon für sich Faszination genug. Es gelingen auf diesem Wege jedoch auch bedeutsame Nachweise wie etwa die der relativ frühen Existenz von Weinpflanzen im Raum Trier, um schon einmal einen Blick nach Norden zu werfen. Nicht zu vergessen ist in diesem Zusammenhang auch die Unterwasserarchäologie, die z.B. Schiffswracks aufgespürt und ihre zum Teil noch vorhandene Fracht auch an Lebensmitteln geborgen und untersucht hat wie etwa das 1957 im offenen Meer vor Toulon (Frankreich) gefundene Schiff Caesars, das 500 Amphoren mit Fischkonserven (Thunfisch in Öl und Sardellen in Salzlake) enthielt. Gerade diese Funde und Forschungen geben anschauliche Auskunft über die großen Warenströme und Handelswege.

Küche, ewiges Thema der Literatur

So verschafft also die Archäologie mit ihren unterschiedlichen Untersuchungsgegenständen, Fragestellungen und Methoden infolge des großen Reichtums materieller Hinterlassenschaften der Bewohner des römischen Reiches einen buchstäblich bis in kleinste Fasern gehenden anschaulichen, bunten Einblick auch in ihre Ess- und Trinkkultur. Aber all das vermittelt noch kaum etwas oder nur wenig über die unmittelbaren Gedanken und Einstellungen der Menschen selbst und schon gar keinen Geschmack von ihren Speisen. Zu beidem verhilft uns die Literatur der Römer, nur sie lässt uns zum unmittelbaren Leben hinter den archäologischen Zeugnissen , die selbst immer sprachlos bleiben, wenigstens einigermaßen authentisch vordringen.

»Man findet es zu anstrengend, die Speisen jede für sich zu essen, sondern man mischt, was verschieden schmeckt, gewaltsam durcheinander: die Tafel verrichtet den Dienst des Magens; ich warte nur darauf, dass auch Vorgekautes vorgesetzt wird«, kritisiert Seneca *(ep. mor.* 95, 27) im ersten Jahrhundert der Kaiserzeit nicht nur das Essverhalten der römischen Oberschicht, sondern er charakterisiert unübersehbar auch Eigentümlichkeiten der Zubereitung der Speisen (im Kochbuch des Apicius heißt das bei einem Rezept aus anderer Perspektive stolz »Keiner an der Tafel, wird wissen, was er isst«). »Soll der, den Fortuna begünstigt hat, getrost die Reben von Cales [eine der berühmtesten Lagen Kampaniens] mit der Sichel schneiden, der reiche Kaufmann ruhig Wein aus goldenen Pokalen leeren, den er gegen seine Waren aus Syrien eingetauscht hat: Mir genügen Oliven, Endivien und leicht verdauliche Malven«, meint der Dichter Horaz zwar bescheiden, aber Not hatte er ja nicht zu leiden an Augustus' Hof. Die römischen Autoren äußern sich häufig und gern über Essen und Trinken, genießerisch genauso wie kritisch oder satirisch. Man erfährt von persönlichen Vorlieben, von Einladungen, vom Ablauf der Mahlzeiten, von ganzen Menüs, von einer

36 Eine hingelagerte Antilope inmitten von Körben mit Obst, dazwischen ausgestreute Rosen und ein Kranz, Versinnbildlichung des üppigen Mahles, das die Gäste hier erwartet. Mosaik, Museum von Sousse (Tunesien).

Unmenge auch an skurrilen Einzelheiten, die uns an ihrem Leben teilhaben lassen fast so wie die damaligen Leser, die augenscheinlich nicht satt wurden, das unerschöpfliche Thema immer aufs Neue variiert unterhaltsam oder auch ernsthaft präsentiert zu bekommen. Unzählige Verse wurden, wie sollte es anders sein, auch dem Wein und Weingenuss gewidmet; was ihn betraf, konnten sich alle einig sein: »Es wird erzählt, dass auch des alten Cato Sittenstrenge sich oft beim Wein erwärmte« (Horaz). Durch die Texte und die Personen, die darin agieren, füllen sich die Wirtshäuser und Triklinien mit Stimmen.

Doch unüberhörbar sind immer wieder auch solche wie der auf einer Öllampe (im Museum von Aquileia) eingeritzte Text »pane(m) vinu(m) radic(em) pauperis cena«, »Brot, Wein, Rettich ist des Armen Mahl«.

Eine besonders wichtige Rolle spielte das Thema Essen im Zusammenhang mit dem beständigen Preis der *mores maiorum,* der ›Sitten der Vorfahren‹, ein immer wieder zu hörendes geradezu ideologisches Argument in der öffentlichen Auseinandersetzung um den richtigen politischen Weg Roms. Dass dieses ›Vorbild‹ immer wieder beschworen wurde, zeigte indes nur, dass man sich endgültig von ihm abgewandt hatte. Alle diese Texte sprechen von der Bescheidenheit und Anspruchslosigkeit, die den Leuten vordem ›in der guten alten Zeit‹ eigen gewesen seien. Bei Valerius Maximus, der in der Zeit des Kaisers Tiberius lebte, heißt es etwa in seiner Sammlung von Exempla:

37 Vom Speisezettel der Römer: Inszenierung mit Brötchen, Eiern, Oliven, Artischocken, Schnecken, div. angemachte Speisen.

»Auch die Einfachheit der Vorfahren beim Essen war der klarste Beweis sowohl für ihre Bildung als auch für ihr Maßhaltenkönnen: denn die bedeutendsten Männer scheuten sich nicht, in aller Öffentlichkeit zu frühstücken und zu Mittag zu essen. Auch kannten sie überhaupt keine Gerichte, deretwegen sie sich vor dem Volk schämen mussten. Sie waren so sehr auf Maßhalten bedacht, dass sie häufiger Brei *[puls]* als Brot verzehrten« *(Denkwürdige Taten und Worte* II 5, 5).

Nicht nur die Speisen wurden ob ihrer bescheidenen Art herausgestellt, auch das Verhalten bei Tisch war danach gekennzeichnet von einer vornehmen Bescheidenheit und Rücksichtnahme der Jugend den Älteren gegenüber:

»Wenn sie zum Essen geladen waren, erkundigten sie sich genau, wer bei dem Mahl noch zugegen sein werde, um sich nicht vor der Ankunft Älterer am Tisch niederzulassen; und wenn die Tafel aufgehoben war, ließen sie diese zuerst aufstehen und fortgehen. Daraus kann man klar entnehmen, wie bescheiden und wie wenig sie in Gegenwart von Älteren auch beim Essen zu reden pflegten. Bei den Gastmahlen sangen die Älteren, von Flötenmusik begleitet, die in Verse gegossenen Heldentaten der Vergangenheit, um der Jugend einen größeren Anreiz zu geben, diesen nachzueifern« (ebda. II 1, 9–10).

Zum eigentlichen Geschmack dessen, was bei den Römern auf den Tisch gelangte, führen uns jedoch erst – wenn auch mit gewissen Einschränkungen – die schon eingangs erwähnten über 1000 Rezepte aus ihrer Küche, die uns insgesamt schriftlich überliefert sind. Sie finden sich zum größeren Teil in den landwirtschaftlichen Schriften des schon genannten Cato Censorius, des Columella (Zeit des Kaisers Tiberius, 1. Jahrhundert n. Chr.) und insbesondere im berühmten ›Apicius‹, dem Kochbuch, das in seiner vorliegenden Form mit bald 500 Rezepten vom Ende des 4. Jahrhunderts n. Chr. stammt.

Bei den Griechen, die in ihrer weltoffenen Neugier und infolge ihres Seefahrertums und ihrer engen Beziehungen zum Osten (die ionischen Griechen siedelten an den Küsten Kleinasiens) schon früh ihre Küche durch Genüsse des Orients bereicherten, dessen westlichen Rand sie in gewisser Weise bildeten, gab es schon im 7. Jahrhundert v. Chr. berühmte ›Bocuse‹, die auch Kochbücher verfassten; sehr viele von ihnen waren in Großgriechenland, also Unteritalien und

38 **Amoretten bei der Weinprobe. In Gestalt der geflügelten Amoretten wird eine alltägliche Szene in ein mythologisches Gewand gekleidet und damit sublimiert. Wandmalerei im Vettierhaus in Pompeji.**

Sizilien tätig, doch wie wir schon wissen, ließen sich die Römer ja zunächst trotz der räumlichen Nähe lange Zeit nicht von ihnen beeindrucken. So haben wir also Kenntnis von vielen schriftlichen Erzeugnissen dieser Art, auch von Diätkochbüchern, in denen griechische Ärzte ihre Ratschläge gaben, doch einschlägige lateinische Abhandlungen gab es viel weniger. Was wir bei einem Autor wie Cato finden, sind zum Teil eingestreute, zum Teil in Gruppen zusammengefasste einfache Rezepte, die einmal natürlich seiner schlichten Grundeinstellung entsprechen, die aber ein weitergehendes Ziel verfolgen: Es ging Cato darum zu zeigen, wie man auch mit einfachen Grundstoffen, die die heimische Landwirtschaft zu bieten hat, seine Küche abwechslungsreich gestalten kann, dass man keinesfalls alle Tage Brei oder Brot essen müsse. Seine Ausführungen richten sich nicht direkt an die Frau des Gutsverwalters, sondern an seinesgleichen, an Gutsbesitzer, denen er zeigen wollte, wie sie ihre Bediensteten im Sinne rationeller Bewirtschaftung und gleichzeitig höherer Arbeitsmotivation anleiten könnten. – Ähnliche Intentionen wie Cato hat 250 Jahre später in der Kaiserzeit Columella.

»Ein **Libum** [Festtags- / Opferkuchen] machst du so: Man zerreibe 2 Pfd. Käse in einem Mörser; wenn man das fein zerrieben hat, gib ein Pfund sehr weißes Weizenmehl oder, wenn du es zarter willst, nur ein Halbpfund Weizenmehl dazu hinein und vermische es gut mit dem Käse; gib ein Ei hinzu und mische es gut mit hinein. Daraus forme einen Laib, lege Blätter darunter, backe es langsam auf warmem Herd unter einer Schüssel« (Cato, *De agri cultura* LXXXIV).

»**Savillum** machst du so: Ein halbes Pfund Mehl und 2½ Pfd. Käse mische miteinander zusammen wie ein Libum, dazu ¼ Pfd. Honig und ein Ei. Einen Keramiktopf streiche mit Öl aus. Wenn du alles gut zusammengemischt hast, tue es in den Napf; den Napf bedecke mit einer Keramikglocke. Sieh zu, dass du es in der Mitte gut durchbäckst, wo es am höchsten ist; wenn es gebacken ist, nimm den Napf weg, bestreiche es mit Honig, streue Mohn darauf, tue es noch ein wenig unter den Deckel, danach nimm es heraus. Dann trag es mit dem Napf auf und dazu Löffel« (ebda. XCIII).

»**Mostbrötchen** machst du so: einen Scheffel [etwa 9 *l*] sehr weißen Weizenmehls befeuchte mit Most; gib Anis, Kümmel, 2 Pfd. [¾ kg] Schmalz, ein Pfund [gut 300 g] Käse dazu, schabe etwas von einem Lorbeerzweig ab und füg es hinzu, und sobald du die Brötchen geformt hast, lege Lorbeerblätter darunter, wenn du sie bäckst« (ebda. CXXX).

›Apicius‹ über die Kochkunst

Das in zehn Büchern (Kapiteln) unter dem Namen eines Apicius erhaltene Werk *De re coquinaria* – *›Über die Kochkunst‹* hingegen stellt ein echtes Kochbuch dar, das einzige dieser Art, das vollständig erhalten geblieben ist. Gewöhnlich sieht man hinter diesem Namen die Gestalt des aus der Literatur bekannten mehr als extravaganten Feinschmeckers namens Marcus Gavius Apicius aus der Zeit des Tiberius, den Plinius d. Ä. einen »von Geburt an auf jede Prasserei ausgerichteten Geist« nennt (*Nat. hist.* IX, 66). Über sein unter dem Aspekt dieses Naturells tragisches Ende berichtet Seneca (*De consolatione* 10, 8f.), dass er eines Tages nur noch die Möglichkeit zum Freitod gesehen habe, als ein Kassensturz auf seinem Konto ergab, dass er nur noch über zehn Millionen Sesterzen (das war zehnmal soviel wie das Mindestvermögen eines Senators!) verfügte, nachdem er hundert Millionen in seine Küche investiert und weitere Unsummen für Festgelage ausgegeben habe – »als ob er darauf in bitterstem Hunger hätte leben müssen«, schließt Seneca ironisch.

Ob das überlieferte Kochbuch in der vorliegenden Gestalt wirklich etwas mit dem Gourmet unter Tiberius zu tun hat, muss jedoch eher verneint werden: Allein die Sprache des Werkes, ein ausgeprägt volkstümliches, unliterarisches Latein, spricht dagegen, erst recht ein Kapitel über Sparsamkeit beim Kochen. Beides ist ein eindeutiges Indiz dafür, dass das Buch als Handbuch für einfachere Schichten gedacht ist, auch wenn exquisite Rezepte darin enthalten sind – das ist bei unseren Kochbüchern nicht anders. Aber gut denkbar ist – Apicius soll tatsächlich ein allgemeines und ein Saucenkochbuch verfasst haben –, dass ›Der Apicius‹ sozusagen als Markenname für ein immer wieder bearbeitetes und an den Zeitgeschmack angepasstes Kochbuch gedient hat, an dem im Lauf der Zeit zweifellos viele Köche mitgekocht haben; und ein ›Urheberrecht‹ oder ›Markenschutzgesetz‹ gab es natürlich vor der bürgerlichen Neuzeit nicht. Möglich also, dass, wie angenommen wird, etwa zwei Drittel der 478 Rezepte in irgendeiner Weise auf den Apicius unter Tiberius zurückgehen, doch eines dürfte sicher sein: Den ›normalen Haushalt‹ hatte der exaltierte Liebhaber raffiniert zubereiteter Meerbarben und Flamingozungen kaum im Sinn. *De re coquinaria* zielte mit seinen Rezepten auf gehobene, reiche Haushalte genauso wie auf einfachere, die Sammlung enthält Exquisit-Extravagantes genauso wie ›Bürgerliches‹ und Schlichtes, das mit geringen Mitteln zuzubereiten ist. Im übrigen gibt es Hinweise darauf, dass Ausgaben des ›Apicius‹ auch illustriert gewesen sind.

Das Werk umfasst also zehn Kapitel, die jeweils einen den Inhalt freilich nur oberflächlich bezeichnenden Namen tragen – auf Griechisch: In der guten Küche sprach man griechisch wie man heute in ihr – immer noch – französisch spricht. Kurz seien hier die einzelnen Kapitel charakterisiert:

1. Epimelés (›der/die umsichtige Koch/Köchin‹): verschiedene allgemeine Ratschläge zur Konservierung oder ›Rettung‹ von Nahrungsmitteln und Rezepte für Würzweine
2. Sarcóptes (›der Fleischhauer‹): im Wesentlichen Hackfleischgerichte (›aus Land- und Seetieren‹) sowie Würste
3. Kepurós (›der Gärtner‹): alle Sorten Gemüse von Spargel über Mangold und Rettich bis zu Pilzen

39 Rekonstruktion einer römischen Küche. Prähistorische Staatssammlung München.

40 Zwei römische Haussklaven in der Tunika, dem üblichen Alltagsgewand, weiden ein Rehkitz aus, bevor es in die Küche wandert. Eine hölzerne Wanne liegt dazu bereit. Einer hält das Tier an den Hinterläufen, der andere bricht es mit dem Messer auf. Auf dem Pfeiler links sieht man eine bronzene Schale mit verschiedenen Zutaten für die Zubereitung, darunter eine Knoblauchknolle. Römisches Wandgemälde.

4. PANDÉKTES (›Allerlei‹): pikante Aufläufe und Geschnetzeltes, Omelettes, Vorspeisen
5. ÓSPREON (›Hülsenfrüchte‹): Erben, Linsen, Bohnen – Suppen, Pürees, mit Speck, ohne Speck
6. AEROPÉTES (›Geflügeltes‹): nicht nur Hühner, Enten, Gänse, Tauben werden hier verarbeitet, auch Strauße, Kraniche, Drosseln, Fasane, Pfauen, im Zentrum stehen Variationen dazu geeigneter Saucen
7. POLYTELÉS (›der luxuriöse Genießer‹): allerlei Fleischgerichte wie Jungsau-Gebärmutter, Süßspeisen, Gemüse, Schnecken, Eier, Trüffel – zum Teil auf exklusive Art
8. TETRÁPUS (›Vierfüßer‹): Wild, Schaf, Lamm, Rind, Ziege usw., gebraten und gekocht sowie garniert; römische Spezialität: ›Haselmäuse‹ (Siebenschläfer) gefüllt mit Schweinehack und Pinienkernen
9. THÁLASSA (›das Meer‹): ›Fruits de mer‹ mit jederlei Fisch und ihre Saucen in jeder Art, genauso wie in
10. HALIEÚS (›der Fischer‹): also Langusten, Muscheln, Makrelen, Seeigel und anderes Seegetier, gedämpft, gebraten, gekocht, und z. B. – statt ›falschen Hasens‹ ›falscher Fisch‹.

Im Gegensatz zu unseren heutigen Kochbüchern und Kochanleitungen fällt in den Rezepten des Apicius wie auch der übrigen Autoren eines auf: Zeitangaben für den Koch-, Brat- oder Backvorgang fehlen (wie hätten die auch mangels normierter Zeitmessung und angesichts des Fehlens von Chronometern gegeben werden sollen?), und Mengenangaben für die einzelnen Zutaten sind gewöhnlich ebenfalls nicht vorhanden, dasselbe gilt für Kräuter und Gewürze, soweit nicht gelegentlich ein »genug«, »maßvoll« und ähnlich hinzugefügt wird, in wenigen Fällen allerdings auch ganz präzise Mengen vorgeschrieben werden. Man setzte also auf die vorhandenen Erfahrungen und das ›Fingerspitzengefühl‹ des Kochs bzw. der Köchin, nicht zuletzt bot diese Offenheit aber auch die Möglichkeit, individuell und kreativ Akzente zu setzen – wenn es denn dem Herrn, für den man kochte, schmeckte! Das Fehlen solcher genauer Angaben bildet mithin einen der Gründe dafür (weitere später), warum wir uns beim Nachkochen römischer Gerichte dem originalen Geschmack zumindest in vielen Fällen höchstwahrscheinlich nur annähern können, denn wir werden zwangsläufig einen Würzpegel ansteuern, den wir für angenehm halten.

Soweit diese Inhaltsübersicht also erkennen lässt, findet sich bis auf dieses oder jenes bei uns Ungewohnte oder Unübliche nichts besonders Auffälliges. Wo liegen also die eigentlichen Besonderheiten der römischen Küche à la Apicius? Darum soll es im Folgenden genauer gehen, doch so, dass die wesentlichen Eigentümlichkeiten zusammengefasst werden.

In der Küche bei der Arbeit

Über die Einrichtung und Ausstattung der römischen Küche wurde oben schon gesprochen, doch wie hat man sich die Arbeit dort vorzustellen? Die heutige moderne Küche ist, zumindest in der Werbung, fast klinisch-aseptisch gehalten, davon ist die römische weit entfernt. Sie war in der Regel schlecht belüftet und recht eng, reichere Häuser verfügten auch über geräumigere Küchen, manchmal mit mehreren Herden. Die gemauerten Herde (oben das Feuerloch, unten eine Höhlung für den Kohlenvorrat) und Backöfen wurden mit Holzkohle befeuert, die entweder kaum erträgliche Hitze – im Sommer – oder vielleicht auch willkommene Wärme – im Winter oder im Norden – verbreitete. In jedem Fall war die Küche zwangsläufig ein rechtes Räucherloch, Dampf und Ruß verbreiteten sich in alle Winkel. Gekocht und gebraten wurde auf dem Herd, dessen Feuerstelle oben mit einem Rost abschloss, auf dem in Keramik- oder Metallgefäßen aus Kupfer oder Blei (!), Töpfen, Kasserollen oder Pfannen die Speisen gegart oder Fleisch auch auf Bratrosten oder Spießen gebraten wurden. Wo es keinen Backofen gab, bediente man sich auf dem Herd heiß gemachter Backziegel, auf die das Backgut gegeben wurde; über dieses stülpte man einen Keramiktopf, der wiederum mit glühender Kohle bedeckt wurde (wir erinnern uns an Simylus oben). Auch geräuchert wurde in der Küche, Käse, Würze, desgleichen manche Braten (bevor sie auf den Rost oder Spieß kamen).

Stracks ziehn von hier wir dann nach Benevent, wo der eifrige Gastwirt,
beinah verbrannte, als magere Drosseln er briet überm Feuer.
Denn seiner Fessel entzog sich Vulcan, und die züngelnde Flamme
leckte geschwind in der alten Küche hinan bis zum Dachfirst.
Hungrig die Gäste und angstvoll die Diener – welch Anblick! –, sie alle
eilten beflissen, die Speisen zu retten, das Feuer zu löschen.

(Horaz, Satiren *I 5, 71–76; Übersetzung M. Simon)*

Ein nicht fortzudenkendes Utensil der römischen Küche bildete der Mörser (mit der Mörserkeule) – es gab ihn nahezu in jeder erdenklichen Größe –, der unsere Küchenmaschine ersetzte. Alles, was zerkleinert werden musste und nicht mit dem Messer zu bearbeiten war, fand seinen Weg auf die Tafel über dieses Gerät, und die Römer liebten Zerkleinertes, Gestampftes und Püriertes über alles.

Die reicheren Häuser verfügten über fließendes Wasser, zu dem man in der Küche Zugang hatte (daneben lag ein lichtloser Waschraum, in dem man sich täglich waschen konnte; gebadet wurde sonst nur alle acht Tage, bis ab dem Ende der Republik die Zahl der öffentlichen Bäder immer mehr zunahm). Über ein Ausgussbecken entledigte man sich des gebrauchten Wassers, das über eine Abwasserleitung entsorgt wurde. Aber auch mit Wasseranschluss: Die Reinigung nicht nur von Keramikgeschirr, genauso der verrußten Kupfertöpfe oder Bleipfannen gelang kaum in der Perfektion wie im Falle von Porzellan oder Edelstahl durch die Spülmaschine (auch wenn ein Sklave vergleichbar teuer war), genügend ausgegrabene Tonscherben und Überreste anderer Küchengeräte mit haften gebliebenen Essensresten zeigen das – und geben gleichzeitig Zeugnis von dem, was die Küche in Tiegeln und Töpfen hervorbrachte.

Die einfacheren Häuser, insbesondere die großen Mietshäuser, wie sie gut z.B. in Ostia anzuschauen sind, verfügten nicht über derartige Bequemlichkeiten. Sofern zu kochen überhaupt möglich war (Brandgefahr! – die war allerdings nicht immer Hinderungsgrund, sodass die Feuerwehr in Rom fast ständig im Einsatz war), setzte man tragbare kleine Kochstellen aus Keramik oder Eisengestellen ein.

Die Zubereitung der Speisen erfolgte auf einem oder mehreren Tischen (aus Holz oder Stein), die Vorbereitung größerer Mengen und von Schlachttieren auch in Nebenräumen oder auf dem Hof, Regale und Borde vervollständigten die Kücheneinrichtung, dazu kamen Ständer (Dreifüße) für Kessel und andere große Töpfe. Auf diesen Ablage- und Abstellvorrichtungen wurden neben Gerätschaften und Geschirr Vorräte in für den aktuellen Bedarf vorgesehenen Mengen gelagert, offen – liegend oder hängend – oder in Krügen, Töpfen und Amphoren: Öl, Wein, Gemüse, Kräuter, Käse, Würste, Getreide, konservierte Fische (alles ohne Kühlschrank) und und und ... All dies bil-

41 Nachzeichnung eines römischen Reliefs auf einem Grabstein aus Frascati: Links heizt ein Haussklave einen Kessel an, in der Mitte bearbeitet ein weiterer vielleicht eine Keule auf dem Hackblock, rechts tragen zwei Diener ein Servierbrett mit zwei offenbar fertig zubereiteten Gänsen o. ä. hinaus.

dete mit Dampf, Rauch und Ruß zusammen ein Amalgam von kaum beschreibbaren Gerüchen und visuellen Eindrücken, das dem entsprechen dürfte, was wir heute vielleicht auf Reisen in manche Winkel etwa des Orients erleben können. Dazu kam die Gewohnheit der Küchenbediensteten (und nicht nur deren: die vornehmen Herrschaften verhielten sich beim Festbankett nicht anders), Abfälle jeder Art, Knochen- genauso wie Gemüsereste, zumindest zunächst einmal auf den lehmgestampften Fußboden zu befördern. Ein überaus anschauliches Bild davon bietet uns z.B. eine Küchenanlage in Augst (Augusta Raurica), in der u.a. Schweinsknochen in großer Zahl zum Vorschein kamen.

Köche

Vermutlich kamen die ersten Berufsköche im 2. Jahrhundert v.Chr. nach Rom, nicht unbedingt freiwillig, sondern als Kriegsgefangene – Horazens Verse »Das besiegte Griechenland besiegte den wilden Sieger und brachte die Künste ins bäuerliche Latium« hat auch auf diesem Feld seine Bedeutung! – und verhalfen Rom so auch zuhause zu sämtlichen dort vorher nicht gekannten Genüssen des Orients. Zuvor war Kochen Sache der Frauen (in kleinen Haushalten) oder von Sklavinnen (wie der Frau des Verwalters auf den Gutshöfen), die die traditionellen einheimischen Gerichte à la Cato zubereiteten. In den Stadthäusern führte die Herrin des Hauses die Aufsicht über das Küchenpersonal und organisierte die Vorratshaltung und die Einkäufe. In gehobenen Häusern wurde normalerweise ein Sklave als Koch beschäftigt, oder man mietete sich einen bei entsprechenden Gelegenheiten. Eine wie wichtige Gestalt der Koch (vom lateinischen *coquus* oder *cocus)* in der römischen *familia* war, wird z.B. in den Komödien des Plautus sichtbar, wo ein *coquus* oft eine tragende Rolle spielt (s.o.).

Man fragt sich, wie es möglich war, derart exuberante Gastmähler zu veranstalten wie diejenigen, von denen so oft berichtet wird, wo doch die Küchen nur in Ausnahmefällen größere und keine kleinen, engen Räume bildeten, in denen man sich kaum bewegen konnte. Aber zur Kochkunst gehören Organisation und Vorbereitung, und auch diese Tugenden beherrschten die römischen Köche perfekt. Ein Chefkoch, *archimagirus* (wieder ein griechisches Wort), lenkte seine Unterköche *(coci)* und Gehilfen generalstabsmäßig. Wenn Seneca im Zusammenhang seiner gesellschaftskritischen Betrachtungen ausruft: »Sieh dir unsere Küchen an und die Köche, wie sie zwischen so vielen Feuerstellen hin- und herlaufen« *(epist. mor.* 114, 26), gibt das ein eindrückliches Bild von der hastenden Geschäftigkeit, mit der die einzelnen Gänge anzurichten waren; dabei muss er größere Küchenanlagen im Auge gehabt haben, als sie uns zumeist bekannt sind. Anzunehmen ist, dass die Speisen so vorbereitet waren, dass ihnen nur zum Schluss der letzte Pfiff gegeben werden musste. Egal wie: Die römischen Köche erlangten schließlich eine Meisterschaft, die diejenige ihrer ursprünglichen griechischen Lehrmeister an Raffinesse, aber auch Exzentrizität noch übertraf.

Seine Kunst allein ist für den Koch nicht genug:
Ein Sklavengaumen sein
will ich nicht: Ein Koch muss die Kehle seines Herrn
haben.
(Martial, XIV 220 »Der Koch«)

Die Nähe der Köche zum Gaumen (oder Magen) ihres Herrn bedeutete zwangsläufig, dass diese eine privilegierte Stellung genossen, was sich auch in den Kosten für die Meister ihres Fachs niederschlug. Die Preise für sie stiegen in der Kaiserzeit in solche Höhen, dass Plinius d. Ä. sarkastisch bemerkte, ein Koch sei teurer als drei Pferde...

Teller, Töpfe und Pokale

Ess- und Tafelgeschirr zeigt besonders gut, welche soziale Stellung sein Besitzer einnahm. Von der primitivsten Form des Geschirrs, dem aus

42 Silbergeschirr aus einem pomperjanischen Haus. Neapel, Archäologisches Nationalmuseum.

Holz, ist nichts erhalten; Tongeschirre waren zwar allgemein gebräuchlich und nichts Besonderes, doch die bekannte *Terra-sigillata*-Ware, das rote Tongeschirr mit einem sehr glatten, matt bis stark glänzendem Überzug, war zu Beginn ihrer Karriere im 1. Jahrhundert v. Chr., als es allein in Arezzo hergestellt wurde, selten und wertvoll. Mit den Legionen gelangte die *terra sigillata*, die mittlerweile auch in Südgallien produziert wurde, im 1. Jahrhundert n. Chr. nach Norden und konnte dort zunächst ausschließlich als teurer Importartikel erworben werden; dementsprechend war sie nur in besseren Kreisen anzutreffen. Im 3. Jahrhundert stellten auch im Norden, vor allem in Rheinzabern (lat. *Tabernae),* Töpfereien große Mengen dieser Ware her, sodass sie jede Exklusivität einbüßte. Höheres Prestige hatte dagegen dünnwandiges, möglichst durchsichtiges Glas und Tafelgeschirr aus Bronze. Am edelsten war das aus Silber, und zahlreiche Gefäße bilden durch ihre reliefierte Verzierung mit den verschiedensten Themen und Motiven großartige Kunstwerke.

Ein Satz Tafelgeschirr umfasst je vier Teller, Schalen und Näpfe. Darüber hinaus gab es eine nicht zu beschreibende Vielfalt an Gläsern, Kelchen, Phialen (Schalen mit Griffmulde) und Paterae (flache Schalen), zumeist in Form und auch Bezeichnung von den Griechen übernommen. Beim Servieren kamen Platten, Schüsseln und Tabletts zum Einsatz, und zum Einschenken gab es den einhenkligen Krug, ein weit verbreitetes Universalgefäß. – Der Adel betrachtete das Tafelsilber über seine Funktion hinaus vielfach eher als Geldanlage und zur Demonstration seines Reichtums, weswegen prächtiges Geschirr in den Wohnräumen auch zur Schau gestellt wurde. Wie aus Schatzfunden hervorgeht, bestand das Geschirr mancher Leute aus zahllosen Teilen, 118 umfasst das größte bekannte Ensemble, das im Haus des Menander in Pompeji gefunden wurde. Auf der anderen Seite war bei den kleinen Leuten das Kochgeschirr kaum vom Essgeschirr zu unterscheiden.

Zum Kochen benutzte man Kessel und tönerne Töpfe *(ollae)* mit weiter Öffnung und Deckel. Sie waren zweckmäßig, weil die Hitze beim Sieden oder Garen, dien üblichen Kochmethoden der Römer, schwächer dosiert ist als beim Kochen. Bronzene Töpfe waren wertvoller, dafür haltbarer und hatten den großen Vorteil, dass man sie irgendwann wieder einschmelzen lassen konnte. Darüber hinaus waren vielfach auch Kuchenformen vorhanden, man benutzte Pfannen und eine Art Backbleche. Aus heutiger Sicht unverständlich ist der Gebrauch von Kochgeschirr aus Blei.

Die Speisen und ihre Würzung

Garum, Raute, Teufelsdreck

›Lirum, larum, Löffelstiel‹ – wer hat sich schon einmal Gedanken über diesen Kindervers gemacht und weiß, dass in ihm ein Reflex des römischen Universalgewürzes, das an so gut wie keiner Speise fehlte, enthalten ist, nämlich des sog. *garum*? Es handelt sich dabei um eine flüssige Würzessenz, die (in einem zeitaufwendigen Verfahren) aus Fischen gewonnen wurde. Die Bezeichnung ist griechischen Ursprungs (*garos* oder *garon* ist der Name eines Fisches), die Würze haben die Römer also ebenfalls von den Griechen übernommen und sie geradezu zum tragenden Element ihrer *haute cuisine* gemacht, das bis ins Mittelalter hinein eine Rolle spielte (eine ausführliche Beschreibung der Herstellungsmethode findet sich noch in einer Schrift des 10. Jahrhunderts n. Chr., den sog. *Geoponika).* Eine verbreitete lateinische Bezeichnung für *garum* – Apicius verwendet sie fast ausschließlich – ist *liquamen,* was nichts anderes als ›Flüssigkeit‹ bzw. im engeren Sinn ›Flüssigwürze‹ bedeutet. Es gab verschiedene geschmackliche Abwandlungen des *garum* wie *hydrogarum* (mit Wasser), *oenogarum* (mit Wein), *oxygarum* (mit Essig), *garum piperatum* war gepfeffert und/oder mit Kräutern verfeinert, und selbstverständlich wurde es auch in verschiedenen Qualitäten produziert, garum für Gourmets mit entsprechenden exquisiten Preisen (so das ›Gesellschaftergarum‹ *garum sociorum* oder das feine *garum Scauri* aus Pompeji) und einfaches für Gaius Normalverbraucher. Die Unbemittelten haben auch einfache Salzlake verwendet, die bei der Konservierung von Fischen anfiel. Mehr ein Abfallprodukt der Garumherstellung war das *allec,* das wohl vergleichsweise ordinär schmeckte, aber aufgrund der gegebenen sozialen Situation im römischen Reich seine dankbaren Abnehmer fand. Garum vertritt in den Rezepten die Rolle des Salzes, das sonst genauso wie bei uns Basiselement der Ernährung war.

Die Herstellung von garum war nicht nur zeitaufwendig, sondern auch eine stinkende Angelegenheit und insofern nichts für empfindliche Nasen. Daher wurde es schon früh – die ersten archäologischen Belege stammen aus der Zeit um 700 v. Chr. – in Garumfabriken produziert. Diese lagen außerhalb von Wohngebieten, in der römischen Zeit kann man von einer regelrechten industriellen Produktion dieser unverzichtbaren Zutat sprechen. Allein an der Südküste Spaniens und Portugals standen mehr als fünfzig solcher Anlagen, in denen *liquamen* in großen Mengen für den Export produziert wurde, in den beiden Fabriken in Tróia (Portugal) z. B. jährlich über 600 m³.

Zur Herstellung des nach einer Information bei Plinius d. Ä. hellgelblichen Endprodukts wurden fangfrische, im allgemeinen kleinere Fische wie Makrelen und Sardellen sowie Fischinnereien verwendet. Diese wurden in große Töpfe gegeben, stark eingesalzen und mit ausgewählten Kräutern gewürzt, durch die Verbindung von Fischenzymen und Salz wurde ein chemischer Prozess in Gang gesetzt – das Ganze geschah in voller Sonne und dauerte unter mehrfachem Umrühren der Masse, wie manche sagen, zwei bis drei Monate –, dessen Ergebnis nach der Ausfilterung der festen Bestandteile eben die stark aromatische dünnflüssige Substanz war. Es handelt sich also um einen kontrollierten Vorgang des ›Verfaulens‹, nicht anders als etwa im Falle der Herstellung von Schimmelkäse.

Geschmack, Farbe und Preis waren entscheidend von der Qualität der Zutaten abhängig; besonders geschätzt war das spanische garum vom Atlantik. Auch in Südfrankreich, vor allem in der Camargue, produzierten Fabriken ein garum ähnlicher Güte. Berühmt waren die Produktionsstätten in der Nähe von Pompeji, wo es auch Salinen gegeben haben soll, in denen das Salz für die Zubereitung der Flüssigwürze gewonnen wurde. Funde von Garumflaschen in den nördlichen Provinzen zeigen, dass die Römer auch ›fern der Heimat‹ nicht auf ihr ›Lebenselixier‹ verzichten wollten.

Bei Apicius nimmt garum – nach Pfeffer – die zweite Stelle in der Liste der Gewürze ein; er erwähnt es 468mal und empfiehlt z. B., damit gefüllte Kürbisse, Erbsen, Geflügel, Lammleber und Kalbsfrikassee zu würzen, genauso Spiegeleier und gekochte Eier; auch mit Honig kollidierte garum nach dem Geschmack der Römer beim Würzen von Speisen keineswegs.

Beim Nachkochen römischer Gerichte scheint garum / liquamen zunächst ein Problem zu sein, das ist es aber nicht. Manche empfehlen, dafür einfach Salz zu verwenden (oder Meersalz als pikante Nuance), andere Salz und/oder Sardellen-

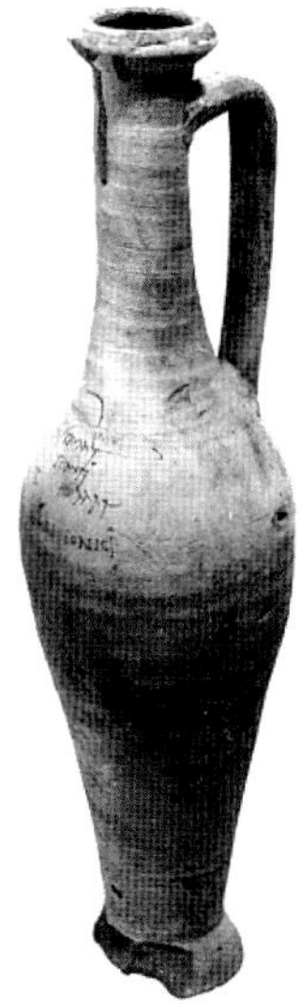

43 Diese Garum-Flasche aus der Produktion des Umbricius Scaurus wurde im Golf von Fos (nahe der Rhône-Mündung) gefunden. Ihre Aufschrift lautet ›1a Qualität Makrelengarum von Scaurus‹, darunter der Name des Exporteurs Lucius Marius Ponicus.

44 Aufschrift auf der hier abgebildten Garumamphore:

G(ari) F(los) SCOM(bri)

SCAURI

...

MARI PONICI (Lucius Marius Ponicus)

45 Stillleben mit lebend gefangenen Rehen und Enten. Beim Reh im Vordergrund erkennt man die zusammengeschnürten Läufe, die Enten sind in einem Netz aufgehängt. Die Jagd als Zeitvertreib gehörte zum Ideal des reichen Villenbesitzers, der in seinen »leporaria« oder »vivaria« Wildtiere und Vögel verschiedenster Art hielt. Wandmalerei des 2. pompejanischen Stils.
Neapel, Archäologisches Nationalmuseum.

paste. Am besten ist man jedoch daran, wenn man *Núoc-Mâm* beschaffen kann, das in asiatischen Feinkostläden zu bekommen ist: Dieses vietnamesische Gewürz wird auf exakt die gleiche Weise hergestellt wie das römische garum und vermittelt daher das gleiche Geschmacksresultat.

»... und dieses Kraut gemengt mit anderem Kraut ...«

Schaut man sich die Würzgewohnheiten des römischen Bocuse nun genauer und im Einzelnen an, scheint es fast, als müsste das garum untergehen; zunächst ein Beispiel:

Hase im eigenen Saft: Du bereitest den Hasen vor, entbeinst und dressierst ihn. Dann legst du ihn in einen Topf, füg Öl hinzu, *liquamen,* Bratensud, einen kleinen Bund Lauch, Koriander und Dill. Während er gart, gib in einen Mörser Pfeffer, Liebstöckel, Kümmel, Koriandersamen, Laserwurzel, getrocknete Zwiebel, Minze, Raute, Selleriesamen und zermahle das Ganze. Begieß den Hasen mit *liquamen,* füg Honig hinzu und vom eigenen Saft, schmeck mit *defritum* und Essig ab. Lass alles aufkochen. Wenn es aufgekocht ist, binde mit Stärkemehl. Dann garnierst du den Hasen, gieß die Sauce darüber, streu Pfeffer darüber und trag auf!

Zur Laserwurzel (›Teufelsdreck‹) und zum *defritum* (eingekochter süßer Traubenmost) kommen wir später. Unübersehbar ist: Vom ›Eigengeschmack‹ des Hasen, etwas, das in der heutigen Küche im Vordergrund der Kochkünste stünde bei aller raffinierten behutsamen Würzung, dürfte bei diesem Feuerwerk von Gewürzzutaten nicht allzu viel übrig bleiben, und das ist durchweg typisch für die römische Art der Zubereitung von Speisen. Es gibt Leute, die die römische Küche u.a. wegen dieses Bündels uns disparat erscheinender Kondimente für absolut ungenießbar halten. Doch – jenseits persönlicher Vorlieben – Vorsicht: Ein indisches Curry, also ein Gericht aus beliebigem Fleisch mit einer Sauce aus einer Gewürzmischung mit durchaus zehn bis zwanzig Bestandteilen, eröffnet ein Geschmackserlebnis höchster Art. Und damit haben wir ein weiteres Stichwort gewonnen: die römische Küche hatte zweifellos in ihrer ganzen Art – vermittelt durch die Griechen – etwas wie die *haute cuisine* des Orients zum Vorbild. Wenn wir dann noch voraussetzen, wie wir es tun können, dass erfahrene Köche für kultivierte Feinschmecker arbeiteten, Rezepte weiterentwickelten und verfeinerten, bleibt uns wohl kaum etwas anderes als anzuerkennen, dass die *ars coquinaria* der Römer eine höchst delikate Angelegenheit gewesen sein muss, und was uns exzentrisch oder gar abartig vorkommt, findet sich in ähnlicher Weise auch heute in vielen Gourmettempeln der Welt. Im übrigen lehrt uns gerade die *Cena Trimalchionis* aus Petrons *Satiricon,* von der noch etwas genauer die Rede sein wird, dass exzessive Extravaganzen beim Mahl, wie sie dort satirisch beschrieben werden, als Auswüchse unkultivierter Neureicher gelten.

In der römischen Küche dominierte also die Würzung die zubereiteten Speisen, der Stolz des Kochs lag darin (wie oben schon gehört), dass der Speisende nicht mehr erkennen sollte, was er genau verzehrte. Wie das angeführte Beispiel des Hasenbratens zeigt, liebten die Römer offenbar eine raffiniert-pikante Zubereitung von süß-saurem Charakter. So fehlen denn bei vielen Gerichten Honig oder bzw. und süßer eingedickter Traubenmost nicht. Mangels Zuckers – der war zwar in späterer Zeit bekannt, wurde aber nur in geringen Mengen als Importware gehandelt und diente wohl vornehmlich zu Arzneizwecken – wurden diese Zutaten zur Süßung reichlich verwendet. Der süße Traubensirup konnte aus Wein praktisch überall selbst hergestellt werden. Es gibt ihn in drei Varianten, eine davon, das *defritum* (auch *defrutum*) taucht im obigen Rezept auf, andere sind *caroenum, sapa* und *passum.* Zur Herstellung von defritum oder sapa, die deutlich billiger waren als Honig, wird – die antiken Schriftsteller machen unterschiedliche Angaben – roter Traubenmost auf ein Drittel oder bis zur Hälfte des Mostes eingekocht, bei caroenum roter oder weißer auf zwei Drittel. Die Gewinnung von passum, einem honigähnlich süßen Traubenprodukt, war hingegen ungleich aufwendiger. Man verwendete dazu eine Art Trockenbeerenauslese *(›uvae passae‹)*, die über mehrere Tage mit Most aus drei Tage getrockneten Trauben getränkt und anschließend gepresst wurde; die so gewonnene Substanz – das passum – wurde in Töpfe gefüllt, die verschlossen wurden; nach zwanzig Tagen Gärung wurde die süße Flüssigkeit abgefüllt und versiegelt.

Imkerei zur Honiggewinnung wurde in ganz Italien betrieben und war ein äußerst einträglicher Produktionszweig, denn Honig bildete eben den einzig verfügbaren Süßungsstoff, entsprechend war der Bedarf hoch, aber auch der Preis. Trotz der hohen einheimischen Produktion musste Honig noch importiert werden, sehr geschätzt war der aus Sizilien, mehr noch der griechische vom Berg Hymettos in Attika, der Honig par excellence. Honigsorten wurden nach Erntezeit unterschieden, natürlich auch nach den Blüten, und wie zu erwarten gab es verschiedene Qualitäten. Weniger geschätzt war der durch Ausräucherung des Bienenstocks gewonnene Seim, denn die Methode übertrug sich auf den Geschmack. Verwendung fand Honig *nature* als Leckerei, aber v.a. aus der Küche ist er nicht wegzudenken, an kaum einem Gericht fehlte er, auch an Fisch oder Gemüse nicht, an Saucen, Backwaren oder Desserts ohnehin nicht. War eine Komposition z.B. durch zu hohe Mengen an garum oder laser verwürzt, diente Honig als Geschmacksretter. Eine weitere Funktion lag in der Konservierung z.B. von Obst. Wegen seiner elementaren Bedeutung in der Landwirtschaft befassen sich auch Dichter wie Fachschriftsteller eingehend mit Gewinnung, Rezeptierung und Optimierung dieses Naturprodukts.

Als weitere Saucenzutat findet sich in den Rezepten bisweilen *mulsum*, ein Getränk, das hauptsächlich als Aperitif genossen wurde; dabei handelt es sich um mit Honig vermischten Weißwein. Die Hauptgrundlage für Saucen war jedoch reiner Wein, meist *merum* (›rein‹) genannt, der in noch weit größerem Umfang als in unserer Küche zum Kochen verwendet wurde.

Gerade dem mulsum wurde offenbar gern zugesprochen, nicht nur von Romilius Pollio; als Augustus bei ihm, als er schon über hundert Jah-

46 Darstellung einer Garumamphore auf einem Mosaik im Haus des A. Umbricius Scaurus in Pompeji. Die Aufschrift besagt: G(ari) F(los) Scom(bri) SCAURI; Umbricius Scaurus produzierte in seiner Fabrik eine der bekanntesten Garumqualitäten.

47 Datteln, Spargel, Fische, Meeresfrüchte, Huhn: Mosaik aus Tor Marancia bei Rom, Mitte 1. Jh. n.Chr.

Bestes mulsum stellst du so her: Nimm den ersten Most aus der Kelterwanne, der heraussträufelt, bevor die Trauben zu stark getreten werden. Am besten sind die, die man an einem trockenen Tag liest. Gib in in den Mostkrug zehn Pfund [ca. 3¼ kg] besten Honig. Mische sorgfältig und fülle in eine Flasche um, die vergipse umgehend und lass sie ins Regal legen. Willst du mehr herstellen, füge im genannten Verhältnis Honig hinzu; nach 21 Tagen muss man die Flasche öffnen und den Most durchgeseiht in ein anderes Gefäß geben, versiegeln und räuchern (Columella XII 41).

re alt war, zu Gast war und fragte, wie er so alt geworden sei, gab Pollio ihm zur Antwort: »Intus mulso, foris oleo« (»Innen mulsum, außen Öl«; Plinius, *Naturalis historia* XXII 114).

Mulsum lässt sich für unseren Geschmack leicht nachahmen, indem der Menge einer Flasche trockenen Weißweins etwa zunächst zwei bis drei (Ess)Löffel Honig hinzufügt und vermischt werden, nach persönlichem Geschmack kann man auch größere Mengen versuchen; dem Rezept Columellas entspräche etwa ein Verhältnis von einem Liter Wein und einem halben Pfund Honig. Den Honig kann man zunächst leicht erwärmen, damit er sich besser untermischen lässt.

Fast alle in der Speisenzubereitung verwandten Kräuter sind auch hierzulande verfügbar oder lassen sich beschaffen, ggf. auch bei spezialisierten Kräuterhändlern oder in Apotheken; in manchen Fällen kann man das Kraut auch im eigenen Gartenbeet oder im Topf auf dem Balkon oder Fensterbrett ziehen. Nicht wenige, wie Raute oder besonders Liebstöckel, waren früher auch in unserer Küche weit verbreitet. Die Weinraute *(ruta graveolens)* besitzt einen delikat bitteren Geschmack, und der Liebstöckel *(levisticum officinale)* mit seinem würzig scharfen Geschmack ist sogar das Kraut schlechthin der römischen Küche und fehlt an fast keinem Gericht. Lorbeer, Dill, Kreuz- und Wiesenkümmel, Koriander (Blätter und Samen), Anissamen, Salbei, Wacholderbeeren, Schnittlauch, Katzenminze, Bertram, Fenchel, Majoran, Poleiminze, Minze (mentha spicata), Myrte, Oregano, Bohnenkraut, Sellerie, Thymian, Zimt, Ingwer, Kardamom und vieles andere mehr würzten Braten und Ragouts, Eintöpfe und Aufläufe. Knoblauch wurde fast ausschließlich als Gemüse verzehrt. Die Komposition einer Sinfonie aus dem reichen Kräutergarten der Antike, verbunden mit den übrigen Gewürzen, bildet also die eigentliche Herausforderung des römischen *maître de cuisine.* Seine Kunst zeigte sich insbesondere in der Erfahrung mit der angemessenen Mischung, worüber sich das Kochbuch des Apicius und die übrigen Quellen bedauerlicherweise eben ausschweigen. Über Selbstverständliches redet jedoch normalerweise kein Text. (Eine neuerdings vorgebrachte Meinung, die Mengenangaben fehlten deswegen, weil Apicius »römische Literaturkenner ansprechen wollte, die genau dieses Schweigen als homerische Reminiszenz erkannten und goutierten«, ist eher als skurril anzusehen.)

Natürlich waren auch Zwiebeln in der Küche unverzichtbar; neben den gewöhnlichen *(cepae)* fand eine weitere Art *(bulbi)* mit kleineren, rötlichen Knollen und einem ausgeprägt bitteren Geschmack viel Verwendung.

Unter den bisher genannten Würzzutaten fehlt noch eine, die insofern etwas Geheimnisvolles an sich hat, als sie offenbar seit dem ersten Jahrhundert n. Chr. völlig ausgestorben ist: *Laser (lasar), laserpicium, silphium* (griech. *silphion)* sind ihre Namen. Auch die Griechen verwandten diese immer kostbare, teure Pflanze in ihrer Küche, sie wuchs nur in der Cyrenaica (Libyen) und wurde, wie ein griechisches Vasenbild aus dem 6. Jahrhundert v. Chr. zeigt, schon damals säckeweise exportiert. Aus ihrer Wurzel wurde ein Saft gewonnen, der als Würzessenz diente. Im deutschen trägt eine verwandte Art der nordafrikanischen Staude den doch wenig lukullischen Namen ›Stinkasant‹ oder ›Teufelsdreck‹. Diese Bezeichnung ist nicht aus der Luft gegriffen, man kann die Würze nur pipettetropfenweise verwenden, sonst ruiniert sie jedes Gericht völlig. Plinius d. Ä. überliefert in seiner *Naturalis historia* (XIX 38) eine Geschichte, nach der die letzte in Libyen aufgefundene Laserpflanze dem Kaiser Nero übersandt worden

48 Reichhaltiges Silberservice aus dem Grab einer Dame aus Solduno (Kanton Tessin), frühes 2. Jh. n. Chr.

sei. Als Grund führt Plinius, der an vielen Stellen seines Werkes den profitorientierten Umgang seiner Zeitgenossen mit den Ressourcen der Erde und den Raubbau an ihr beklagt, übrigens an, dass Agrarspekulanten die letzten Gegenden, in denen Laser gedieh, von Schafen hätten abfressen lassen.

Darüber, um welche Pflanze es sich genau gehandelt haben könne, ist man sich nicht so recht einig. Die Tatsache indes, dass man schon in der Antike dazu überging, anstelle des libyschen Lasers billigere asiatische Varietäten zu verwenden, führt auf die Spur zur in Asien beheimateten Pflanze *Ferula asa foetida.* Der aus ihre gewonnene Saft Asa foetida (man kann ihn hier durchaus in Apotheken bekommen) spielt sogar in der schon einmal erwähnten indischen Küche eine Rolle.

So wie das begehrte Laser importiert werden musste, waren auch andere Gewürze nicht in Italien heimisch, sondern wurden zum Teil über lange Karawanenwege und Seewege eingeführt wie Zimt, Ingwer und Kardamom, nicht zuletzt aber auch eine weitere Leidenschaft der Römer, der Pfeffer. Ihn hatte Alexander d.Gr. auf seinen Zügen in den Orient neben Ländern, Städten und Menschen erobert und mitgebracht, sodass die schwarzen Beeren nun ihrerseits den Siegeszug als sozusagen kulinarische Würze des Hellenismus antraten und – allerdings wohl erst im 1. Jahrhundert v.Chr. – auch Rom eroberten. Das Höchste für römische Genießer war dann offenbar eine Symbiose aus Pfeffer und Honig, auch bei Eierspeisen:

Crêpes – »Ova sfongia ex lacte«: Du verrührst vier Eier, ¼ Liter Milch, eine Unze [gut 25 g] Öl miteinander, sodass du eine glatte Masse erhältst. Gib auf eine dünne Backform etwas Öl, lass es heiß werden und gib die Masse darauf, die du vorbereitet hast. Wenn eine Seite gebacken ist, stürz die Crêpe auf einen Teller, dann übergießt du sie mit Honig, streust Pfeffer darüber und kannst auftragen.

Auch über Pfeffer, das Gewürz, das Apicius in seinem Kochbuch am häufigsten nennt, nämlich 482 mal, äußert sich Plinius, wieder nicht ohne kulturkritische Bemerkungen (XII 29):

»Erstaunlich ist es, dass man an seiner [des Pfeffers] Verwendung so sehr Gefallen gefunden hat. Denn bei einigen ›Gewürzen‹ gefiel der angenehme Geschmack, bei anderen verlockte das Aussehen; der Pfeffer empfiehlt sich aber weder als Baumfrucht noch als Beere. Allein seine Schärfe gefällt und weil man ihn von den Indern herbeischafft! Wer war der erste, der ihn in Speisen erproben wollte, oder wem genügte nicht der Hunger, um den Appetit anzuregen?« Um Speisen, wenn gewünscht, Schärfe zu verleihen, hatte es vordem, in der ›guten alten Zeit‹, genügt, getrocknete Myrtenbeeren mit ihrem würzig-scharfen Geschmack zu verwenden (bei Apicius kom-

49 Olivenpresse, Bildfeld aus einem Bauernkalender aus Saint-Romain-en-Gal (Rhône), Ende 2./Anf. 3. Jh. n. Chr.

50 Im Boden versenkte Ölvorratsgefäße (dolia olearia). Ostia.

men sie einige Male zusammen mit Pfeffer u.a. vor), und die einfachen Leute verwandten sie auch später statt des für sie unbezahlbaren Pfeffers. Hier sei auch auf Fälle von Kaufmannskriminalität verwiesen, denn es kam vor, dass dem Pfeffer ›verlängernde‹ Stoffe beigemischt wurden wie Wacholder- oder Senfkörner und sogar Bleipulver!

In der Hafenstadt Berenike, auf der ägyptischen Seite des Roten Meeres gelegen, fanden Archäologen vor einigen Jahren ein Tongefäß mit 7,5 kg schwarzem Pfeffer aus Indien; der Fund gibt eine Anschauung davon, in welchen Mengen über welche Handelswege dieses kostbare Gewürz aus Asien über Ägypten nach Rom und dann auch in die nördlichen Provinzen gelangt ist (wo der Import von Pfeffer durch Funde ebenfalls nachgewiesen wurde). In Berenike wurden aber auch noch andere Luxusgüter aus Asien und Afrika entdeckt, u.a. Reis aus Indien.

Notwendige Gewürze in einer gut geführten Küche

Aus den »Exzerpten« des Apicius

KURZE LISTE DER GEWÜRZE, DIE IM HAUS SEIN MÜSSEN, DAMIT AN GEWÜRZEN NICHTS FEHLE:

Safran, Pfeffer, Ingwer, Laser, »Lorbeer-«Blätter, Myrtenbeeren, Kostwurz, Gewürznelke, Nardenspitzen (?), Addena (?), Kardamom, und Nardenspitzen.

Von den Samen folgendes:

Mohn, Rautensamen, Rautenbeere, Lorbeeren, Dillsamen, Selleriesamen, Fenchelsamen, Samen von Liebstöckel, Samen von wilder Rauke, Koriandersamen, Kümmel, Anis, Petersilie, Wiesenkümmel, Sesam.

An getrockneten Dingen folgendes:

Laserwurzel, Minze, Katzenminze, Salbei, Zypresse»nholz« (?), Oregano, Wacholderbeeren (?), Enzianwurzel (?), Beeren vom Thymian, Koriander, Bertram, Zitrone»nblätter ?«, Pastinake, Schalotte, Binsenwurzeln, Dill, Poleiminze, Zyperngras, Knoblauch, Hülsenfrüchte (?), Majoran, Alant, Silphium, Kardamom.

Von den Flüssigkeiten folgendes:

Honig, Defritum, Caroenum, Pfeffersauce (?), Passum.

Von den Nussfrüchten folgendes:

größere Nüsse (Walnüsse ?), Pinienkerne, Mandeln, Haselnüsse.

An getrocknetem Obst folgendes:

Damaszenerpflaumen, Datteln, Rosinen, Granatapfel.

Das alles lege an einen trockenen Ort, damit es den Geruch und das Aroma nicht verliert.

(Übersetzung: R. Maier)

Fett, Öl und Oliven

Kochen, Braten, Backen ohne Fett – ein Ding der Unmöglichkeit. Die mittelmeerische Küche ist für uns untrennbar mit dem Olivenöl verbunden, und umso überraschender ist es vielleicht zu hören, dass der Ölbaum vor der Zeit um 500 v. Chr. in Italien noch völlig unbekannt war und dann zunächst auch – das gilt für die Etrusker – kaum Interesse fand. Das für die Ernährung zur Verfügung stehende Fett war also ursprünglich Schweinefett bzw. Schweineschmalz (andere tierische Fette wurden offenbar nicht verwendet, auch nicht der – z.B. bei den Galliern bekannte – Talg). Erst nach und nach wurde die Olive kultiviert, bis sie sich mit ihrem Öl einen festen Platz in der Küche erobert hatte und etwa ab der Mitte des 1. Jahrhunderts v.Chr. sogar in die Provinzen exportiert werden konnte; fast zwei Dutzend Sorten wurden schließlich angebaut. Im Gegenzug wurden jedoch auch Oliven in großen Mengen importiert, einmal als Früchte für interessierte Feinschmecker, genauso jedoch das fertige Öl, v. a. aus Spanien, aber auch aus Nordafrika. Wie heute gab es Ernten zu verschiedenen Zeiten (September und Dezember), mehrere Pressungen und damit verschiedene Qualitäten, *olei flos,* ›Ölblüte‹ war das beste (*›flos‹* war generell die Bezeichnung für beste Qualität, etwa auch beim garum) und gleichzeitig teuerste (unter Diokletian bald viermal so teuer wie die dritte Pressung). Durch Funde von Ölamphoren mit Produktionsstempeln an vielen Orten des Reiches, auch in den nördlichen Provinzen, sind die Wege des Öls durch das Imperium auch archäologisch belegt.

Olivenöl fand bei allem Verwendung, beim Braten wie beim Backen oder für Gemüse, Schweinefett spielte zweifellos eine gleichwertige Rolle, zumindest in früherer Zeit auch beim Backen (Cato führt es bei entsprechenden Rezepten an). Von Butter wussten die Römer, doch gab es bei ihnen keine, und sie aßen sie auch nicht, wenn sie bei ›Barbaren‹ auf sie stießen, genauso wie sie um pure Milch einen Bogen machten, die für sie gleichfalls eine Sache der Barbaren – oder von Bauern – war.

Von der Ölherstellung geben – über die Ausführungen der römischen Fachschriftsteller hinaus – bildliche Darstellungen und Ausgrabungsfunde unmittelbare Anschauung. So fand sich in einer Villa bei Boscoreale in Kampanien – außer Räumen und Höfen für die Weinherstellung – auch ein Raum mit einer Entkernungsmaschine für Oliven sowie einer Ölpresse. Die relativ kleinen Anlagen deuten daraufhin, dass Öl hier nur für den Eigenbedarf produziert wurde. In anderen

Vogel auf andere Art: Du gibst in seinen Bauch zerkleinerte grüne Oliven, nähst ih zu und garst ihn so. Danach nimm die gekochten Oliven heraus (Apicius 6, 5, 7).
[Kohlsprossen] auf andere Art: Würze die Kohlsprossen wie oben [mit liquamen, Öl, Wein, Kümmel], misch grüne Oliven dazu, alles soll zugleich garen (Apicius 3, 9, 5)

villae rusticae (Landgutshöfen) dagegen war die Gewinnung von Olivenöl der Haupterwerbszweig und das Öl, wie gesagt, ein lohnender Exportartikel. Vier As, d.h. einen Sesterz, kostete 1 libra (›Pfund‹ = 0,327 kg) Öl nach einer pompejanischen Liste in der Zeit vor dem verheerenden Ausbruch des Vesuvs, durch den auch diese Villa verschüttet wurde.

Die Olivenfrüchte selbst wurden nicht nur gepresst zu Öl verarbeitet, sondern spielten nicht anders als heute ihre Rolle in der Ernährung, gleichermaßen für sich gegessen oder als Bestandteil vieler Gerichte. In verschiedensten Formen wurden Oliven als Vorrat eingelegt, vorwiegend in Salzlake oder Meerwasser, aber auch in Salz oder Essig und zusammen mit Kräutern oder Gemüsen.

Das bei Cato *(De agricultura* CXIX) überlieferte Rezept eines ›Olivensalats‹ lässt sich ohne weiteres realisieren; sein (griechischer) Name *epityrum* gibt einen Hinweis darauf, dass man ihn »zum Käse« aß:

Epityrum aus weißen (≈ grünen), schwarzen oder bunten Oliven mache so: Entfern die Kerne und zerschneide zum Würzen das Fruchtfleisch, füge Öl, Essig, Koriander, Kümmel, Fenchel, Raute und Minze hinzu. Mache sie in einem Tontopf ein, das Öl soll sie bedecken. So kannst du sie verwenden.

51 Kelch mit schwarzen Oliven. Detail einer Wandmalerei aus Pompeji, 1. Jh. n.Chr.

Ein weiteres Rezept (bei Columella XII 50) ergibt Oliven, die man gut als Vorspeise oder als ›Tapas‹ zum Wein servieren kann. Dazu werden schwarze Oliven in einem Gefäß mit einer Marinade aus drei Teilen *defrutum* (s.u.), d.h. eingedicktem Most, einem Teil Essig und einer zerschnittenen Fenchelknolle bedeckt; die Fenchelknolle muss ebenfalls bedeckt bleiben, nach vierzehn Tagen sind die Oliven durchgezogen und servierbereit.

Die Genüsse der Tafel

So wie bei den bisherigen Betrachtungen immer Fragen der geschichtlichen Entwicklung angesprochen wurden, ist auch die Frage, was denn nun als eigentliche Nahrung jenseits aller kochkünstlerischer Verfeinerungen bei ›den‹ Römern auf den Tisch kam, ein Thema mit geschichtlichen und insofern auch sozialen Aspekten. Die Fülle der verfügbaren Informationen ist dabei so gewaltig, dass die zahllosen Verzweigungen auch nicht annäherend angedeutet werden können, überdies sind die meisten Quellen geprägt von den speziellen Interessen ihrer Autoren. Auch die Archäologie hat weit mehr Glück auf deren weniger vergänglichem Terrain als auf dem der ›kleinen Leute‹. Zwangsläufig mündet jede Darstellung daher in den Ausschnitt der höchsten Entwicklung der römischen Esskultur in der Kaiserzeit, und dort bietet sie ja auch die antregendsten und genussreichsten Beispiele.

Bei den Römern selbst war stets eine historische Erinnerung an die eigene bäuerliche, bescheidene Vergangenheit vorhanden. Diese manifestierte sich – wie bei allen Völkern – in Festtagen (die bei den Römern überaus zahlreich waren). In den *Fasti* Ovids (Zeit des Augustus), einem ›Festkalender‹ in Versform, finden sich solche Reminiszenzen an die Vergangenheit zur Erklärung von Festtagsbräuchen etwa zu den Kalenden (dem 1. Tag des Monats) des Juni; die anklingende Kritik an den »verschwenderischen« Gewohnheiten der eigenen Zeit ist dabei ein für Römerohren immer hübsch klingender ideologischer Topos:

»Fragst du, warum an den Kalenden fettes Schweinefleisch gegessen wird und warum Bohnen mit warmem Spelt gemischt sind? Carna ist eine Göttin der alten Zeit und nährt sich von Speisen der alten Zeit, und sie verlangt nicht verschwenderisch nach einem Mahl, das man [aus fremden Ländern] herholt. Für dieses Volk schwamm der Fisch noch unbehelligt [im Wasser], und die Austern waren in ihren Muscheln sicher. Latium kannte weder den Vogel, den das reiche Ionien schickt, noch den, der sich vom Blute der Pygmäen nährt. Am Pfau gefiel nichts als die Federn, und kein Land hatte vorher gefangene wilde Tiere [nach Rom] geschickt. Man schätzte das Schwein und schlachtete ein Schwein zum Fest, die Erde gab nur Bohnen und harten Spelt. Wer beides mischt und zu gleicher Zeit an den sechsten Kalenden [1. Juni] isst, dem können, glaubt man, die Eingeweide keinen Schaden nehmen« (Ovid, *Fasti* VI 169–183; Übersetzung: Franz Bömer).

In agrarischen Gesellschaften wie den antiken und damit der römischen bildet die Grundlage der Ernährung das, was der Boden liefert, also Pflanzen, und ggf. das, was je nach topografischen Gegebenheiten an Jagdwild oder Fisch zusätzlich

52 Ein Fleischer in seinem Laden bei der Arbeit, hinter ihm links eine Handwaage. Aufgehängt erkennt man verschiedene Fleischstücke, darunter einen Schweinskopf. Rechts vom Schlachtblock ein Trog zum Auffangen des Blutes. Ladenschild aus Ostia.

herbeigeschafft werden kann. Die Betonung liegt auf ›zusätzlich‹, denn der Ackerbau absorbierte den Großteil der produktiven Kräfte der Bauern. Die Viehzucht diente in erster Linie der Gewinnung von Nutztieren, sodass diese allenfalls ›nebenher‹ eine Rolle auch als Nahrungslieferanten erfüllten. Rinder waren Zug- und Ackertiere – Pferde taugten dazu nicht, weil ›merkwürdigerweise‹ das Geschirr, das sie dazu tauglich machte, erst im Mittelalter erfunden wurde –, Schafe und Ziegen dienten der Woll- bzw. Milchproduktion, Hunde waren allenfalls als Wach- oder Jagdhunde sinnvoll. Und wie man hierzulande ursprünglich einen Traktor erst erwerben konnte, wenn man ohne ihn genug auf andere Weise verdient hatte, wuchs einem Bauern der Antike auch ein Ochse nicht ohne weiteres zu. Anders war es mit Geflügel (das Huhn kam allerdings erst spät aus dem Orient nach Italien) und … Schweinen, die *ausschließlich* zur Ernährung gehalten und gezüchtet wurden; die Etrusker z. B. hielten Schweine in großen Herden, um ihre Bankette damit zu bestücken. Doch die römischen Bauern blickten anscheinend nicht über die Gatter, denn ihre Ernährungsbasis lag zunächst genügsam in Getreide, Gemüse, Früchten, allemal bei den unteren Schichten, wo zum Getreide in Form von *puls* (s. o.) außer ein wenig Gemüse oder Bohnen kaum einmal etwas anderes dazu trat. Fleisch wurde nur selten gegessen, denn Fleisch war, wie angedeutet, Reichtum, daher wurde das lateinische Wort für Vieh zum Wort für Geld, größerer Fleischgenuss war eine Sache der Reichen. Fleischverzehr war besonders üblich anlässlich von Opfern, doch kommt in diesem Ritual eher zum Ausdruck, dass Fleischgenuss selten war und insofern in die Form eines Opfers gekleidet wurde, das später sublimierte Gestalt gewann. Dass Gutsverwaltern das Opfern von Tieren verboten wurde, verwundert nicht, denn dem Gutsbesitzer war natürlich mehr daran gelegen, dass seine Herde wuchs, als dass sie verspeist wurde. *Wenn* jemand ein Opfer konzedierte, d. h. eine Fleischmahlzeit, dann war er das.

Fleisch von Haustieren

Der immer stärker zunehmende Fleischkonsum war also Ergebnis der eingangs skizzierten historischen Entwicklung, die sich auch im Bereich des Essens niederschlug, mit ihrem deutlichen Wendepunkt um 200 v. Chr. Das Schwein war und blieb in Italien und darauf im römischen Reich der Fleischlieferant schlechthin; Rind, Schaf, Ziege wurden seltener verspeist, bei Apicius kommt nur einmal Rind, viermal Kalb, elfmal Lamm und Schaf überhaupt nicht vor. Was die

53 Das römische Hausschwein war stark behaart, sehr schlank und kleiner als das heutige. Zeichnung von M. Schulz.

Eignung des Schweins und die Vielfalt seines Geschmacks betrifft, singen römische Autoren wahre Hymnen. Von ihm kommt alles in den Topf und auf den Teller, vom Rüssel bis zum Schwanz, und das delikateste waren Saueuter sowie, noch begehrter und auch teurer (oder umgekehrt?), Jungsau-Gebärmutter. Eine weitere Spezialität bildete die Leber des mit Feigen gemästeten Schweins, die danach *ficatum* (von *ficus:* Feige) genannt wurde, was in dem italienischen Wort für Leber ›fegato‹ fortlebt.

Die ursprünglichen bäuerlichen Grundlagen der Ernährung waren allerdings so stark verwurzelt, dass auch später noch wiederholt im Rahmen von Gesetzen gegen den Tafelluxus versucht wurde, Fleischverzehr geradezu als unrömisch einzudämmen. Aber auch ein wahrhaftiger Römer – ein *vir vere Romanus* – wie Cicero mokierte sich, als die Gäste bei einem staatlichen Diner, das mit diesem Gesetz tatsächlich sogar Ernst machte, mit Gemüse und Pilzen abgespeist werden sollten.

Rinder unterlagen in den Anfangszeiten einem Tabu, ihre Tötung war bei Todesstrafe verboten und damit auch ihre Opferung an die Korngöttin Ceres, was aufgrund ihrer Rolle bei der Feldarbeit verständlich ist. Erst ab etwa ebenfalls 200 v. Chr. gewinnt das Rind allmählich eine Rolle auch als Schlachttier, stärker noch mit dem Anwachsen der Städte, doch gegenüber dem Schwein spielte es eine absolute Nebenrolle, und anders als dieses wurde es anscheinend nie ausdrücklich als Fleischlieferant gezüchtet. Von größerer Bedeutung als in Italien war Rindfleisch möglicherweise im römischen Germanien, wenn man die an manchen Fundorten wie in Köln festgestellte, gegenüber anderen Tierknochen höhere Zahl von Rinderknochen so interpretieren kann.

Zubereitet wurde Fleisch vorwiegend durch Garen (also ein Vorgang bei niedrigerer Temperatur als beim Kochen, wozu sich auch Tongeschirr

Lukanische Würste: Man mahlt Pfeffer, Kümmel, Saturei, Raute, Petersilie, Würze, Lorbeeren, liquamen, dann wird gut zerkleinertes Fleisch hinzugemischt, sodass es wiederum mit dem Ganzen zermahlen wird. Mit hinzugemischtem liquamen, ganzem Pfeffer und reichlich Fett sowie Pinienkernen füll es in einen ordentlich dünn ausgezogenen Darm, dann wird es zum Räuchern aufgehängt (Apicius 2, 4).

eignete), vielleicht ein Hinweis darauf, dass es eher zäh war, seltener durch Braten oder Grillen; auch dem Braten ging zumeist das Garen des Fleischs voraus. Der Bratspieß, groß oder klein, verrichtete, wenn gefällig, ebenfalls seine Dienste. Häufig wurde Fleisch gehackt (oder auch im Mörser zerkleinert) und dann zubereitet, desgleichen wurden Schnitzel oder Fleischscheiben serviert, und genauso stellte man Würste verschiedener Art her, Blutwurst genauso wie Grillwürste, dünne und dicke; ›lukanische‹ Würste wurden von den einfachen Leuten gern zur *puls,* dem Getreidebrei, gegessen. Alle Wurstsorten waren nach römischer Art kräftig gewürzt, auch geräuchert, Rindswürste billiger als Schweinswürste.

In einem mit ›Xenia‹, d.h. ›Gastgeschenke‹, übertitelten Buch seiner Epigramme, das ausschließlich Zweizeiler über Speisen aus der römischen Küche enthält, hat Martial das erwähnte rustikale Mahl dichterisch verewigt; es ist aber zu vermuten, dass er hier ein anzügliches Verspaar auf ein anderes Paar gedichtet hat:

Als lukanische Tochter komm ich eines picenischen Schweines:
auf schneeweißen Brei werd ich dann gelegt als lieblicher Kranz.
(Martial, epigr. XIII 35)

Archäologische Ausgrabungen erbrachten in den letzten Jahrzehnten Belege für große Schweinezuchtanlagen, wie sie bei Columella (VII 9, 9 f.) beschrieben sind; in diesem Zusammenhang ist z.B. die sog. Villa von Settefinestre bei Cosa (Toskana) zu nennen. Columella geht unter anderem auf die Anlage der Schweineställe ein. In den *villae rusticae,* den großen Landgütern, standen die Schweinekoben dicht bei dicht, besetzt mit Muttertieren und Ebern zur Zucht und zur Mast. Hier auf dem Lande produzierte man also das nicht nur in der Weltstadt Rom so beliebte Schweinefleisch in großen Mengen, nicht anders als heute.

Obwohl Schweine also geradezu nach agrarindustriellen Maßstäben gezüchtet wurden, reichte die inländische Produktion entweder nicht aus oder man suchte auch bei diesem Tier nach exquisiteren Varianten. Jedenfalls wurden gepökeltes Schweinefleisch oder geräucherte Schinken auch von weither importiert, gallischer Schinken (Varro II, IV 10/11) und Fleisch aus der Provinz Belgica galten als besonders delikat. In einem gegen Ende des 2. Jahrhunderts vor der Küste der Provence gesunkenen Schiff fanden Unterwasserarchäologen u.a. große Mengen von Schinkenknochen, deren Reise nach Rom jäh unterbrochen wurde.

Schafe, Ziegen und Rindern wurden – von Schäfern gehütet– in großem Stil auf Weiden im Landesinnern gehalten, vor allem auf Sizilien, wo die Winter mild und Ställe deshalb nicht nötig waren. Von Schafen und Ziegen gewann man die Milch, die zu Käse verarbeitet wurde, verzehrt wurden sie gewöhnlich erst, wenn ihre Fruchtbarkeit nachließ.

54 Wandmalerei aus dem Vettierhaus in Pompeji: Stillleben mit Hühnern und Hahn, im Hintergrund eine Statuette des Mercurius und auf einem Tischchen u.a. ein Gefäß mit Deckel. Der Hahn hockt auf dem Rand einer Schale.

Käse

Nicht zuletzt wegen der Probleme der Haltbarkeit spielte frische Milch, jedenfalls in den Städten, keine große Rolle; daher ließ man sie gerinnen und verarbeitete sie – d. h. Schafs- und Ziegenmilch – vorwiegend zu Käse, den es in ganz verschiedenen Formen und Geschmacksrichtungen gab und der vom römischen Tisch nicht fortzudenken ist; nicht zuletzt bildet er eine bedeutende Ernährungsgrundlage der ärmeren Bevölkerung. Eine Art ricotta-ähnlicher, nicht oder wenig salziger Frischkäse muss beim Kuchenbacken verwandt worden sein, dort kommt er häufig vor. Bei Columella (VII 8) findet man eine Zubereitungsanleitung für einen offenbar mozzarella-ähnlichen Käse (aber natürlich nicht aus Büffelkuhmilch), »quem dicimus manu pressum, den wir handgepresst nennen«; Columella gibt überhaupt viele Informationen zu dem Thema. Von einigen Käsesorten, die wohl besonders berühmt waren, erfahren wir durch die ›Xenia‹ unter den Epigrammen Martials. Der *caseus Etruscae Lunae,* also aus der etruskischen Stadt Luna (in der Nähe Carraras) wog laut Plinius bis zu 328 kg, weswegen er »deinen Sklaven tausend Mahlzeiten bieten kann«. Für ein Frühstück ohne Fleisch empfiehlt Martial den *Vestinus;* aus dem sabinischen Trebula kommen zwei Käse, darunter ein gegrillter; ein geräucherter Käse ist der Velabrensis (nach dem Velabrum, dem Lebensmittelmarkt in Rom) – die Räucherei in den engen Gassen war so unerträglich, dass Anwohner gerichtlich dagegen vorzugehen versuchten. Dass Käse bei der Produktion in Form gebracht wurde, verhalf ihm zu dem Namen *(caseus) ›formaticus‹*, daraus entstehen der italienische *formaggio* und der französische *fromage.* Und wie wir *fromage français* schätzen, taten das natürlich auch die alten Römer: so hebt Plinius d. Ä. *(Nat. hist.* XI 240) den Käse aus Nemausus (Nîmes) hervor, ebenfalls den »überseeischen« aus Bithynien (Kleinasien), meint allerdings auch: »ein Käse, der in der Hauptstadt selbst hergestellt wird, ist allen anderen vorzuziehen; denn der aus Gallien besitzt in seinem Geschmack etwas von Arznei«.

Apicius (13, 9) hält ein Rezept für eine Art Dickmilch bereit: »*Melcas:* mit Pfeffer und liquamen oder Salz, Öl und Koriander.«

Geflügel

Zum bäuerlichen Anwesen in Italien gehörten früh Ente, Gans und Taube. Das Huhn kam später aus seinem ursprünglichen Habitat Indien über verschiedene Stationen dazu, und schließlich waren viele verschiedene Rassen bekannt oder heimisch. Hühner und Gänse wurden gemästet, Enten – jedenfalls schweigen die Quellen – wohl nicht. All diese Vögel gehörten also praktisch seit jeher zum Speisezettel der Römer. Auch Geflügel wurde zumeist gekocht oder zuerst gekocht und dann gebraten. Nicht anders als heute mästete man Gänse besonders auch wegen ihrer Leber, und zwar ebenfalls mit Feigen. Wichtiger als das Fleisch schien auch im Fall des Geflügels die raffiniert zubereitete Sauce gewesen zu sein, jedenfalls im gepflegteren Ambiente der häuslichen Cena, denn der Saucenrezepturen für Geflügel bei Apicius gibt es ebenfalls eine lange Reihe. Die Eroberungen und zunehmenden Kontakte mit fernen Ländern brachten die Römer dann mit fremden Vögeln zusammen, unvermeidlich wurden auch sie höchst willkommene Gäste, jedoch nicht am, sondern auf dem Tisch der Reichen: das ›numidische Huhn‹ (Perlhuhn) aus Karthago, das Sultanshuhn aus Libyen, der Pfau aus Indien (er wurde in großen Anlagen gezüchtet und gemästet), der Fasan natürlich vom Fluss Phasis am südlichen Schwarzen Meer, der, wenngleich in Gehegen zur Aufzucht gehalten, gemästet als exquisite Kostbarkeit galt; schließlich fand auch der Strauß seine Liebhaber, der offenbar stets nur importiert wurde.

Numidisches Huhn: Bereite das Huhn vor, koche es, wasche es, ›laserier‹ [von *laser*] es, pfeffre es, brat es. Zerstoße Pfeffer, Kümmel, Koriandersamen, Laserwurzel, Raute, Datteln und Pinienkerne. Essig, Honig, liquamen und Öl hinzugießen und abschmecken. Wenn es aufgekocht ist, mit Stärkemehl binden, das Huhn begießen und auftragen (Apicius 6, 9, 4).

»Hannibal aß sich zwar an römischen Gänsen satt, doch niemals verspeiste er, ein Barbar, die Vögel des eigenen Landes«, dichtet der Satiriker Martial *(epigr.* XIII 73) unter Anspielung auf den bis vor die Tore Roms getriebenen Krieg des karthagischen Feldherrn und die Begeisterung seiner Landsleute für Huhn à la numidienne.

Geflügelzucht insgesamt wurde auf den *villae rusticae* als einträgliches Geschäft betrieben, die Erzeugnisse in den Städten auf Märkten und in Läden gehandelt. Der kleine Mann hielt sich sein Huhn, seine Ente oder Gans im Hof, wenn die Umstände es erlaubten. Für Tauben, die zum Verkauf auf dem Markt in Rom gedacht waren und deshalb in großer Zahl gezogen wurden, legte man spezielle Mastplätze an; dort konnten bis zu 5000 Vögel gehalten werden. Für Tauben dagegen, die den eigenen Bedarf decken sollten, richtete man auf relativ kleinem Raum unter den Dächern der

55 Szene aus dem Jagdmosaik der Villa del Casale bei Piazza Armerina (Sizilien), 4. Jh. n. Chr.: Vogeljagd mit Pfeilen und einem Falken; in der Baumkrone sitzen verschiedene Vögel, ein schon erlegter Vogel (oben links) stürzt vom Himmel herab.

Villen Taubenverschläge ein. Fast in jeder villa rustica wird man mit solchen rechnen dürfen. Selbstverständlich kannten auch die Römer schon verschiedene Arten von Tauben, so die gewöhnliche Taube *(columbini)*, die Turteltaube *(tutures)* und die Ringeltaube *(palumbi)*.

Wildvögel

Die Leidenschaft nicht nur der römischen Gourmets – oder Gourmands –, sondern auch des einfachen Volkes für Gefiedertes beschränkte sich indes nicht auf den Hühnerhof, sondern hatte noch ein anderes Feld: die Wild- und Singvögel. Die Fallenstellerei war seit Menschengedenken üblich (und ist es im Mittelmerraum noch heute), und man erlegte geradezu alles, was sich mit Federn schmückte, einschließlich des Spatzen. Wildenten, Wildtauben, Wildgänse, Rebhühner waren genauso Jagdobjekte wie Drosseln, Krähen, Nachtigallen, Auerhähne, Blässhühner, Stare, selbst Schwäne. Aber das genügte nicht: Äußerst beliebt war der Kranich, und natürlich musste auch Exotisches her wie Flamingos, auch der Storch war nicht tabu. Logisch fast obendrein, dass Drossel- oder Flamingohirn und erst recht Pfauenzungen die kulinarische Fantasie ›beflügelten‹. Da kulinarische Gelüste nicht vom Zufall der Verfügbarkeit oder der Jahreszeit abhängig sein durften, lag nichts näher als der Gedanke, fast alles Gefiederte auch in Käfigen zu halten, zu züchten und zu mästen, und man setzte ihn geradezu exzessiv in die Tat um. Lucullus begann damit, sich auf diese Weise einen beständigen Vorrat an Drosseln zu halten. Die Zucht von Vögeln hatte in der Antike jedoch auch eine uralte Tradition, so wurden Kraniche schon im alten Ägypten oder auch in Griechenland gezüchtet. Unnötig zu wiederholen, dass praktisch alle dieser Genüsse den Reichen oder Superreichen vorbehalten waren, und gerechterweise darf nicht verschwiegen werden, dass in den vorliegenden Berichten römischer Autoren gerade auch lukullische Exzesse Thema waren, denn Berichte über das Normalniveau hätten auch damals niemand interessiert.

Man darf sich solche Käfige bzw. Vogelhäuser nach der Beschreibung Varros etwa folgendermaßen vorstellen:

»Es handelt sich um einen großen ummauerten Hof von 72 Fuß Länge und 48 Fuß Breite, an dessen hinterem Ende ein halbrunder Teil von 27 Fuß Länge ansetzt. Die Anlage befindet sich am Ufer des Flusses, der die Villa durchzieht, und in der Nähe von Varros ›Museum‹, vielleicht einem Pavillon mit seiner Bibliothek. Der größere vordere Teil des Vogelhauses besteht aus einem Hof, der von Säulenhallen umgeben ist. Diese sind vorne mit Netzen bespannt und innen bepflanzt, um den Vögeln eine natürliche Umgebung zu bieten. Auch hier ist für dauernde Wasserzufuhr gesorgt. In dem Innenhof befinden sich ferner zwei große Becken für die Fischhaltung. Zwischen ihnen führt ein Weg zu der Tholos im rückwärtigen Teil. Sie besteht aus zwei Reihen von Säulen, die äußere aus Stein, die innere aus Holz, deren Zwischenräume wieder mit Netzen geschlossen sind. Darin befinden sich weitere Vögel, hauptsächlich Nachtigallen und Amseln. Das umgebende Gelände ist mit Büschen bepflanzt und durch eine Mauer abgeschlossen« (Harald Mielsch).

Sachkundige Sklaven versorgten die Vögel mit Futter und frischem Wasser, und erst wenige Wochen vor dem geplanten Verkauf wurden sie gemästet. Es war äußerste Reinlichkeit in diesen Vogelhäusern vonnöten und zwar sowohl was die Nester für die Eier als auch den Boden und das Gestänge, die immer von Kot befreit werden mussten, betraf. Nur ausgesucht gesunde Tiere eigneten sich zur Brut und für die Aufzucht der Küken, die ebenfalls besonderer Pflege bedurften. Bei Varro erfahren wir auch (III 2, 15–16), dass für große private Gastmähler und die zahlreichen öffentlichen Veranstaltungen wie Triumphzüge und Feiern zu Ehren der Götter mehrere Tausend Vögel oder Fische ›geordert‹ worden sind.

Um an dieser Stelle schon einmal einen Blick auf eine wohl eher exaltierte Möglichkeit zu werfen, wie die römische Schickeria ihre Dinner gestaltete, sei erwähnt, dass ein Gastgeber, dessen Villa über eine Voliere verfügte, seinen Gästen als Speiseraum nicht – wie üblich – das Triclinium anbot, sondern das Speisezeremoniell ins Vogelhaus verlegte! Meist war dieses mit einem ringförmigen Raum inmitten des Käfigs ausgestattet. Dieser war um einen kleinen Teich angeordnet, in dem sich Fische und Enten tummelten und in den ein drehbarer Tisch eingesetzt war. Vornehme Römer liebten es, sich dort mit ihren Gästen zu Tisch zu legen und sich von einem Sklaven die Speisen und Getränke auf dem Drehtisch servieren zu lassen. Die raffinierte Ausstattung solcher Vogelhäuser, die es dem Gast erlaubte, während des Tafelns dem Vogelgezwitscher zu lauschen und den lebhaften Bewegungen der Fische beim Schwimmen zuzusehen, sollte den Geladenen aufs angenehmste überraschen, denn der dargebotene Tafelluxus reichte dazu offenbar nicht aus. Allerdings dürfte der Geruch des Federviehs das Vergnügen nicht selten beeinträchtigt haben.

Wild

»Von den Vögeln ist die Drossel –
wenn auf mein Urteil Verlass ist –,
von den Vierbeinern der Hase
die größte Delikatesse«,

bekennt Martial (Epigramm XIII 92), und zumindest in Prosaform hätte dieser Satz aus dem Mund jedes Römers gesprochen werden können, denn Hase war der absolute ›Renner‹ in seinen kulinarischen Träumen. Schon früh wurden ›leporaria‹ (von *lepus:* Hase) eingerichtet, Gehege, in denen man diese Tiere halb wild hielt, damit man ihnen nicht hinterherjagen musste, sondern sie in angemessener Zeit vor dem geplanten Mahl leicht fangen konnte, um sie in Käfigen noch gebührend zu mästen. Niemand wird es wundern, dass bei denen, die auf sich hielten, heimische Hasen den Ansprüchen nicht genügten, und so importierte man denn die flinken Nestflüchter auch aus Gallien und Spanien.

Die Jagd gehört zum Urgeschäft des Menschen, das Wild Italiens, ursprünglich reich an Wäldern, bot dem Jäger gleichsam ein ›gefundenes Fressen‹. Hier fand er Hirsche und Rehe die Menge, Wildschweine, wilde Ziegen und Schafe, Bären auch und eben Hasen. Kaninchen wurden um 200 aus Spanien mitgebracht und fragten nicht lange,

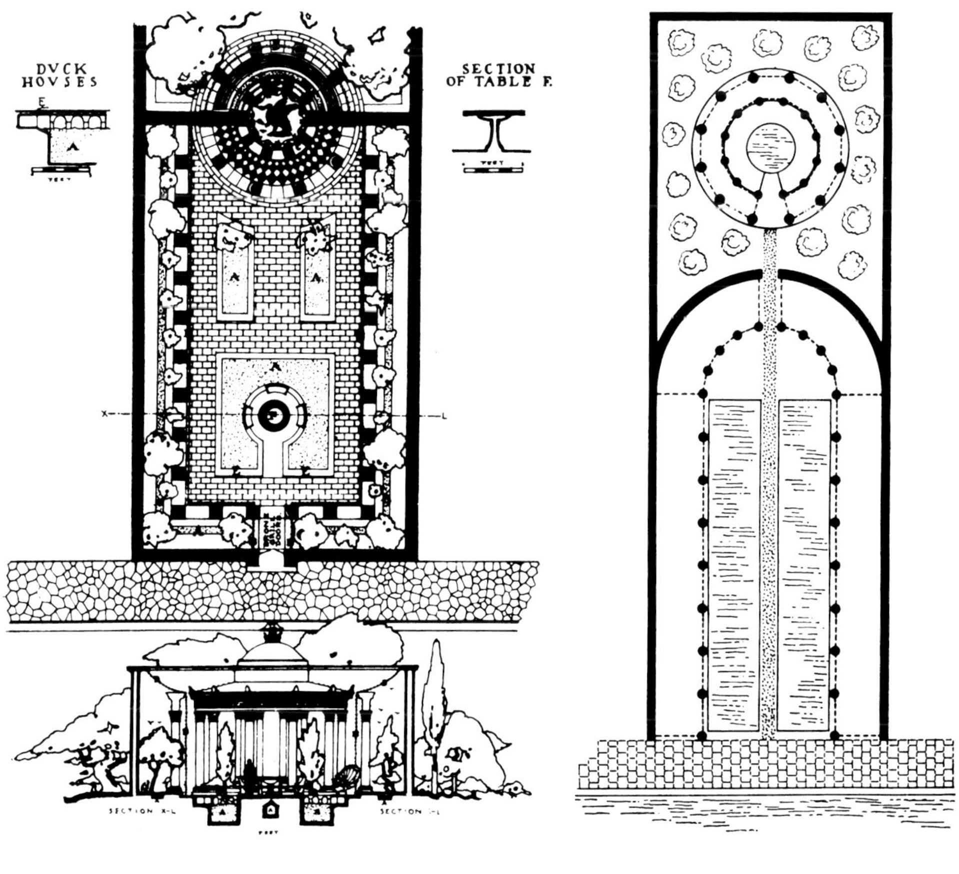

56 Das Vogelhaus des Varro, Rekonstruktionen von van Buren und H. Fuchs.

57 Keilerjagd, Szene aus dem Jagdmosaik von Piazza Armerina: Das Tier wird gerade von einem Jäger mit der Lanze durchbohrt, von hinten wird es von einem Jagdhund angefallen. Ein weiterer Jäger steht im Begriff, den Keiler mit einem Stein zu treffen. Das gefährliche Tier hat schon ein Mitglied der Jagdgesellschaft verletzt, der Mann liegt mit einer klaffenden Oberschenkelwunde am Boden.

ob sie sich auf der ganzen Apenninhalbinsel verbreiten durften. Wie man vermuten kann, fand der aufs Praktische und Bequeme gerichtete Sinn des Römers auch hier eine Lösung seiner Versorgungswünsche in großen ›vivaria‹, Wildgehegen, in denen Rehe und Hirsche ahnungslos ihrer Bestimmung entgegenästen und lukrative Geschäfte ermöglichten. Auch Antilopen aus Afrika fanden den Weg zur Aufzucht in solchen Anlagen.

Wildschwein anders: Koche das Wildschwein in Meerwasser mit Lorbeerzweigen, bis es weich wird. Zieh ihm die Haut ab. Servier es mit Salz, Senf, Essig (Apicius 8, 1, 2).

Kalte Sauce für gekochtes Wildschwein: Pfeffer, Wiesenkümmel, Liebstöckel, gemahlenen Koriandersamen, Dillsamen, Selleriesamen, Thymian, Oregano, eine kleine Zwiebel, Honig, Essig, Senf, liquamen, Öl (Apicius (8, 1, 7).

Wildschweinschinken à la Terenz wird so gefüllt: Treib durch den Schinken einen Pflock, um die Haut vom Fleisch zu trennen, sodass er durch einen kleinen Trichter Gewürz aufnehmen kann und dabei ganz gefüllt wird. Zerstoße Pfeffer, Lorbeere, Raute. Falls du magst, füg laser hinzu, bestes liquamen, caroenum [Weinsirup] und Tropfen von grünem Öl. Wenn er gefüllt ist, wird er an der Stelle, wo er gefüllt wurde, mit einem Faden zugebunden, in einen Kessel gegeben und dort in Meerwasser mit Lorbeersprossen und Dill gekocht (Apicius (8, 1, 10).

»Über die Anlagen von Tiergärten und Einsetzung von Wild« liest man bei dem schon bekannten Agrarschriftsteller Columella: »Wildlebende Tiere, wie Rehe, Gazellen und Antilopen, nicht minder die Gattungen der Hirsche und Wildschweine, dienen teils dem Komfort und Vergnügen des Besitzers, teils dem wirtschaftlichen Gewinn. Wer ein Wildgehege nur zum Vergnügen anlegt, begnügt sich damit, dort, wo sich in nächster Nähe der Gebäude ein Platz anbietet, eine eingezäunte Fläche zu schaffen und stets von Hand Futter und Wasser hineinzubringen. Wer aber wirtschaftlichen Gewinn anstrebt, der wird, falls es ein Waldstück nahe beim Anwesen gibt – denn es ist wesentlich, dass es nicht dem Blick des Besitzers entzogen ist –, ohne Bedenken dieses für die genannten Tiere bestimmen. Wenn dort von Natur kein Wasser vorhanden ist, leitet man entweder fließendes Wasser hinein oder hebt Becken aus und legt sie mit Scherbenpflaster aus, damit sie das Regenwasser auffangen und festhalten« *(Über die Landwirtschaft* IX 1, 1–2 und 6).

Die Fütterung der Wildtiere konnte auch als mythologische Inszenierung gestaltet werden. So berichtet Varro (III 13) davon, dass in dem riesigen Villenareal des Hortensius, das bei Laurentum südlich von Ostia gelegen war, mitten in dem Gehege ein besonderer Platz für ein Triclinium hergerichtet war. Während dort Hortensius‹ Gäste beim Mahl lagen, vertrieb er ihnen die Zeit zwischen den Gängen mit einem Schauspiel, das seine Gäste erfreuen sollte. Ein Tierwärter, der als der mythische Sänger Orpheus auftrat, lockte dann die Tiere allerdings nicht mit Leier und Gesang, sondern mit Hörnerblasen zur Fütterung – so hatten schon die Etrusker ihre riesigen Schweineherden, wie Varro berichtet, mit Trompetenklang auf die Weiden getrieben.

Wie die Tiere gepflegt werden sollen, vermerkt Columella ebenfalls: »Ein sorgsamer Hausvater [diese Eigenbezeichnung entsprach dem Selbstverständnis des römischen Großagrariers] darf sich aber nicht mit dem Futter zufrieden geben, das die Natur von selber anbietet; er muss in denjenigen Jahreszeiten, in denen die Wälder keine Frischnahrung bieten, den Hegetieren mit eingelagertem Futter zu Hilfe kommen und sie mit Gersten- oder Speltmehl oder Bohnen füttern, namentlich aber mit Weintrester und überhaupt mit solchen Futtermitteln, die sich möglichst billig beschaffen lassen.« Diese Art der Fütterung von in Gehegen gehaltenen Wildtieren ist aber nicht als Mästung zu verstehen; vermutlich war den römischen Landwirten bekannt, dass Wildtiere, sobald sie gemästet werden und Fett ansetzen, ihren typischen Wildgeschmack verlieren, Weintrester allerdings bereitete ja höchstens auf die spätere obligatorische Bratensauce vor.

Für die Zubereitung des Wilds gelten im wesentlichen die gleichen schon bekannten Usancen. Zumeist wurde es gekocht, evtl. anschließend gebraten, ausschließlich gebraten seltener. Wildschwein wurde auch am Spieß gegrillt, es gibt ebenfalls Rezepte ›au four‹, also im Backofen. Auch beim Wild wandte man sein Hauptaugenmerk gern den delikatesten Teilen zu wie Filets oder Keulen. Bei der Würzung bzw. den Saucen findet man auch seltenere Kombinationen oder Kompositionen.

Bilch, Haselmaus und Siebenschläfer

ist im Lateinischen ein und dasselbe: die *glires* als Wild zu betrachten fällt schwer, und auch die Römer haben sie ihm kaum zugeordnet, da sie diese Nagetiere mit langem, teils buschigem Schwanz, die Büsche und Bäume bewohnen, entweder ebenfalls in Großzuchtanlagen, *gliraria,* oder – als kleiner Mann – in speziellen Töpfen zur Mast hielten, denn auf diesen Leckerbissen mochte man nun auf keinen Fall verzichten. Ein Zeitgenosse des Lucullus namens Lupinus war auf den Gedanken verfallen, und die Römer, zwar weniger dem aktiven Sport, jedoch dem Wetten leidenschaftlich zugetan, veranstalteten bei Zechgelagen sogar Wiegekonkurrenzen »Wer hat den fettesten Bilch?«, wobei die Wiegeergebnisse launig-lautstark kommentiert und säuberlich protokolliert wurden. Möglichst fett mussten die Nager nämlich sein (der Haselmauschor bei Martial: »Winter, dich schlafen wir durch, und wir strotzen von blühendem Fette / just in den Monden, wo uns nichts als der Schlummer ernährt«), dazu brachte man sie in mit Luftlöchern versehenen, sonst verschlossenen Gefäßen unter; darin bekamen sie ihr Mastfressen, bei Bewegungsdrang konnten sie diesen auf Laufstegen ausleben.

58 Schlüsselgriff in Gestalt eines Siebenschläfers (Haselmaus). Römermuseum Homburg-Schwarzenacker/Saar.

Als ›Petits fours‹ besonderer Art naschte man die Haselmäuse aber auch mit Honig und Mohn angemacht.

Haselmäuse: Fülle die Haselmäuse mit Schweinehackfleisch, ebenso mit Fleisch von allen Gliedern der Haselmäuse, mit zerstoßenem Pfeffer, Pinienkernen, laser und liquamen, gib sie zugenäht und auf einen Backziegel gelegt in den Backofen oder brate sie gefüllt in der Pfanne (Apicius 8, 9).

Die »Kinder der Götter«: Fische

Römer und Latiner waren ursprünglich Bauern und keine Fischer, allenfalls Gelegenheitsfischer, während sich die Etrusker z. B. nach Ausweis ihrer Wandmalereien fröhlich dem Fischfang hingaben. Der Schmelztiegel Italien führte aber auch in diesem Bereich die dort ansässigen Völker, einschließlich der Griechen in der Magna Graecia, zusammen. So gab es schon um 300 v. Chr. in Rom auch einen Fischmarkt, und Fisch wurde schließ-

59 Tongefäß (dolium) für das Mästen von Siebenschläfern, Querschnittzeichnung.

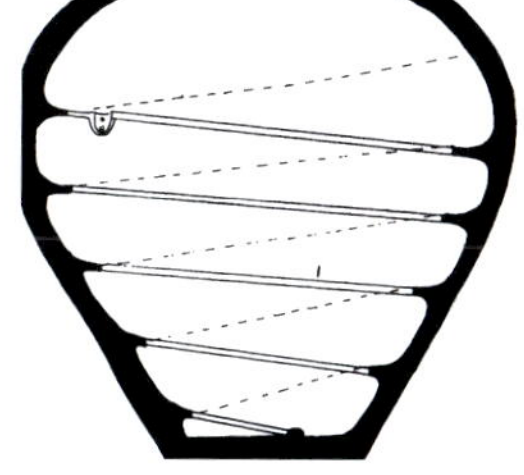

60 Mosaik mit Darstellung der Fauna des Meeres. Das Meer mit all seinen Lebewesen ist ein häufig anzutreffendes Motiv in römischen Häusern. Neapel, Archäologisches Nationalmuseum.

61 Querschnitt durch eine südspanische Amphore, gefüllt mit in Salz eingelegten Sardinen. Kunstharz; Musée d'Histoire, Marseille.

62 Gemauerte Einsalzbassins für Fische in der Fischfabrik von Tróia (Portugal).

lich nach Entwicklung entsprechender Fangtechniken zum massenhaft verbreiteten Grundnahrungsmittel (immer beschränkt auf die, die sich ihn auch in preiswerter Form leisten konnten). Die Quellen reden fast ausschließlich von Meeresfischen, denen die Begüterten den Vorzug gaben, die Süßwasserfische überließ man den kleinen Leuten. Auch hier entwickelten die Römer ab dem 1. Jahrhundert v. Chr. eine das ganze Reich umspannende Verarbeitungs- und Versorgungsindustrie, Fisch›fabrik‹ an Fisch›fabrik‹ an den Küsten Südportugals, Andalusiens, Mauretaniens, Südfrankreichs, Italiens, Tunesiens – hier zeigen entsprechende archäologische Untersuchungen das Ausmaß – produzierten riesige Mengen Fischkonserven, d. h. eingesalzenen Fisch, ausgenommen und ganz gelassen oder in Stücken oder filetiert. Zur Konservierung benötigte man etwa bis zu fünfzig Prozent das Fischgewichts an Salz, das in daneben gelagerten Salinen gewonnen wurde. Allerdings ist archäologisch nur selten festzumachen, welche der festgestellten Anlagen eingesalzenen Fisch und welche das oben behandelte garum produzierten. Neben der Konservierung durch Salz spielte auch die Trocknung von Fischen für die Konservierung eine beachtliche Rolle (der ein Einsalzen vorhergeht), doch davon gibt es verständlicherweise keine archäologischen Spuren, und auch die Texte sprechen nicht darüber; wir wissen auch nicht, ob die Römer Fisch räucherten. In den großen halbindustriellen Fischfabriken wurde der Fisch in großen betonierten Becken verarbeitet, d. h. auf eine Lage Fisch folgte eine Lage Salz, bis das Produkt nach etwa zwanzig Tagen in Transportamphoren umgefüllt und gelagert bzw. verschickt wurde. Von diesen Amphoren gab es zahlreiche, ebenfalls fabrikmäßig produzierte, Varianten, und deren Reste in allen Gegenden des Imperiums nicht zuletzt sind es, die Zeugnis geben von der Rolle der römischen Fischindustrie für die Versorgung der Bevölkerung. Nicht anders als Produktverpackungen heute trugen sie Aufschriften mit Angaben des Inhalts, der Qualität und des Alters, evtl. der Geschmacksrichtung und zumeist des jeweiligen Importhändlers, sodass uns hier auch unschätzbare Detailinformationen über die römische Meeresfischbranche und die Vorlieben der Kunden vorliegen.

Indes, undenkbar, dass ein römischer Feinschmecker oder Gastgeber es mit Makrelen oder Thunfisch aus der Konserve – bei aller durchgehenden Beliebtheit des Fischs aus der Tonamphore – sein Bewenden hätte haben lassen wollen. Schon bei den Griechen hießen die Fische die »Kinder der Götter«, und Götter essen keine Konserven, allenfalls solche aus dem Orient oder vom

Schwarzen Meer teuer importierten. Die Tafeln der Reichen wurden zum Tummelplatz ihrer kulinarischen Lieblinge, für die sie geradezu astronomische Preise hergaben. Zwar war Fisch in Rom schon immer teuer gewesen – zu Zeiten Catos teurer als Rindfleisch, nicht anders als heute –, doch selbst bei einer fast als Allerweltsfisch zu bezeichnenden Spezies wie der Meerbarbe mit dem wenig exquisiten Namen *mullus* (von der in den Texten am häufigsten die Rede ist) überboten die ichthyophilen Schlemmer der Kaiserzeit einander fast hysterisch, die überdies sogar feine Unterschiede bei der Provenienz des Flossentiers machten:

»Der gewesene Konsul Asinius Celer [38 n. Chr.] forderte mit diesem Fisch alle Verschwender heraus – dies ist nämlich leichter zu erzählen, als wer den Sieg davon getragen hat –, als er unter Kaiser Gaius [37–41] eine Meerbarbe um 8000 Sesterzen kaufte. Diese Rechnung lenkt den Geist beiseite zu einer Betrachtung derer, die bei ihrer Klage über den Luxus ›einst‹ laut gejammert haben, dass jeweils ein Koch teurer sei als Pferde. Jetzt aber kosten Köche so viel wie drei ›Pferde‹, und die Fische sind so teuer wie die Köche, und fast wird schon kein Sterblicher höher geschätzt, als wer am geschicktesten das Vermögen seines Herrn durchbringt. Dass im Roten Meer eine Barbe von 80 Pfund [26,2 kg] gefangen worden sei, berichtet Licinius Mucianus. Wie viel hätte die Schlemmerei für diesen Fisch bezahlt, wenn er an der den Häusern der Stadt Rom zunächst liegenden Küste gefunden worden wäre?« (Plinius, *Nat. hist.* IX 67).

Ob bei der Barbe wirklich die in vielfachem Schillern ins Weiße übergehende rote Farbe der Schuppen, wenn sie starb, der Grund für ihre Beliebtheit war? Nach Plinius wurde sie jedenfalls bei Gastmählern in einem Glas, noch lebend, vorgeführt (auch heute heißt es bei Kennern: »du musst den Fisch kennen, den du isst«) und anschließend vor aller Augen getötet; der erwähnte M. Gavius Apicius trieb danach das Schauspiel auf noch raffiniertere Höhen, indem er den *mullus* in garum, dem *garum sociorum* natürlich, verenden ließ und aus seiner Leber eine Sauce kreierte. Wie es in der Kulinarik jedoch häufig passiert: irgendwann war dieser Fisch bei den Gourmets passé und galt geradezu als plebejisch.

Neben der Meerbarbe bildet die Reihe der Fische, die antike Autoren als Speise erwähnen, geradezu eine Enzyklopädie antiker Ichthyologie, doch nicht selten ist es problematisch, sie mit uns bekannten Meeresbewohnern zu identifizieren. Die am häufigsten verzehrten sind die Goldbrasse, die Zahnbrasse, der Seewolf, der Lippfisch, die Meeräsche, die Streifenbarbe, die Muräne, der

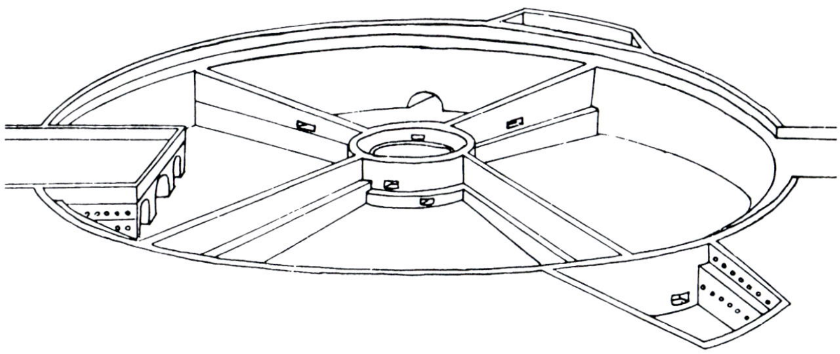

63 Rekonstruktionszeichnung des Fischbeckens des Lucullus am Monte Circeo.

Seeteufel, der Goldbutt, der Steinbutt, die Seezunge, die Meerdrossel, der Umber, der Seepapagei. Sie alle, bis auf den Seepapagei, und zahlreiche andere – bei der Meerbarbe gelang es nur mit mäßigem Erfolg –, versuchte man seit der Wende zum 1. Jahrhundert v. Chr. nach der inzwischen schon bekannten Art in Vivarien zu halten oder zu züchten, zum einen wieder wegen des wirtschaftlichen Ertrags oder um in seinen Tafelgelüsten nicht vom Glück des Fischersmanns und den Widrigkeiten des Meeres abhängig zu sein, andere aber machten daraus ein derart gesteigertes spleeniges Hobby, dass der eine lieber Fische auf dem Markt von Puteoli (Pozzuoli) kaufen ließ, als seine Lieblinge anzutasten, und dass der andere Tränen beim Tod seiner Lieblingsmuräne vergoss. Und dergleichen skurrile Geschichten gibt es noch

64 Sternförmig in einem Topf angeordnete Sardellen (Museum von Istres/Provence).

65 Stillleben mit Korb, Fischen, Sepias, Austern, Brot. Fresko aus Pompeji, 1. Jh. n.Chr.

viele. Bevor man diese Anlagen für Meeresfischen einrichtete, hatte man es schon mit Aalen und Süßwasserfischen versucht, doch, wie oben schon dargelegt, wurden die Meeresfische bald attraktiver.

Für die Fischbecken – *piscinae* – nutzte man einerseits natürliche Bodenbecken, zum anderen aber vornehmlich künstlich geschaffene Anlagen, die man ausbetonierte. Da das Ganze nicht in stehendem Wasser funktionieren konnte, legte man ggf. Kanäle an, so ließ Lucullus bei Baiae den Monte Circeo durchstechen, um sein Fischbecken über einen unterirdischen Kanal mit stets frischem Meerwasser zu versorgen. Columella nennt zwei Formen von Fischgehegen, zum einen empfiehlt er, Becken an flachen, sandigen Stränden anzulegen, zum anderen können die Fischzuchtanlagen auch an zerklüfteten Küsten oder auf Inseln eingerichtet werden. Wichtig für jede dieser Anlagen ist jedoch, dass eine Zufluss- und Abflussöffnung, durch die frisches Meerwasser eindringen und Altwasser abfließen konnte, vorhanden war; ein Sperrgitter verhinderte, dass die Fische ins Meer hinausschwammen.

Zumeist also lagen die *piscinae* relativ dicht am Ufer, und schließlich war die Küste allenthalben damit versehen. Ihre Spuren sind vielfach noch sichtbar. Zu den Urhebern der neuen Mode gehörten ein L. Licinius Murena und ein C. Sergius Orata, die wie Varro (III, 3, 10) spottete, sich ihren Beinamen nach ihrer Leidenschaft als Fischzüchter zulegten (›Muräne‹ und ›Goldbrasse‹). Bald gehörte es zum guten Ton, seinen eigenen Fischteich zu besitzen, und fast gehörten Hinz und Kunz dazu, sodass der Begriff *piscinarii*, ›Fischteichbesitzer‹ fast zum Synonym für ›stilloser Neureicher‹ wurde. Nicht nur die Superreichen – die Investitionen in die Anlagen oder das Hobby verschlangen Unsummen – aber entdeckten in der Fischhaltung eine Freizeitbeschäftigung, auch die betuchteren Kleinstadtbewohner statteten ihre Villen mit Fischteichen aus, wie es in Pompeji etwa im Fall der Villa del Centenario oder der Villa der Iulia Felix bezeugt ist, allerdings mit Süßwasser und dafür geeigneten Fischen.

Vom Baianer See, halt dich, rat ich dir,
Fischer, weit fern, damit du nicht schuldig fortgehst.
Heilige Fische schwimmen in diesen Wellen,
die ihren Herrn kennen und dessen Hand lecken,
jene Hand, die die mächtigste ist im Universum.
Besser noch, sie haben einen Namen, und auf den Zuruf
ihres Wärters kommt ein jeder herangeschwommen!
... so verspottet Martial (IV 30,1–8) sogar den Kaiser.

Von der sog. ›Piscina des Lucullus‹ am Nordhang des Monte Circeo zwischen Rom und Neapel (des weniger wegen seiner Kriegstaten als wegen seiner Schlemmereien auf Gastmählern berühmten Generals) wurde die eigentliche *piscina* ausgegraben, ein rundes Fischbecken von etwa 35 m Durchmesser. Zwei Mauern umschließen dieses. Das Zentrum bildet ein kleines Rundbecken, von dem vier Mauern strahlenförmig ausgehen, die das Becken in vier ungleiche Sektoren teilen und die mit Durchlässen für die Wasserzirkulation in unterschiedlicher Höhe versehen sind. Zwei trapezförmige Außenbassins sind mit den inneren verbunden. Ferner ragt eine große Plattform an die piscina hinein. Diese diente verschiedenen Zwecken, zum einen fanden die Fische unter ihren Arkaden Schutz vor der Sonne und zum anderen boten die Amphoren, die in die Arkadenwände eingelassen waren, den Muränen Schlupfwinkel und vielleicht auch die Möglichkeit zu laichen. Und noch eine dritte Funktion scheint die Plattform gehabt zu haben: Hier konnte der Hausherr seine Gäste bewirten und die cena ausrichten, ähnlich wie bei den oben schon erwähnten Schlemmer-›Events‹ in den Vogelhäusern.

Darüber, wie Fische verzehrt wurden, kann die Archäologie keinerlei Auskunft geben, wenngleich

Sauce an gekochtem Fisch: Pfeffer, Liebstöckel, Kümmel, eine kleine Zwiebel, Oregano, Pinienkerne, Dattel, Honig, Essig, liquamen, Senf, ein wenig Öl; wenn du eine heiße Sauce willst, Rosinen (Apicius 10, 1, 2).

Alexandrinische Sauce an gegrilltem Fisch, Variante: Pfeffer, Liebstöckel, frischer Koriander, Zwiebel, entsteinte Damaszenerpflaumen, *passum* [bester Mostsirup], liquamen, Essig, Öl, alles kochen (Apicius 10, 1, 8).

Sauce für gegrillte Zahnbrasse: Pfeffer, Liebstöckel, Koriander, Minze, getrocknete Raute, gekochte Quitte, Honig, Wein, liquamen, Öl. Erhitzen und mit Stärkemehl binden (Apicius 10, 3, 6).

die neueren archäo*zoo*logischen Untersuchungsmethoden auch hier einzelne Beiträge leisten können; so erlaubt die Analyse von Gräten und Schuppen, selbstverständlich auch von Schalen, mehr oder weniger eindeutig die Bestimmung mancher Spezies. Natürlich sind aber wieder die lateinischen Autoren und das Apicius-Kochbuch aussagekräftige Gewährsleute.

Auch für Fischgerichte galt: Nichts geht ohne kräftige Sauce, die sich allenfalls in Nuancen von denen für Fleisch unterschieden. Fisch wird hauptsächlich gegrillt, aber auch gekocht. Zur Zubereitung und zum Servieren diente teilweise spezielles Fischgeschirr, aber auch Fischklöße aus im Mörser zerkleinerten Fisch waren bekannt und geschätzt, desgleichen gefüllter Fisch.

Maris poma: Die ›Früchte des Meeres‹

›Maris poma‹ nennt schon Tertullian *(Cult. fem.* 1, 6, 2) die ›Meeresfrüchte‹, deren Beliebtheit der der Fische in nichts nachstand. Sie werden vorzugsweise als erster Gang bei der cena gereicht. Die besondere Leidenschaft waren Austern, doch genauso verzehrten die Römer Miesmuscheln (die allerdings sind bei Feinschmeckern geringgeschätzt), Stachelschnecken, Venusmuscheln, Herzmuscheln, Kammmuscheln, Tellmuscheln, Lazarusklappen, Seeigel und andere mehr; desgleichen Hummer, Kalmare, Krabben, Krebse usw. Die Languste, weiß Plinius *(Nat. hist.* IX 95), »ist das einzige Tier, das, wenn es nicht lebend in siedendem Wasser gekocht wird, in seinem wabbeligen Fleisch keine feste Substanz enthält«.

Speziell ohne Austern geht es nicht, wenn nötig, werden sie über weite Strecken transportiert. Die Versorgung mit ihnen wurde in alle Winkel

66 ›Plan‹ der Küste von Baiae (am Golf von Neapel) auf einer Glasflasche aus Populonia (Toskana) mit Hinweis auf Austernzuchtanlagen (›ostriaria‹). Über die ostriaria führt eine Brücke, die zwei mit Tonnen gedeckte Gebäude auf Pfählen miteinander verbindet. Außer den ›ostriaria‹ werden ein See (›stagnum‹), ein Palast (›palatium‹), das Ufer (›ripa‹) und Pfeiler (›pilae‹) genannt. Erkennen kann man darüber hinaus eine Mole mit einem Gebäude mit Giebeldach und einen Triumphbogen mit Quadriga. Unten Nachzeichnung des Glasflaschendekors. (Wende 2./3. Jh. n.Chr.; The Cornwall Museum of Glass).

Sauce zu Austern: Pfeffer, Liebstöckel, Eidotter, Essig, liquamen, Öl, und Wein. Wenn du magst, kannst du auch Honig hinzufügen (Apicius 9, 6).

Sauce für gefüllten Tintenfisch: Pfeffer, Liebstöckel, Koriander, Selleriesamen, Eidotter, Honig, Essig, liquamen, Wein und Öl. Alles binden (Apicius 9, 3, 2).

Sauce für Miesmuscheln: Liquamen, gehackter Lauch, Kümmel, *passum* [s.o.], Bohnenkraut, Wein. Mach ein recht wässrige Mischung und koch die Muscheln darin (Apicius 9, 9).

des Reichs organisiert, wie Austernschalenfunde zeigen. Es war offenbar möglich, sie bei entsprechender Vorsorge (z.B. Transport nur bei Nacht) über einen Zeitraum bis zu zwei Monaten frisch an ihren Bestimmungsort zu bringen, transportierte sie aber auch ohne Schalen in einer konservierenden starken Salz-Essig-Lake. Die kulinarische Begeisterung für sie war schon früh so groß, dass auch die Austern zu Beginn des 2. Jahrhunderts v.Chr. in Gleichbehandlung mit den ihnen ganz artfremden Haselmäusen Ziel gesetzlicher Prohibitionsmaßnahmen waren, ohne Wirkung, wie man sich denken kann.

Im Falle der Austern ist der schon vorgestellte Geschäftsmann C. Sergius Orata offenbar der erste, der die Idee zur Austernzucht hat und große Austernparks, *ostrearia,* anlegt, »nicht wegen seines Gaumens, sondern aus Profitsucht«, wie wiederum Plinius (IX 168) überliefert; »die Küsten Britanniens standen noch nicht zur Verfügung, als Orata die Austern des Lukrinersees [bei Baiae] in den Adelsstand erhob. Später hielt man es für angebracht, am Ende Italiens in Brundisium [Brindisi] Austern zu ordern, und damit kein Streit über die Qualität des Geschmacks ausbräche, kam man kürzlich auf den Gedanken, die auf dem langen Transportweg ausgehungerten Austern im Lukrinersee aufzupäppeln.«

Verspeist wurden Austern roh und gewöhnlich wieder nicht ohne Sauce, manchmal auch gekocht oder sogar zu Klößchen verarbeitet.

Beim Thema Austern soll eine Geschichte nicht übergangen werden, die der Grieche Athenaios in seinem Werk *Deipnosophistai,* ›Die Gelehrten beim Gastmahl‹, im 2./3. Jahrhundert n. Chr. vom Schmeckleckerkönig Apicius erzählt und die anschaulich macht, dass er letztendlich einen Ausweg aus seiner Geldnot wohl wirklich nur im Suizid finden konnte – *wenn sie nicht wahr ist, ist sie doch gut erfunden:*

»Zur Zeit des Kaisers Tiberius gab es einen reichen Feinschmecker namens Apicius, nach dem verschiedene Arten von Kuchen Apicius-Gebäck heißen. Viele Tausende hatte er für seinen Bauch ausgegeben. Er lebte in Minturnae in Kampanien und aß hauptsächlich teure Austern, die dort größer werden als die größten in Smyrna und die Muscheln von Alexandria. Als ihm zu Ohren kam, auch in Libyen würden die Austern ungewöhnlich groß, da reiste er dorthin, ohne sich auch nur einen Tag zu besinnen. Geduldig trug er die mannigfachen Strapazen der Seereise. Die Nachricht von seinem Besuch verbreitete sich bei den Libyern schnell. Kaum näherte sich sein Schiff der Küste, als Fischer herbeigerudert kamen und ihm die schönsten Austern brachten, noch ehe er an Land gehen konnte. Apicius warf einen Blick auf die Austern und fragte: ›Habt ihr keine größeren?‹ – ›Größere, als wir hier bringen‹, war die Antwort, ›gibt es nicht‹. Da dachte Apicius an die Austern von Minturnae, und sogleich befahl er seinem Steuermann, direkten Kurs auf Italien zu nehmen, ohne einen Fuß ans Ufer zu setzen« (Athenaios I 7a–c).

67 Getreidebrei (›puls‹) und Brot. Fresko in Pompeji, 1. Jh. n.Chr.

Pflanzenkost

Das landwirtschaftlich wichtigste Erzeugnis für die Ernährung und Grundnahrungsmittel war bei den Römern – nicht anders als sonst in agrarischen Gesellschaften – das Getreide, bei ihnen vornehmlich in der Form des Weizens und hier wieder in der speziellen Art des Emmers *(far).* Später traten Nacktweizenarten dazu und verdrängten den Emmer, eine Spelzweizenart, allerdings nie vollständig. Ausbleibende oder unzureichende Ernten bedeuteten Hungersnot, und wie die Römer schon bei den Etruskern Getreide bezogen, wenn ihre Vorräte nicht hinreichten, importierten sie ihn später aus ihren Kornkammern Sizilien, Gallien oder Ägypten, sparten jetzt aber

Weizenbrei mache so: Ein halbes Pfund [gut 150 g] reinen Weizen tue man in einen reinen Mörser, wasche ihn gut und reibe die Hülsen gut ab und spüle sie gut aus; hernach tue man ihn in einen Topf, dazu reines Wasser und koche ihn. Wenn er gekocht ist, tue man langsam Milch hinzu solange, bis ein dicker Brei entstanden ist (Cato, Kap. XCV).

Geknetetes Brot mache so: Hände und Mörser wasche gründlich. Schütte Mehl in den Mörser, gieße langsam Wasser dazu und arbeite das tüchtig durch; sobald du es gut durchgewalkt hast, forme den Teig und backe ihn unter einer Schüssel (Cato, Kap. LXXXIII).

Punische Grütze mache so: ein Pfund [knapp 350 g] Speltgraupen tue in Wasser, sieh zu, dass es gut weich wird. Das schütte in eine reine Schüssel, dazu gib frischen Käse 3 Pfd. [etwa 1 kg], Honig ½ Pfd. [gut 150 g], ein Ei; alles zusammen mische gut durch. Dann schütte es in einen neuen Topf (Cato, Kap. XCIV).

›Devisen‹. Die Produktion im Mutterland Italien reichte also nie aus, erst recht nicht nach dem Bauernlegen durch die Großgrundbesitzer im 2. Jahrhundert v. Chr. Die großen Massen an Arbeitslosen erhielten eine Grundversorgung an Getreide, die sog. *annona,* wofür der Staat bzw. die Kaiser sorgten; die wurde dann noch ergänzt durch Zirkusspiele – »panem et circenses«, »Brot und Zirkusspiele« bringt es der Satiriker Juvenal im 2. Jahrhundert n. Chr. in der bekannten Wendung auf den Punkt.

Emmer wurde nicht gedroschen, die ganzen Ähren wurden eingelagert und die Körner je nach Bedarf durch Rösten verfügbar gemacht, um sie zu stampfen oder zu mahlen. Nacktweizen wurde gedroschen oder geröstet. Die aus dem Getreide bereiteten Speisen waren die schon besprochene *puls,* Fladenbrot und später auch weicheres Brot. Außer diesen Grundspeisen aßen die Römer auch häufig einen Brei aus Graupen oder Hirsebrot.

Durch das Mahlen mit dem Mahlstein – mittels Handmühlen oder, in Bäckereien, von Sklaven oder Eseln bewegten stationären Mühlen – wurde ein Mehl erzeugt, das weit von einer für uns gewohnten Qualität entfernt war, abgeriebene Mahlsteinkörner waren darin ebenso enthalten wie Unkrautreste. Das Produkt wurde also gesiebt, und je nach Güte des Siebens ergaben sich verschiedene Mehlqualitäten. Entsprechend stellten die Bäcker verschiedene Brotqualitäten und -sorten her, für die man auch die Bezeichnungen ›Weißbrot‹ und ›Schwarzbrot‹ kannte. Letzteres war das Brot der Plebejer oder Sklaven. Die Form des Brotes war vielfach rund, wie eine Rosette mit mehreren Querschnitten obenauf zum leichteren Brechen, aber auch andere Formen bis hin zu fantasievollen figürlichen Kreationen gab es, desgleichen Delikatessbrote mit Zugabe von Öl, Eiern, Milch und anderem sowie, selbstredend, ›Kommissbrot‹, *panis militaris,* für die Soldaten.

Als Ergänzung der kargen Brotzeit, das wurde eingangs im Zusammenhang mit dem Kleinbauern Simylus beschrieben, leistete sich der einfache Römer z. B. verschieden angemachten Käse, bei der Hauptmahlzeit eventuell Gemüse.

Unser Wort Gemüse bezeichnet keine Spezies von Pflanzen, sondern ist ursprünglich auf solche bezogen, die sich für eine bestimmte Zubereitungsart eignen, nämlich zur Verarbeitung als ›Mus‹, d. h. Brei. Daneben steht, bezeichnenderweise als Fremdwort, die Zubereitungsart ›Salat‹, eigentlich italienisch für ›Gesalzenes‹, konkret: mit einer salzigen Sauce. Es versteht sich von selbst, dass die Römer sich nicht nach unserer Klassi-

68 Stand eines Gemüseverkäufers auf einem Relief aus Ostia. Museum Ostia Antica.

69 **Vom Speisezettel der Römer: Inszenierung mit Brötchen, Eiern, Oliven, Artischocken, Schnecken, div. angemachte Speisen**

fikation richteten, sondern ihre für die Küche auserwählten Pflanzen nach ihrem Geschmack verarbeiteten und zubereiteten. Normalerweise wurde ›Gemüse‹ in Salzwasser gekocht und evtl. mit Fett oder Gewürzen geschmacklich bereichert. Wichtig war dem ›ernährungsbewussten‹ Römer der Großstadt in puncto Gemüse, dass es den Magen nicht belastete, wobei ihm ernährungsphysiologische Fehlbeurteilungen nichts ausmachten. Entscheidend war, was er sich dachte. Gemüse spielte die Hauptrolle bei den Vorspeisen seiner cena, nicht als Beilage zu den Hauptgängen, wo man die exuberanten Saucen mit Brot (oder Löffeln) bewältigte.

Bohnentopf mit Saubohnen: Bohnen kochen. Zerstoße Pfeffer, Liebstöckel, Kümmel, frischen Koriander. Dann gießt du liquamen dazu, schmeck mit Wein und liquamen ab; in einen Topf geben und Öl hinzufügen (Apicius 5, 4, 1).

Bohnentopf à la Commodus: Erbsen kochen. Wenn abgeschäumt ist, zerstoße Pfeffer, Liebstöckel, Dill, getrocknete Zwiebel. Dann gießt du liquamen dazu, schmeck mit Wein und liquamen ab. Gib es in den Topf, damit es sich aufsaugt. Anschließend schlage vier Eier und gib sie auf einen Sextar [ca. ½ *l*] Erbsen, rühr um, gib es in die Cumana [eine Art Römertopf], setz es aufs Feuer, damit es zieht, und serviere (Apicius 5, 4, 4).

Grüne Bohnen [Schoten]: mit zerstoßenem Senf, Honig, Pinienkernen, Raute, Kümmel, werden mit Essig serviert (Apicius 5, 6, 3).

Die Armen versorgten sich zweifellos auch mit wild wachsenden Pflanzen, sonst wurde Gemüse auf dem Hof, im Garten am Haus oder bei räumlicher Enge auch in Kästen angebaut. Selbstversorgung war oberste Devise. Die Städte wurden von den Bauern des Umlands versorgt. Die Entwicklung der Gartenbaukultur führte zwar zum Anbau vormals wild wachsender Arten wie z.B. des Rettichs, doch eine plantagenmäßige Produktion wurde auf diesem Wirtschaftssektor nicht angestrebt.

Von besonderer Bedeutung unter den Gemüsepflanzen sind die Hülsenfrüchte, die sich als Alternative zum Getreide auch zur Grundernährung eigneten und nicht selten auch gemahlen dem Mehl beigefügt wurden. Es ist daher nicht verwunderlich, dass das Apicius-Kochbuch die Hülsenfrüchte in einem eigenen Kapitel behandelt, allerdings auf einer kulinarisch entwickelteren Stufe denn nur als Brei, der vielleicht mit einem Stück Speck angereichert wurde und, besonders als Bohnengericht, seit jeher ein Armeleuteessen war. Nicht zuletzt eigneten sich die Hülsenfrüchte aufgrund der Möglichkeit der Trocknung ja auch bestens zur Vorratshaltung und – anders als frisches Gemüse – zum Handel mit Lagerhaltung. Apicius verarbeitet in seiner Küche Linsen, Erbsen, Saubohnen, Hornklee, Gerste, Puffbohnen, grüne Bohnen [Schoten] (nicht die aus Amerika stammenden grünen Fadenbohnen) und Kichererbsen. Unter die *legumina* zählten die Römer neben den genannten Pflanzen aber auch z.B. Lupinen oder Kolbenhirse.

Die übrigen als Gemüsepflanzen genutzten Gewächse wurden als ›Gemüse‹ oder als ›Salat‹ verwendet. Für Salate kennt man das Wort *acetaria* (von *acetum,* Essig, also entsprechend angemacht), während *holera,* eigentlich ›Kohl‹, nicht nur die eigentlichen Kohlköpfe, sondern generalisierend auch andere essbare Blattpflanzen bezeichnet. Das zeigt aber, dass Kohl zu den ausgesprochenen Lieblingsgemüsen der Römer gehörte, von dem viele Arten gezüchtet wurden. Cato empfiehlt ihn als Grundlage für ausgiebigeren Weingenuss; die Reicheren, die ihn später verschmähten, genossen immerhin seine Triebe wie eine Art Spargel. der selbst auch bekannt war und geschätzt wurde, aber nicht die Rolle spielte wie der Spargelkohl. Rüben, Rettich, Endivie, Sauerampfer, Rauke, Gurken, verschiedene Arten Zwiebeln, Knoblauch, Melonen, Mangold, Lattich, Kresse, Portulak, Porree, (Distel)Karden, Sellerie, Brennnesseln, Kürbis und vieles andere haben ihren Platz in der Küche der Armen wie der Reichen, je nachdem häufiger oder seltener.

Natürlich ging man auch an Pilzen und Trüffeln nicht vorbei, die man als Delikatessen schätzte, sammelte und vielleicht auch züchtete. Neben dem Kohl spielen unter den genannten Gemüsen wieder die Rüben als pflanzliche Grundnahrungsmittel – auch für die Tiere – eine besondere Rolle. Mehrfach wird in der römischen Literatur berichtet, dass Manius Curius Dentatus, der Konsul des Jahres 290 v. Chr., einen Versuch feindlicher (samnitischer) Gesandter, ihn mit Gold zu bestechen, als echter Römer abwies; und als echter Römer war er gerade dabei, sich am Herd eine Rübe zu rösten – und nicht etwa einen Rettich: Denn dann wäre er für Gold anfällig gewesen wie die schon immer dekadenten Griechen, die einmal dem Apollontempel von Delphi einen Rettich aus Gold, eine Bete aus Silber, eine Rübe aber aus Blei geweiht hätten (Plinius, *Nat. hist.* XIX 87).

Wenigstens in seiner – kolportierten – Vorliebe zu Rübenähnlichem wäre später demnach Kaiser Tiberius dem altrömischen Konsul Manius Curiatus ebenbürtig gewesen; allerdings röstete er als Kaiser Rüben nicht selbst am Herd, und es waren auch keine einfachen weißen Rüben oder Steckrüben mehr, sondern eine besondere Art von ›Rübe‹, die Rapunzel, eine Blumenstaude mit rübenförmiger Wurzel (lat. *siser*), wie man ebenfalls bei Plinius d. Ä. erfährt: »Die Rapunzel hat der Kaiser Tiberius berühmt gemacht, indem er sie sich jedes Jahr aus Germania bringen ließ. Gelduba [Gellep] heißt ein am Rhein gelegenes Kastell, wo sie von vorzüglicher Qualität wächst, was beweist, dass ihr kalte Gegenden zusagen. Sie enthält im Innern der Länge nach eine Sehne, die man nach dem Kochen herauszieht und die dennoch einen großen Teil des bitteren Geschmacks zurücklässt, der sich jedoch angenehm ändert, wenn man ihn beim Essen mit Wassermet mildert« *(Nat. hist.* XIX 90). Aber auch mit einer anderen Leidenschaft spornte der Nachfolger des Augustus seine Gärtner zu Erfindungsreichtum an; die von Columella empfohlene Standardfrühanbaumethode für Gurken genügte nicht: »Wer von der Gurke sehr frühe Früchte ernten will, der kann gleich nach der Mitte des Winters gedüngte Erde in Körbchen füllen, einsäen und mäßig begießen. Wenn dann die Pflänzchen hervorkommen, kann er sie an milden und sonnigen Tagen vor das Haus ins Freie stellen, doch so, dass sie vor jedem Luftzug geschützt sind; bei Kälte und schlechtem Wetter kann er sie wieder zurückholen und dies so lange tun, bis das Frühjahrs-Äquinoktium vorüber ist. Danach kann er die ganzen Körbchen in die Erde senken.« Vielmehr: »Man kann auch, sofern sich das lohnt, unter größeren Gefäßen Rädchen anbringen, um sie mit geringerer Anstrengung ins Freie zu fahren und wieder unter das Dach zurückzuholen. Auf jeden

70 Das gemalte Stillleben aus dem Haus der Iulia Felix in Pompeji zeigt mehrere Drosseln, ein Tuch mit Quasten, Metallgeschirr – ein Weingefäß mit Löffel, eine Schale mit Eiern, einen Krug, ein erlesenes Ensemble aus einem vornehmen Haushalt. Neapel, Archäologisches Nationalmuseum.

Fall aber soll man sie mit Fensterglas abdecken, damit sie auch an kühleren Tagen ungefährdet der Sonne ausgesetzt werden können. Auf diese Weise ließ sich Kaiser Tiberius fast das ganze Jahr über Gurken liefern« (Columella XI 3).

Während für den genannten Kaiser also eine Methode ersonnen wurde, das Lieblingsgemüse stets frisch verfügbar zu halten, ging es für die Meisten darum, für die Monate des Winters als Lebensnotwendigkeit Vorräte anzulegen: dafür wurden die Gewächse zunächst getrocknet, dann in Gefäßen mit Salzlake oder mit Salzlake und Essig eingelegt; zur besseren Konservierung wie zur Aromatisierung fügte man Gewürze, etwa Pfefferkraut oder Dill, hinzu. Rüben wurden getrocknet oder, in Scheiben geschnitten, ebenfalls eingelegt, in ihrem Fall in eine Marinade aus Essig und Senf. Auch Zwiebeln trocknete man und selbstverständlich Pilze. Die Konservierung war eine Aufgabe der Frauen. Die römischen Agrarschriftsteller teilen eine Unzahl an Konservierungsmethoden mit; Plinius empfiehlt z. B. für die unseren Artischocken ähnlichen Karden: »Man macht sie auch in Essig ein, worin man Honig aufgelöst hat, und fügt Laserwurzel und Kümmel hinzu, damit nur ja kein Tag ohne Artischocke vergeht« *(Nat. hist.* XIX 153), und Apicius rät in seinem Kapitel »Der umsichtige Koch«: »Wie sich Gemüse lange aufbewahren lässt: Leg ausgesuchtes, noch nicht ganz reifes Gemüse in ein verpichtes Fass« (1, 23) oder: »Wie sich Rüben lange aufbewahren lassen: Gieß über die vorher sorgfältig zubereiteten und zurechtgemachten Rüben Myrtenbeeren mit Honig und Essig« (1, 24, 1).

Rüben oder Steckrüben: Koche sie und presse sie aus, dann zerstoße reichlich Kümmel, weniger Raute, parthisches Laser, Honig, Essig, liquamen, Defritum und ein wenig Öl. Lass alles kochen und trag auf.

Rüben oder Steckrüben, Variante: Koch sie und trag sie auf. Darüber träufle Öl; wenn du magst, füg Essig hinzu (Apicius 3, 13).

Karden: Raute, Minze, Koriander, Fenchel, alles frisch zerstoßen. Gib Pfeffer, Liebstöckel, Honig, liquamen und Öl dazu (Apicius 3, 19, 2).

Geschälte Gurken: Koche sie mit gekochtem Hirn, Kümmel und mäßig Honig, Selleriesamen, liquamen und Öl. Binde sie mit Eiern, bestreu sie mit Pfeffer und serviere (Apicius 3, 6, 2).

Brokkoli: Kümmel, Salz, alten Wein und Öl. Wenn du willst, gib Pfeffer und Liebstöckel, Minze, Raute, Koriander, Kohlblätter, liquamen, Wein und Öl dazu (Apicius 3, 9, 1).

Champignons: Caroenum [Mostsirup], ein Bund frischen Koriander. Sobald es aufgekocht ist, nimm das Bund heraus und serviere (Apicius 7,15, 4).

Obstfrüchte und Beeren

Die Etrusker hatten, soviel man weiß, kein besonderes Interesse am Obstanbau, die Passion der Römer für alles, was an Bäumen und Sträuchern wuchs und süß und nahrhaft war, ist dagegen geradezu sprichwörtlich. Daher ruft ein Agrasius bei Varro (I, 2, 6) enthusiastisch aus: »Habt ihr, die ihr viele Länder bereist habt, etwas Kultivierteres gesehen als Italien? ... Ist Italien nicht so mit Bäumen bepflanzt, dass es wie ein Obstgarten aussieht?« In diesem Obstgarten züchteten und veredelten die römischen Landwirte und Hobbygärtner das heimische Obst wie Apfel, Birne, Pflaume, experimentierten fast an allen Sorten herum, die sie kannten, und bereicherten ihn dazu mit zahlreichen Obstbäumen und deren Früchten aus dem Orient. Einer der frühesten davon war die Quitte, die – anders als bei uns – viel gegessen wurde und auch sonst in der Küche Verwendung fand, z. B. bei Kalbfleisch mit Lauch und Quitten oder als Quittenauflauf, später die Süßkirsche, die Lucullus 73 v. Chr. aus Kleinasien von einem Feldzug nach Italien gebracht haben soll (»und in 120 Jahren sind sie über das Meer bis nach Britannien gelangt«, so Plinius d. Ä.), Pfirsich und Aprikose kamen ab dem 1. Jahrhundert n. Chr. hinzu oder auch das Johannisbrot. All diese importierten und heimisch gemachten Bäume wurden zu vielerlei Arten weiterentwickelt. Über viele Pfropfungsmethoden berichtet z. B. Vergil in seinem Lehrgedicht *Über den Landbau*, erfolgreiche Züchtungen werden mit dem Namen ihres Züchters benannt. *Malum* bezeichnete alles, was wie ›Apfel‹ aussah, also auch Quitten, Granat, Pfirsich, Aprikose, und ihr differenzierender Namenszusatz weist in manchen Fällen auf ihre ursprüngliche Herkunft hin wie *malum Persicum* für Pfirsich oder *malum Punicum* (auch: *granatum)* für den Granatapfel. Nicht anders als heutzutage, wo viele exotische Früchte als Delikatessen zu teurem Preis im Handel sind, war es zunächst bei den Neuentdeckungen der römischen Obstliebhaber: Die Aprikosen »sind erst seit dreißig Jahren bekannt, und zuerst hat man sie für einen Denar [vier Sesterzen] pro Stück verkauft. ... [Die Sorte *Supernatia*] kostete schon dreißig Sesterzen das Stück, soviel wie kein Obst überhaupt, was ich verwunderlich finde, denn kein anderes hält sich schlechter«, erfahren wir bei Plinius *(Nat. hist.* XV 40), der 79 n. Chr. bei dem Ausbruch des Vesuvs ums Leben kam.

Der unangefochtene Renner unter dem Obst war jedoch die auch in Italien seit jeher beheimatete Feige, die fast eine Aufgabe als Grundnahrungsmittel übernahm und in über vierzig Arten gezüchtet wurde. Brot mit Feigen war ein beliebter Imbiss, nicht selten findet sich gerade diese Kombination auf gemalten Stillleben in römischen Häusern. Da wegen des enormen Bedarfs die heimischen Erträge nicht ausreichten, mussten Feigen in großen Mengen, sei es aus Syrien, sei es aus Spanien, importiert werden. Dank der Ergebnisse archäobotanischer Untersuchungen gelang es, Feigen auch in Abfallgruben z.B. des im Jahr 11 n.Chr. errichteten römischen Legionslagers Oberaden (Bergkamen, Nordrhein-Westfalen) nachzuweisen: Auch die Offiziere und Mannschaftsgrade an der Front brauchten auf ihre gewohnten Mittelmeerfrüchte nicht zu verzichten. Selbstverständlich wurden Feigen auch den Sklaven auf den Landgütern nicht vorenthalten, allerdings konnte der Gutsbesitzer dafür im Gegenzug an Brot sparen: »Essen für das Gesinde: Die, welche Arbeit tun: im Winter 4 Scheffel Weizen, im Sommer 4½ Scheffel; für den Verwalter, die Schaffnerin, den Vorarbeiter, den Schäfer: 3 Scheffel; für die Gefesselten: im Winter 4 Pfund Brot; wenn sie das Weinland umzugraben anfangen, 5 Pfund, immerzu, bis sie Feigen zu essen anfangen; von da an gehe auf 4 Pfund zurück« (Cato im 2. Jh. v.Chr., Kap. LXV). Man beachte die Formulierung, aus der hervorgeht, dass Feigen den Arbeitssklaven offenbar nicht ausgehändigt werden, sondern dass diese sich ›selbst bedienten‹.

Stets importiert und bei vielerlei Gelegenheiten gebraucht und verzehrt, nicht anders als bei uns auch als Naschwerk, wurden Datteln, die aus dem vorderen Orient und aus Afrika kamen. In der Küche fanden sie ebenfalls in manchen Rezepten Verwendung, sei es bei Zwiebelgemüse, eingesalzenem Thunfisch, gekochter Muräne, Hasenbraten, Kürbis nach alexandrinischer Art oder anderem mehr. Auch Datteln konnte man im Norden an den Grenzen zum freien Germanien nachweisen wie in Xanten, Neuss oder Köln. – An

Süßes Frikassee mit Zitronatszitronen: Gib in einen Topf Öl, liquamen, Bratensaft, Lauch mit Kopf [Knollen], schneide Koriander klein, gekochte Schweineschulter und fein geschnittenes Ragout. Während es kocht, zerstoße Pfeffer, Kümmel, Koriander oder Koriandersamen, frische Raute, Laserwurzel, gieße Essig, defritum und von dem eigenen Saft hinzu, schmeck mit Essig ab. Lass alles kochen. Wenn es gekocht hat, gib eine entkernte, in Würfel geschnittene und gekochte Zitronatszitrone in den Topf. Zerbrösele Teig und binde damit. Streu Pfeffer darüber und serviere (Apicius 4, 3, 5).

71 Korb mit Feigen. Detail aus dem Mosaik S. 33.

Zitrusfrüchten war die Zitronatszitrone (die nicht als Obst gegessen werden konnte) seit dem 1. Jahrhundert v.Chr. zu finden, möglicherweise auch die Orange, doch gibt es für letztere kein eindeutiges Indiz. (Der kultivierte Zitronenbaum wurde im Mittelmeerraum erst um 1000 n.Chr. durch die Araber eingeführt.)

Auch was die Obstgärten, *pomaria,* betrifft, sind im verschütteten Pompeji durch spezielle Ausgrabungs- und Untersuchungsmethoden viele Details ans Licht gekommen (s.o.).

Beeren wurden nach Ausweis der hierzu nur spärlich vorliegenden Informationen augenscheinlich nicht kultiviert, wohl aber reichlich gesammelt, Brombeeren genauso wie Walderdbeeren, Himbeeren u.a. Nussfrüchte in ihren verschiedenen Arten als Hasel- oder Walnuss, Mandel oder Pinienkerne wurden als Nascherei, bei Nachspeisen oder als Saucenzutat verwendet wie etwa pontische Haselnuss oder geröstete Mandeln bei »Saucen für verschiedene Vögel« (Apicius 6, 5, 2) bzw. »Pinienkerne und geknackte Nüsse« in einer Süßspeise mit Milch, Eiern, Honig, Pfeffer, liquamen, Wein und Öl (Apicius 4, 2, 16).

Die Methoden der Konservierung zur Vorratshaltung waren im wesentlichen drei: Dörren, Einlegen in Honig (teuer), Einlegen in süßer Flüssigkeit (den verschiedenen Arten von Mostsirup), aber auch eine merkwürdig erscheinende Behandlung wird, jedenfalls von Apicius, für feste Pfirsichsorten empfohlen, nämlich Einlegen in Salzlake für einen Tag, dann Abtrocknen und schließlich Lagerung in einem Gefäß mit Salz, Essig, Saturei (1, 26). Bestimmte Früchte wie Äpfel werden vor dem Lagern manchmal zunächst mit heißem Wasser übergossen. Die Lagerung erfolgt in eigens dafür eingerichteten, möglichst kühlen

72 **Dünnwandiger Topf mit menschlichem Gesicht, aus einem Ort am Vesuv. Töpfe dieser Art gehörten zur Grundausstattung der Tavernen, aus ihnen tranken die Gäste warme Getränke. Neapel, Archäologisches Nationalmuseum.**

Räumen in Regalen oder aber in abgedichteten Töpfen, die man vergrub. Auf diese Weise, d.h. in »verpichten und vergipsten« Töpfen, legte man auch Vorräte von Weintrauben an; in den Topf sollte laut Apicius (1, 17) auf ein Drittel eingekochtes Regenwasser gegeben werden, in dem die Trauben schwammen und das man nach Verzehr der Trauben »Kranken statt Honigmet« geben sollte.

73 **Weinkelter im September. Bildfeld aus einem Jahreszeitenmosaik. Museum Sousse (Tunesien).**

Wein

»Zwei Flüssigkeiten sind dem menschlichen Körper am angenehmsten, von innen Wein, von außen Öl, beides hervorragende Produkte der Gattung der Bäume, doch Öl ist notwendig, und die Welt hat sich gar nicht träge darum bemüht. Wieviel erfinderischer man jedoch bei dem Getränk gewesen ist, wird daraus ersichtlich, dass man zum Trinken hundertfünfundachtzig Sorten, wenn man die Spezialitäten berücksichtigt fast doppelt soviel ersonnen hat und vom Öl umso weniger« (Plinius, *Nat. hist.* XIV 150).

Ähnlich hatte sich oben schon der über hundertjährige Romilius Pollio geäußert, Plinius‹ Meinung ist also völlig dem Volk aus der Seele gesprochen, und wahrscheinlich müsste man, Agrasius bei Varro korrigierend, sagen, dass Italien wohl eher als ein großer Weingarten denn als Obstgarten ausgesehen haben dürfte. Der Rebensaft war das Getränk schlechthin, keineswegs nur der Begüterten, sondern ebenso der Armen; in seinen Preisen war er im wesentlichen immer sehr moderat (auch im Falle der exklusiveren Sorten) und erschwinglich, es sei denn, man gehörte zu der Schar der völlig Mittellosen. Die forderten daher auch verschiedentlich zusätzlich zu »Brot und Spielen« kostlosen staatlichen Wein, was Augustus jedoch unter Hinweis auf die genauso monumentalen wie ergiebigen Wasserleitungen der Stadt Rom entschieden zurückwies.

Was ein Haushaltsvorstand im 1. Jahrhundert n.Chr. für den täglichen Bedarf an Lebensmitteln, zu denen Wein so gehörte wie Brot, ausgeben musste, lässt sich einer Preisliste entnehmen, die anhand pompejanischer Graffiti erstellt werden konnte. Danach kostete »ein Maß einfachen Weins 1 As, ein Maß Falerner 4 As = 1 Sesterze« (R. Étienne). Durchschnittlich waren nur zwei bis drei As für Wein pro Tag im Budget vorgesehen, das sind etwa fünf Prozent der Gesamtausgaben für Nahrungsmittel.

Mundschenk, Diener, vom alten Falerner,
gieß mir die Becher ein mit herberem Trunk,
wie es Postumias Wunsch ist, meiner Herrin,
die noch trunkener ist als die trunkene Beere!
Und du, Wasser, fort von hier, wohin du willst,
des Weins Verderben, und verzieh dich
zu den Miesepetern: hier gibt's Bacchus pur!

(*Catull,* carmen *27*)

Während wir die zahllosen Hymnen römischer Dichter auf den Wein und seine Wirkungen, seien diese süß oder eher unangenehm, zweifellos in ihren Motiven und Stimmungen nachvollziehen können, ist es doch mehr als fraglich, ob wir dieses ihr Lebenselixier nach unseren Geschmackskriterien wirklich hätten genießen können, hätten wir in ihrer Runde gesessen und den Becher mit dem gefilterten ›Schwarzen‹ oder ›Weißen‹ an die Lippen gesetzt. Dabei geht es gar nicht so sehr um die Frage ›süß‹ oder ›trocken‹ – die Römer scheinen süße und v. a. auch aromatisierte Weine bevorzugt zu haben –, sondern um die Behandlung bei der Kelterung und insbesondere der Weiterverarbeitung. Zwar betonte der Agrarfachmann Columella »Jede Weinsorte, die ohne Zusatz dauerhaft ist, halte ich für die beste, und ich bin der Meinung, dass man ihr gar nichts beimischen soll, wodurch ihr natürlicher Geschmack verändert werden könnte; denn das Beste ist immer das, was seinem eigenen Wesen nach gefallen kann« (XII 19, 1). Allerdings sind wir doch schon etwas beunruhigt, wenn wir einige Abschnitte weiter lesen: »Wenn ein Tier in den Most gefallen und ertrunken ist, z.B. eine Schlange, eine Maus [Ratte] oder eine Spitzmaus, ist so zu verfahren, damit dies dem Wein keinen schlechten Geschmack gibt: So, wie der Kadaver gefunden wurde, soll er im Feuer verbrannt, seine Asche abgekühlt in das Gefäß, in das das Tier gefallen ist, gestreut und mit einem Holzlöffel eingerührt werden. Das wird Abhilfe schaffen« (XII 31, Übs. W. Richter).

In der Praxis mischte man dem Wein bedenkenlos alles Mögliche zu; das hatten schon die Griechen getan, insbesondere »weißen Ton, Marmor, Salz oder Seewasser«, und ihre Weine von den Inseln Chios oder Kos waren ja bei den Connaisseurs führend gewesen, bis sich im 1. Jahrhundert v. Chr. die Qualität der italischen, besonders der Weine Kampaniens, durch fortgesetzte Bemühungen so weit gesteigert hatte, dass sie auch mit den griechischen Erzeugnissen konkurrieren konnten und von den Weinkennern unter den Römern sogar bevorzugt wurden. »Cato schreibt vor«, berichtet wieder Plinius in seinen Ausführungen über den Wein, »die Weine abzustimmen …, indem man je einen [Wein]Schlauch mit dem vierzigsten Teil Aschenlauge, die mit Mostsaft gekocht wurde, oder eineinhalb Pfund Salz, manchmal auch mit zerstoßenem Marmor versetzt. Er erwähnt auch Schwefel, Harz aber nur an letzter Stelle« (*Nat. hist.* XIV 120; 129). Zur schnelleren Reifung wurde Wein oft in seinen Amphoren in speziellen Räucherkammern geräuchert, was nicht ohne Folgen für seinen Geschmack blieb.

Auf der anderen Seite muss man aber all diese uns mehr oder weniger unheimlichen Verfahren als aus Jahrhunderten von Erfahrungen resultierende Versuche sehen, mit dem durchaus proble-

74 Bronzener Mischkrug (Krater) aus Herculaneum. Dieses Stück in Form einer calix diente vermutlich eher zu repräsentativen Dekorationszwecken. Die Henkel sind am unteren Ende mit kleinen Medusenköpfen versehen. Neapel, Archäologisches Nationalmuseum.

matischen Rebensaft so umzugehen, dass er als Wein sowohl genießbar als auch lagerungsfähig und damit haltbar (»wenigstens bis zum Verkauf«, Columella) war. Das ist heute nicht anders, die Methoden haben sich geändert, und es sind gesetzliche Bestimmungen dazugekommen (die ja häufig genug umgangen werden). In der Regel waren die antiken Weine auf nicht länger als ein Jahr Haltbarkeit ausgelegt, der Wein, der darüber lag, galt offiziell als ›alt‹. Die Genießer legten Wert auf Jahrgangsweine – der Jahrgang wurde auf Etiketten mit dem Namen der jeweiligen Konsuln vermerkt –, und Spitzenweine erreichten durchaus das Alter von zwanzig Jahren und mehr, wie immer sie uns in dem Zustand geschmeckt hätten. Selbstverständlich wurde nicht nur in puncto Jahrgang, sondern auch sonst gern durch verschiedene Mittelchen manipuliert, und wer Weißwein wollte, aber nur Rotwein im Keller hatte, konnte dem von Apicius mitgeteilten Rat folgen:

Aus Rotwein mach Weißwein: Gib Paste aus Bohnenmehl oder drei verquirlte Eiweiß in die Flasche und schüttle sie sehr lange; am nächsten Tag ist er weiß. Asche von weißem Rebenholz bewirkt dasselbe (1, 6).

Aber keine Überheblichkeit: »Dosis sola facit venenum« (»Die Dosis allein macht das Gift«, Paracelsus), und: Die Liste der heutzutage und hierzulande zugelassenen Lebensmittelzusatz-

75 Silberne Oinochoe (Weinkrug) aus der Villa von Boscoreale am Vesuv mit Darstellung einer geflügelten Victoria (Siegesgöttin). Paris, Musée du Louvre.

stoffe liest sich auch nur wie das Inventar einer Giftküche.

Die Weinqualität – immer aus unserer Sicht – war wesentlich bestimmt durch die erheblichen Restbestände, die im vergorenen Most trotz aller Sorgfalt beim Keltern verblieben; die Trennung des Weins vom Bodensatz (der Abstich) erfolgte, wenn überhaupt, unzulänglich, sodass eine Reihe von Gerätschaften helfen musste, den Wein in trinkfähigen Zustand zu versetzen. So wurde er vor dem Trinken aus den größeren Behältnissen wie den Amphoren (seltener Fässern, die gab es vornehmlich im Norden; Schläuche aus Tierhäuten dienten zum Transport) in kleinere Gefäße umgefüllt und dabei von oben abgeschöpft, anschließend gelangte er über manchmal aromatisierte Leinentücher in Weinkrüge und erst zum Schluss über ein feines Sieb in Becher, Kelch oder Pokal.

Wein wurde – außer zum Zweck gesteigerter Alkoholisierung bei ausgesprochenen Trinkern – regelmäßig als ›Schorle‹ getrunken, d. h. mit mehr oder weniger Wasser gemischt. Wie stark man mischte, hing von der Situation ab (Wein wurde ja schon zum Frühstück getrunken) oder z. B. vom Wunsch, beim Gelage möglichst lange durchzuhalten. Der Hauptgrund für das Mischen lag aber darin, dass die Weine, insbesondere die älteren und ›besseren‹, einen starken Alkoholgehalt aufwiesen, recht dickflüssig waren und zum Teil bitter wurden; ohne Mischung mit Wasser bereiteten sie daher wohl keinen echten Genuss. Solche bitteren Weine wurden jedoch auch mit süßeren verschnitten. Im Rahmen der klimatischen Möglichkeiten trank man den Wein möglichst kühl, dazu verhalf auch die Lagerung in Tonamphoren in dunklen Kellern; wer es sich leisten konnte, lagerte in Kellergruben Schnee vom Apennin oder Vesuv ein. Es gab aber auch – schon bei den Griechen – spezielle doppelwandige Weinkühler, *psyktêres.*

Von den Rebsorten der Römer soll der hiesige (seltener angebaute) Elbling auf sie zurückgehen; die durch die Agrarschriftsteller bekannten Sorten sind allerdings nicht seriös zu identifizieren. Bestimmte Weine bevorzugter Anbaugebiete werden immer wieder in der Literatur hervorgehoben, insbesondere der Falerner (nördliches Kampanien) oder der Caecuber bzw. Massiker (im südlichen Latium bzw. an der Grenze zwischen Latium und Kampanien). Geradezu unsterblichen Ruhm genoss vom Falerner der Jahrgang des Konsuls Opimius (121 v. Chr.). In die Spitzenklasse der besten Tropfen rechnete man auch den Surrentiner (Halbinsel von Sorrent) und den ›Mamertiner‹ aus (dem nicht als zu Italien gehörig betrachteten) Sizilien. Aber auch damals konnte das Renommee eines *grand cru* einbrechen wie im Falle des Falerners, »weil man mehr auf die Menge als auf die Güte achtet« (Plinius XIV 62); der Frascati heute erlebte vor nicht allzu langer Zeit ein ähnliches Schicksal. Kriterien für die Weinbeurteilung waren Farbe, Duft und Geschmack. So erklärt sich, dass man auch Farbstoffe hinzufügte, um dem Wein seine für den Verkauf (oder das Auge) gewünschte Färbung zu verleihen.

Die Menge der Produktion war es denn auch bei dem damals nicht anders als heute arbeitsintensiven Geschäft des Weinbaus, die lukrative Gewinne brachte. Der Weinkonsum war beträcht-

76 Silberner Skyphos (Trinkschale) mit getriebenen Efeublättern. Neapel, Archäologisches Nationalmuseum

lich, nicht anders als bei einem ›Volksgetränk‹ zu erwarten. Der Handel mit Wein erfolgte kreuz und quer durch das Imperium, Italien importierte genauso wie es exportierte. Es exportierte aber auch den Weinbau als solchen, nach Spanien oder Gallien genauso wie später in die Belgica, mit dem Resultat, dass z. B. unter Domitian in Gallien Produktionseinschränkungen durch Anbaureduzierung als Protektionsmaßnahmen zugunsten der italischen Weinproduzenten verfügt wurden.

Nicht übergangen werden darf die Unmenge an Rezepturen, mit denen sich die Römer aromatisierte Weine, also eine Art Liköre, herstellten, mit Anis- oder Minzgeschmack, mit Pistazien oder Veilchen, Zimt oder Zitronatzitrone usw., immer mit Honig, zumeist auch mit Pfeffer als Grundbestandteil. Wer will ihnen das verdenken? Blue Curaçao hätten sie gewiss genauso enthusiastisch genossen wie Erdbeerbowle. *Vinum piperatum* – so eine allgemeine Bezeichnung für diese ›Würzweine‹ – war ein regelrechter Exportschlager.

Würzwein paradox: 15 Pfund Honig [ca. 5 kg] werden zu zwei Sextarien Wein [gut 1 *l*] in ein Bronzegefäß gegeben, so dass du den Wein zu einer Honigbrühe einkochst. Dieser wird auf einem schwachen Feuer von trockenem Holz erhitzt und mit einem Rührbesen umgerührt, während er kocht. Wenn er anfängt aufzuschäumen, wird er mit Weinspritzern abgelöscht, außer was in sich zurückgeht, wenn das Feuer schwächer wird. Wenn er abgekühlt ist, wird das Feuer wieder angefacht. Das geschieht noch ein zweites und drittes Mal, und dann erst wird er vom Herd genommen und am folgenden Tag abgeschäumt. Dann gib 4 Unzen [gut 100 g] schon zerstoßenen Pfeffer dazu, 3 Skrupel [ca. 3–4 g] gemahlenen Mastix, je eine Drachme [ca. 4–5 g] [Narden- oder Lorbeer-]Blätter und Safran, fünf geröstete Dattelkerne samt den vorher in Wein eingeweichten Datteln, vorher aber gib nach Art und Menge soviel Wein dazu, dass man eine milde Gewürzmischung erhält. Wenn das alles fertig ist, gib 18 Sextarien [ca. 10 *l*] milden Weines dazu. Kohle wird helfen, es zu vollenden [...] (Apicius 1, 1).

Lauer, Posca, Bier und anderes

Der letzte Rückstand der in drei Phasen gepressten Trauben (›Pressung‹ durch Eigendruck in der Körben nach der Lese, eigentliche ›Kelter‹ [von lat. *calcatura; calcare:* ›treten‹] durch Treten mit den Füßen, danach maschinelle Auspressung der beim Treten verbliebenen Reste ergaben drei Qualitätsstufen) wurde mit Wasser versetzt, was einen nur noch fern an Wein erinnernden Trester, lat. *lora,* daraus das deutsche Wort ›Lauer‹, ergab. Diesen Lauer verabreichten die Gutsbesitzer ihren Arbeitern und Sklaven. – Weil Wein sehr häufig unkontrolliert in Essig umschlug, fiel bei der Weinproduktion davon reichlich an. Neben seiner ausgedehnten Verwendung bei der Speisezubereitung diente er als Grundlage eines mit Zusatz von Wasser hergestellten Erfrischungsgetränks, das auch auf Straßen und Plätzen feilgeboten wurde. Zum Proviant der Soldaten gehörte Essig, aus dem sie sich diese *posca,* d. h. so viel wie ›Trunk‹, als Durstlöscher selbst bereiten konnten. Die *posca* war übrigens auch das Getränk, das in der Geschichte des Neuen Testaments Jesus zur Linderung seines Durstes gereicht wurde. Es wäre verfehlt, dieses Getränk als etwas Abartiges abzutun, Zitronenspritzer in Wasser ergeben einen recht ähnlichen Trank, und wir haben inzwischen ausgiebig gesehen, dass jedes Volk eben seine eigenen Geschmacksvorlieben besitzt.

Ein weiteres verbreitetes Getränk war *hydromeli,* Honigwasser, das aus (Regen)Wasser und Honig gemischt wurde. Dem (Gersten)Bier sprachen die Ägypter traditionell ausgiebig zu, schon in ihren frühen Gräbern finden sich Gebete, dass ihnen im Jenseits täglich ein Humpen Bier zur Verfügung stehen möge, und auch in Spanien, Gallien, Norditalien (ursprünglich keltisch!) war Bier, sogar in verschiedenen Sorten, das Getränk, das die Stelle des Weins in Italien einnahm (allerdings ohne Hopfen gebraut). Die Römer im Mutterland kannten Bier nicht, und die Provinzialrömer im Norden haben sich anscheinend ebenfalls an Wein gehalten, mit dem sie durch die umfassenden Exporte versorgt wurde.

»Gute Götter, wie viele Menschen hält ein Bauch in Trab!« (Seneca)

»Di boni, quantum hominum unus venter exercet!« – Die römische Cena in der Kaiserzeit

Das (immer noch) geläufige Bild von den Römern beim Mahl ist das unersättlicher Vielfraße, die mit dem Federkiel Raum für weitere Gänge im überlasteten Magen schaffen müssen. Dieses Bild ist nicht zuletzt durch manche römische Autoren bestimmt, die an der Entwicklung der Esskultur ihrer Zeit Kritik übten, etwa durch Seneca (1. Jahrhundert n. Chr.), wenn er sagt: »Über die Unzahl der Krankheiten brauchst du dich nicht zu wundern: zähle einfach die Köche! ... Was gibt es Schändlicheres als eine verschwenderisch üppige Mahlzeit, die sogar das Vermögen eines Ritters kostet?« *(ep. mor.* 29; ›Ritter‹ ist der nach den Senatoren höchste und reichste Stand Roms). Anschauliche Gestalt erhält solche Kritik dann durch Texte wie die *Cena Trimalchionis* aus Petrons Roman ›Satiricon‹ oder die alle Register des Abscheus nutzenden Berichte aus der *Historia Augusta,* der römischen Kaisergeschichte, z. B. über die orgiastischen Prassereien Elagabals, und viele andere Zeugnisse. Ein anderes, ›normaleres‹ Bild gewinnen wir aus den eher humorig gemeinten Versen in Horaz‹ Satire auf den neureichen Nasidienus oder der betulich selbstgefälligen Hervorkehrung altrömischer Solidität bei Plinius d. J. Dieses soll hier im Mittelpunkt stehen.

77 Szene aus einem Mosaik mit Darstellung eines Banketts: Vorn Musikanten mit crotala (Kastagnetten) und einer Syrinx (Hirtenflöte), hinten ein Diener, der für die Gelagegäste Speisen aufträgt. Bardo-Museum, Tunis.

Bei den ›alten Römern‹ war, zunächst einmal, im Grundsatz nichts anders als bei uns: Sie aßen, wie oben beschrieben, dreimal täglich; die Hauptmahlzeit war zuerst mittags, später abends; sie kannten keinen ›Sonntag‹ als Ruhetag (unsere sieben Wochentage begannen etwa ab Augustus allmählich sich durchzusetzen, der Sonntag als Feiertag kam jedoch erst mit der christlichen Ära im 4. Jh.), aber eine große Zahl fixer und beweglicher Festtage; sie aßen oder speisten je nach sozialem Stand, Vermögen und persönlichen Vorlieben täglich in einem ›normalen‹ familiären Rahmen (wobei, man erinnere sich, die römische *familia* auch das Hauspersonal mit einschloss) und an Festtagen und bei Besuch ggf. in größerem Rahmen. Bei Festen aus bedeutenden Anlässen wurde noch reicher aufgetischt. Die römische Kochkunst und Tischkultur verfügte natürlich über Lösungen für all diese Gelegenheiten, sparsamere und verschwenderischere. Und dann gab es noch diese Promille Leute aus den führenden Schichten, ebenfalls nicht anders als heute, die im kulinarischen Genuss bis zu Exzess und Perversion Reichtümer und Ressourcen verprassten.

Die cena fand in den entsprechenden gesellschaftlichen Kreisen im Triklinium, also im ›Esszimmer‹ statt, auch wenn man in der Familie unter sich war, gewöhnlich nach dem Besuch der Thermen zumindest durch den Hausherrn, wo je nach dem auch noch spontane Einladungen ausgesprochen werden konnten. Auch die Dame des Hauses ›lag zu Tisch‹, Kinder und Bedienstete saßen; letztere durften bei besonderen Gelegenheiten jedoch ebenfalls im Liegen speisen. Regelmäßig wurden sie von Hausbediensteten – Sklaven – bedient. Auch in diesem rein familiären Rahmen bildete die cena den krönenden Ausklang des Geschäftstages; allerdings bedeutete Geschäftstag für den Römer von Stand ja nie körperliche Arbeit. Aber die cena war über die normale tägliche Hauptmahlzeit hinaus ja auch als Gastmahl gesellschaftliches Ereignis, als solches war sie öffentlicher Gesprächsstoff, Thema des Klatsches, Gegenstand der Kritik und insofern auch Objekt öffentlicher Kontrolle; all diese Aspekte spiegeln sich in den zahlreichen literarischen (z.T. auch inschriftlichen) Texten, die das Leben in den Speisesälen der Römer zu uns hinübertragen..

Die cena als Gastmahl bedeutete Einladung, Gastlichkeit, und insofern Ausrichtung der Sitten auf den Erweis der Wertschätzung des Gastes, des Wunsches, ihm durch kulinarische Freigebigkeit und Unterhaltung Gutes anzutun; damit ist aber gleichzeitig ein weiteres Moment verbunden, nämlich das der Selbstdarstellung des Gastgebers und, korrespondierend damit, des gleichzeitigen Wunsches nach gesellschaftlicher Anerkennung. All diese Seiten kommen in Durchführung und Ablauf der cena zum Ausdruck.

Der wohl augenfälligste Unterschied zu unseren Tischgewohnheiten liegt darin, dass man in Rom beim Essen *lag.* (Diese orientalische Gepflogenheit wurde zu einer für das Selbstverständnis und Ehrgefühl des vornehmen Römers so tief verwurzelten Sitte, dass Cato d.J. ein Signal damit setzen konnte, dass er »immer sitzend speiste seit dem Tage, da er von der Niederlage bei Pharsalos Kunde erhalten hatte« [Plutarch, *Cato* 56], d.h. als die Truppen der Senatspartei, zu der er gehörte, dort von Caesar geschlagen worden waren, dessen Alleinherrschaft er mit zu verhindern gestrebt hatte.) Für die drei Liegesofas eines gewöhnlichen Trikliniums (nach griech. *klinai*: Liegen) gab es eine traditionelle Anordnung mit einzelnen Vorzugsplätzen (s. Grafik auf Seite 72): Von den U-förmig aufgestellten Liegen war die mittlere der ›*medius lectus*‹, die von dort aus gesehen linke der *summus lectus* (›oberer‹), die rechte der *imus lectus* (›unterer‹). Die jeweils drei Plätze auf den Liegen waren der *locus summus, medius* und *imus, locus summus* hieß der Platz an derjenigen Schmalseite, wo das Sofa eine zum bequemeren Liegen dienende Lehne aufwies; zwischen den einzelnen Plätzen befanden sich Kissen oder Polster. Der *imus lectus* war dem Gastgeber und seiner Familie vorbehalten, der *medius lectus* den besonders geehrten Gästen. Auf diesem war der *locus imus,* also der zur Lehne des *imus lectus* des Gastgebers hin gelegene Platz, obwohl ohne Lehne, der Vorzugsplatz und hieß auch *locus consularis.* Der dort untergebrachte Gast lag so direkt neben dem *locus summus in imo,* wo der Gastgeber dinierte. Die Bezeichnung *locus consularis,* also ›Platz des Konsuls‹, weist darauf hin, dass diese Etikette zu Zeiten und in gesellschaftlichen Kreisen Roms entstand, wo die Einladung eines Konsuls, sozusagen eines der beiden Staatspräsidenten auf Zeit, zum üblichen Umgang gehörte.

78 Unterhaltung beim Gastmahl in mythischer Ausgestaltung: Eine tanzende Mänade mit cymbalum (Zimbel) unterhält die fröhlich zechenden Bankettanten Herakles und Dionysos. Das Mosaik zierte einen Fußboden in einem Speiseraum und bildet damit einen ideologischen Spiegel der Lebenswelt des reichen Besitzers. Aus Antiochia, 3. Jh. n. Chr. Princeton, N.J., University Art Museum.

Während die Bezeichnung – wie das so oft bei derlei Dingen der Fall ist – erhalten blieb, hielt man sich später keineswegs mehr unbedingt an die traditionelle Etikette, jedenfalls geht aus verschiedenen literarischen Zeugnissen hervor, dass sie keine verbindliche Regel mehr war.

Die Zahl der Liegen entsprach der Zahl der drei Grazien, die maximale Zahl der Teilnehmer betrug neun, wie die der Musen. Es gab allerdings auch ›Biklinien‹, die mit zwei Liegen ausgestattet waren. Wurden mehr als neun Gäste eingeladen, richtete man mehrere Triklinien ein. Dies war natürlich nur in Häusern mit entsprechenden räumlichen Möglichkeiten machbar, und es zeigt gleichzeitig, dass man die Räume des Hauses flexibel nutzte. Das war insofern auch kein Problem, als die Räume überhaupt spärlich möbliert waren und die nötigen Speiseplätze daher leicht eingerichtet werden konnten. Das alltägliche Ess-

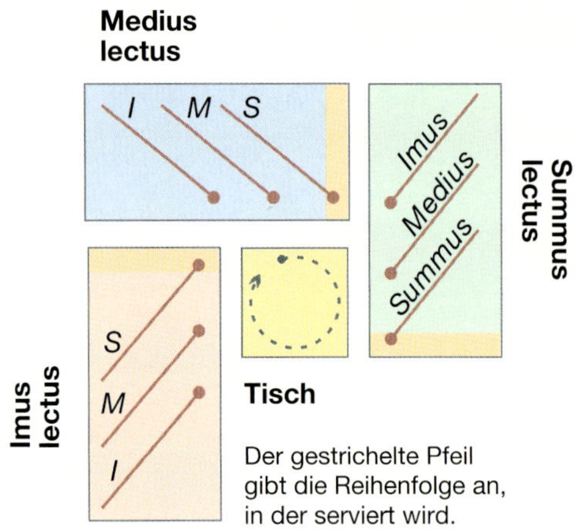

79 Schematische Darstellung der Liegeposition der Gäste in einem Triklinium.

zimmer war freilich häufig so klein, dass man um die drei Liegen nicht einmal herumgehen konnte. Die je nach Reichtum und Anspruch der Besitzer zum Teil aus kostbaren Hölzern mit Intarsien und bronzenen oder goldenen Beschlägen versehenen Liegen waren außer mit den genannten Polstern mit weichen Decken versehen.

Eine andere Form der Anordnung der Speiseliegen war etwa ab der Kaiserzeit das sog. *sigma,* nach dem griechischen Buchstaben, allerdings bezogen auf dessen Schreibvariante in Form eines C: die Liegen wurden also halbkreisförmig aufgestellt, als die besten Plätze galten wegen der Bequemlichkeit die beiden äußeren.

Zwischen den drei Liegen des normalen Trikliniums diente ein Tisch zum Abstellen der Speisen und Getränke, mit denen sich die Gäste bedienen konnten, dazu kamen weitere Serviertische, von denen nachgereicht wurde. Es überrascht also zu sehen, dass die Tische keineswegs so dimensioniert waren, dass sie unter der Last der Speisen hätten brechen können; stattdessen gab es genug diensteifriges Personal, das immer wieder rasch neu auftrug – sofern der Vorrat reichte.

Das Personal: Je betuchter der Gastgeber umso mehr dienstbare Geister sorgten für den komfortablen Ablauf des Gastmahls und das Wohl der Gäste, angefangen beim *nomenclator,* der die Gäste empfing und sie mit Namen einführte, über die *ministratores,* die die Speisen auftrugen; die *scissores, carptores, structores,* die das Fleisch mundgerecht zuschnitten und die Speisen vorlegten; die *ministri,* Mundschenke, die für die Getränke sorgten; die Sklaven, die Wasserschüsseln zum (wiederholten) Händewaschen reichten; bis hin zu den *scoparii,* welche die auf den Boden geworfenen Reste aufzukehren hatten; ein *tricliniarches,* ›chef d'hôtel‹ oder ›Oberbutler‹, dirigierte das Personal. Bevor man sich ›zu Tisch legte‹, waren die eigenen Sandalen abzulegen, und dem Gast wurden zunächst die Füße gewaschen; außerdem trug man ein eigens für das Gastmahl bestimmtes bequemes Gewand, das man unter Umständen während der cena auch wechselte.

Dies war auch nötig, nicht nur, weil die Toga mit ihren vielen Metern Stoff zu unbequem gewesen wäre, sondern in erster Linie, weil man vornehmerweise mit den Fingern, möglichst den Fingerspitzen, aß und es dabei zwangsläufig zu Malheurs kam; diesen versuchte man mit Geschick, aber sicherheitshalber auch mit einer Serviette (›*mappa*‹) zu wehren, die jeder Gast selbst mitbrachte. Hinter diesem Brauch verbarg sich kein Geiz des Gastgebers, sondern der Usus, in der *mappa* entweder übrig gebliebene Speisen oder Geschenke des Gastgebers mit nach Hause zu nehmen. An Essbesteck standen nur Löffel zu Verfügung. Gabeln waren zwar bekannt, fanden aber offenbar nicht bei Tisch Verwendung; bei Bedarf erfüllte der spitz zulaufende Griff des Löffels ihre Funktion.

Während, wie anfangs erwähnt, die Frauen der Etrusker seit ehedem eine emanzipierte Rolle im öffentlichen Leben spielten und auch an ausgelassenen Banketten und Gelagen teilzunehmen pflegten, mussten sich die Römerinnen, die traditionell im Hintergrund zu bleiben hatten, ihren Platz bei den Banketten erst nach und nach erobern; gegen Ende der Republik hatten das die verheirateten Frauen erreicht, in der Kaiserzeit war die Teilnahme schließlich auch unverheirate-

80 Verschiedene römische Trinkgefäße und ihre Bezeichnungen.

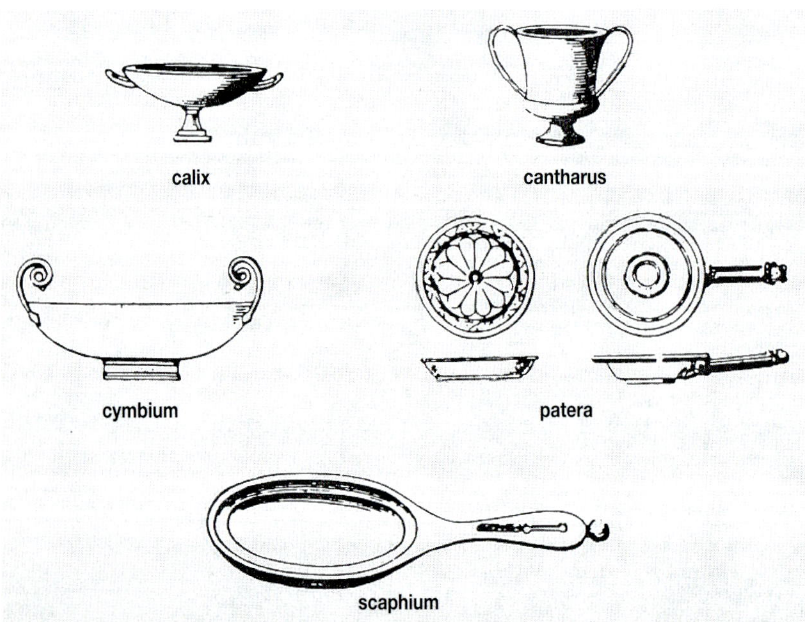

ten Frauen erlaubt. Trotzdem dürften die ›Herren‹ normalerweise weitgehend unter sich gewesen sein, und die Frage, wieweit Frauen zugegen waren, gestaltete sich letztlich danach, wieweit in einer Familie traditionellere oder neuere Sitten dominierten. Einen hübschen Einblick in menschlich-männliche Konstanten des Partylebens gewährt in diesem Zusammenhang ein Graffito von der Wand des Trikliniums in der Casa del Moralista in Pompeji:

Lascivos voltus et blandos aufer ocellos
coniuge ab alterius, sit tibi in ore pudor.

Unterlass lüsterne Blicke und flirtendes Fixieren der Augen
auf die Gattin des andern, zügle deine Rede mit Anstand.

Die eigentliche cena dann setzte sich in aller Regel aus drei Teilen zusammen, deren jeder entsprechend dem geplanten Aufwand wieder aus mehreren, oft zahlreichen Gängen bestehen konnte:

1. gustatio / gustus *oder* promulsis: Vorspeisen, Hors d'œuvres, Antipasti
2. cena *oder* primae mensae: Hauptgang / Hauptgänge
3. secundae mensae: Nachspeisen

Standardelement der *gustatio* waren gewöhnlich Eier, dazu kamen weitere Appetitanreger wie Salate sowie Gemüse oder Meeresfrüchte und zumeist als Aperitif das oben beschriebene *mulsum* (daher auch die Bezeichnung *promulsis*). Die bekannte, so von Horaz formulierte Wendung »ab ovo usque ad mala«, »vom Ei bis zu den Äpfeln« für *vom Anfang bis zum Ende* bezieht sich auf die Eierspeise der gustatio.

Die *primae mensae* (›erste Tische, Gänge‹) enthielten all das, was römische Kochkunst aufzubieten hatte, Fleisch, Geflügel, Fisch in allen Variationen und Kombinationen, gekocht, gebraten, gegrillt, dazu die unzählbaren süß und scharf gewürzten Saucen; wem die Würzung nicht ausreichte, der konnte sich bei Tisch mit bereit gestelltem Salz, Pfeffer oder garum nachbedienen. Zu diesen Gängen wurde Wein gereicht, den man nach persönlicher Vorliebe normalerweise mit Wasser mischte.

Vor den *secundae mensae*, den ›zweiten Tischen, Gängen‹, bei dem man zu verschärftem Trinken überging, erfolgte ein Trankopfer an die Laren, die Hausgötter (d.h. die vergötterten Seelen der Verstorbenen); bei dieser *libatio* wurde unvermischter Wein auf den Hausaltar gesprengt. Es gab jedoch auch den Brauch, vor Beginn der Mahlzeit ein Opfer in Form der Darbringung erster Kostproben der präsentierten Speisen auf dem Herd des Hauses vorzunehmen. Zu den secundae mensae gehörten frisches oder getrocknetes Obst (daher oben *mala:* ›Äpfel‹), Süßspeisen und Kuchen, Nüsse, aber auch weitere würzige Speisen, die den Magen beim Genuss des Alkohols anregend unterstützten, wie insbesondere Austern oder Schnecken.

Dieser letzte Teil der cena konnte, geplant oder ungeplant, in eine ausgedehnte *comissatio*, ein reines Zechgelage, übergehen. Dabei führte ein Trinkkönig den ›Vorsitz‹, er legte fest, in welchem Verhältnis Wein und Wasser zu mischen, wann und in welchem Tempo die Kelche zu heben waren, und forderte die Teilnehmer auf, mit Rezitationen, Reden oder Sonstigem Beiträge zur allseitigen Unterhaltung zu leisten. Seiner Fantasie bei der Stellung entsprechender Aufgaben war dabei auch in puncto Humor oder Anzüglichkeiten keine Grenze gesetzt... Natürlich ging es auch schon damals nicht ohne Trinksprüche ab, die auf alle die ausgebracht wurden, für die es die Situation oder Laune geboten. Zur *comissatio* parfümierten sich die Gäste mit Hilfe besonders dazu abgestellter Bediensteter, sie bekränzten sich mit Laub- oder Blumenkränzen, und die Tische wur-

81 Besonders fein gearbeitete silberne Patera (Schale mit Griff, besonders zum Weinopfer benutzt) aus Pompeji. Musée du Louvre, Paris.

82 Beliebtes Wild auf der Tafel der Reichen: Wildschwein. Römisches Mosaik.

Ihr Ende fand die cena, die winters etwa um 14 Uhr und sommers um 16 Uhr begann, wenn sich die Gesellschaft an die Standardetikette hielt, mit Einbruch der Dunkelheit oder spätestens, wenn es ganz dunkel geworden war. Dies ist jedoch nur die offizielle Norm. Tatsächlich führte das urbane oder mondäne Leben allenthalben zur Auflösung dieser Sitte, Vorrang hatten in vielen gesellschaftlichen Kreisen Lust und Laune und Genuss. Die comissatio dauerte, wenn man durchhielt, auch bis zum Morgengrauen, und trinkfest waren keines falls nur die Männer (vgl. die Verse von Catull weiter oben).

83 Ein Festgelage zu offenbar vorgerückter Stunde: Rechts geleitet ein Sklave einen Gast hinaus, der sich anscheinend übernommen hat; links zieht ein weiterer Sklave einem Gast die Schuhe aus, ein anderer reicht ihm Wein in einem Becher. Die übrigen Gäste wirken nicht mehr besonders lebhaft. Wandgemälde aus Pompeji.

den mit Blumen bestreut, all das Ausdruck von Ausgelassenheit, Heiterkeit und Sinnenfreude. Die Ausgelassenheit nahm offenbar verbreitet auch solche Formen an, dass sich buchstäblich Ströme von Wein nicht nur in die Kehlen, sondern gleichfalls über die Marmor- oder Mosaikfußböden ergossen …

Zur Erheiterung und Unterhaltung trugen im Rahmen einer *cena recta,* einer zünftigen cena, nicht zuletzt Darbietungen von Musikanten, Tänzerinnen und tanzenden Transvestiten, Schauspielern, Harlekins, Artisten bei, nicht selten auch zwergwüchsige oder körperlich behinderte bzw. sonstwie auffällige ›Narren‹, in denen die zweifelhafte Neigung der Römer zur Belustigung an aus ihrer Sicht inferioren Wesen ihr Objekt fand, so wie

»dieser Idiot mit spitzem Kopf und langen Ohren,
die sich so bewegen wie die von Eseln«
(Martial *VI, 39, 15–16).*

Hier fand aber auch mancher Gastgeber seine Bühne und sein mehr oder weniger dankbares (oder leidendes) Publikum, wenn er z.B. poetische Neigungen besaß oder leidenschaftlich gern die Leier schlug (von denen der berüchtigtste in der Überlieferung Kaiser Nero war, dem man so manche Schandtaten andichtete).

Des Gastgebers wahrhafte Größe…

Am prallsten und buntesten wird in der römischen Literatur eine cena in der bekannten, oben schon erwähnten Satire Petrons *Das Gastmahl des Trimalchio* aus dem 1. Jahrhundert n. Chr. beschrieben. Sie bietet eine fast unendliche Fülle an Informationen über alle erdenklichen Einzelheiten römischer Tafelsitten und nicht zuletzt über die Raffinesse der aufgetragenen Speisen. Allerdings handelt es sich bei diesem Teil des weit umfangreicheren, zum größeren Teil verlorenen Romans *Satiricon* um eine mit allen literarischen Mitteln des grotesken Romans kunstvoll gestaltete Parodie auf die Auswüchse, die der Tafelluxus schon zur Zeit Neros hervorgebracht hatte; ob man in dieser Parodie ein ›kritisches Sittengemälde‹ zu

84 Tanzender Zwerg, Bronzestatuette aus dem Schiffsfund von Mahdia, Tunesien; um 110 v.Chr.

sehen hat oder eher eine selbstironische Karikatur, steht auf einem anderen Blatt. In jedem Fall hat gerade dieses literarische Zeugnis unser Bild vom römischen Tafelluxus entscheidend geprägt; man muss aber die satirisch-literarische Fantasie im Auge behalten, wenn man diesen Text als Quelle für die kulinarischen Genüsse und Sitten bei der cena – auch in ihren ›exzessiven‹ Formen! – betrachtet. An dieser Stelle wollen wir uns in eine andere literarisch gestaltete cena hineinbegeben, die eine Innenansicht erlaubt, die die ›normalen‹ menschlichen Fragen und Interessen an einer cena in der ›vornehmen Gesellschaft‹ aufspießt, d.h. mehr von der Seite humorvollen, aber auch ironischen Klatsches.

Der Dichter Horaz trifft seinen Freund Fundanius, der in erlauchtem Kreis gespeist hat, und möchte nun wissen, ›wie war es denn, was gab es alles, wer war dabei, was ist so passiert?‹. Der Kunstgriff für den Leser besteht darin, dass ein Beteiligter selbst spricht, und in dem fragenden Horaz können wir uns hier für einen Augenblick selbst sehen.

Horaz: Tafelfreuden

Horaz: Wie hat das Mahl beim begüterten Nasidiën denn gemundet? / Als ich dich gestern zu Tisch laden wollte, erfuhr ich, du zechtest / schon seit dem Mittag bei ihm. /

Fundanius: Ja, und niemals im Leben noch ist mir's / besser ergangen. /

Horaz: Erzähl doch, sofern's keinen Umstand bereitet, / was für ein Gang dir zuerst deinen knurrenden Magen versöhnte. /

Fundanius: Erst gab's lukanischen Eber, bei lindem Südwind gefangen, / wie unser Gastgeber sagte: Garniert war er ringsum mit scharfen / Rüben, mit Lattich und Rettich, den trägen Magen zu reizen, / Fischwürze nicht zu vergessen, Rapünzchen und koïschen Weinstein. / Dann trug man ab, und ein Bursche in hochgeschürztem Gewande / putzte mit purpurnem Tuche die Tafel aus Ahorn; ein andrer / sammelte ein, was noch unnütz umherlag und etwa den Gästen / Anstoß erregte. Wie attische Jungfraun mit Ceressymbolen / traten der braune Hydaspes und Alcon nun auf, und sie trugen / Käkuberweine und Chier, der frei war vom Wasser des Meeres. / »Wenn aber«, meinte der Hausherr, »mein lieber Maecen, du Albaner / oder Falerner bevorzugst, wir haben sie beide im Keller.« /

Horaz: Was für ein elender Protz! Doch ich möchte, Fundanius, gern wissen: / Als du dich dort amüsiertest, wer waren die übrigen Gäste? /

Fundanius: Oben lag ich und neben mir Viscus

85 »Wenn du den Wein warm trinkst, passt zum funkelnden Falerner / der Becher aus Fluorit, und so bekommt der Wein einen besseren Geschmack« (Martial XIV 113). Millefiori-Becher wie dieser wurden viel in Ägypten hergestellt; dieser stammt vielleicht aus einer Werkstatt in Puteoli (Pozzuoli). Neapel, Archäologisches Nationalmuseum.

aus Thurii, unten / Varius, wenn ich nicht irre. Mit Balatro folgte Vibidius, / beide als Schatten Maecens bei diesem Gelage erschienen. / Noch vor dem Wirt war der Platz Nomentans, und am Ende kam Porcius, / welcher zu unserem Spaß ganze Kuchen auf einmal vertilgte. / Sollte uns etwas entgehn: Nomentan war bestellt, mit der Nase / uns auf die Feinheit der Speisen zu stoßen; die Uneingeweihten, / nämlich wir andern, verzehrten Geflügel und Austern und Fische, / ganz im Geschmacke verändert, so dass wir die Speisen nicht kannten, / was sich sogleich auch erwies, als man Leber, Rogen und Milch von / Flunder und Steinbutt mir auftrug, wie nie ich zuvor sie genossen. / Honigäpfel, bei Neumond geerntet, belehrt er mich später, / strahlten schön rot; doch wieso das so wichtig ist, musst du wohl besser / selber ihn fragen. Zu Balatro flüstert da unser Vibidius: / »Wenn wir nicht saufen wie Löcher, so werden wir ungerächt sterben«; / und er ruft laut nach den größeren Bechern. Vor Blässe verfärbt sich / unseres Wirtes Gesicht; denn nichts fürchtet er ärger als scharfe / Zecher, weil freieren Mutes die Zunge dann spottet und weil von / hitzigen Weinen der feine Geschmack des Gaumens rasch abstumpft. / Ganze Krüge entleeren alsbald in die irdenen Humpen / Balatro wie auch Vibidius; die anderen folgen, und nur die / Gäste des unteren Sofas gewähren den Weinflaschen Schonung. / Nun wird ein Meeraal serviert, von schwimmenden Krabben umgeben, / ausgestreckt auf der Schüssel; dazu gleich der Hinweis: »Er wurde / trächtig gefangen; denn schlechter ist er im Fleisch nach dem Laichen. / Hier das Rezept für die Tunke: das feinste Öl, das Venafrums / Presse hervorbringt, die Fischwürze von den Makrelen aus Spanien, / fünfjähr'ger Wein, der auf unserer Seite des Meeres heranwuchs, / während des Kochens – wenn alles schon gar ist, passt erst der Chier, / keiner so gut dann wie er –, weißer Pfeffer, ein Schuss noch vom Essig, / den man durch Gärung gewann

86 Relief mit der Darstellung einer Cena in einem Triklinium; im Hintergrund ein großer Baldachin (wie in der Satire des Horaz), links und rechts je ein Diener, in der Mitte der Tisch mit den Speisen. Este, Archäologisches Museum.

aus der herrlichen Traube Methymnas. / Wie man auch grünenden Wirsing und bittern Alant noch hineinkocht, / zeigt ich als erster; Curtillus nimmt Seeigel, die er nicht wässert, / weil der Extrakt dieser Schaltiere besser als Salzlake würze. / Plötzlich stürzt schwer auf die Schüssel der Baldachin, der über unsrer / Tafel gespannt war, reißt Wolken schwärzlichen Staubes hernieder, / wie sie kein Nordsturm je aufpeitscht im weiten Gefilde Kampaniens. / Schlimmres befürchten wir noch; doch wir fassen uns bald, als wir merken, / dass die Gefahr schon vorbei ist. Nur Rufus birgt weinend sein Haupt, als / wäre ein Sohn allzu früh ihm verschieden. Wer weiß, wann die Tränen / endlich versiegten, hätt' nicht Nomentanus dem Freunde voll Weisheit / Zuspruch geschenkt: »Ach, Fortuna, welch anderer Gott ist zu uns so / grausam wie du? Wie freut es dich stets, mit den Menschen dein Spiel zu / treiben!« Varius verbeißt sich mit Mühe im Mundtuch das Lachen. / Balatro, immer bereit, seine Nase zu rümpfen, bemerkt hier: / »Freilich, so ist es nun einmal im Leben, und deshalb kannst nie den / Ruhm du erringen, den du, den Mühen entsprechend, verdientest. / Mir einen feinen Empfang zu bereiten, bedrücken dich folternd / mächtige Sorgen: Dass ja nicht die Brote verbrannt und die Sauce / fälschlich gewürzt auf den Tisch kommt, dass alle die Diener und Schenken / richtig gekleidet und modisch frisiert ihren Arbeiten nachgehn. / Nimm noch das Pech, so wie eben, dazu, dass der Baldachin einstürzt' / oder es stolpert ein Knecht und schlägt dir die Schüssel in Scherben. / Aber des Gastgebers wie auch des Feldherrn wahrhafte Größe / wird sich im Unglück erst zeigen; im Glück bleibt sie oft uns verborgen. / Nasidiënus hierauf: »Mag der Himmel dir alles gewähren, / was du dir wünschst, da ein trefflicher Mensch du und freundlicher Gast bist«, / und er verlangt die Sandalen. Da solltest du sehn, wie auf jeder / Bank man gleich anfing zu tuscheln, ins Ohr seinem Nachbarn zu flüstern. /

Horaz: Nichts hätt' ich lieber erlebt als dies Schauspiel! Erzähl aber weiter: / Was gab es sonst noch zu lachen? /

Fundanius: Vibidius befragt dann die Diener, / ob bei dem Sturze denn auch der Weinkrug zu Bruche gegangen, / weil er hier trotz seines Rufens so lang schon im Trockenen sitze. / Rasch werden Witze erfunden, mit Balatros Beistand: Wir lachen. / Du, Nasidiënus, kehrst wieder, die Stirne entwölkt und entschlossen, / mit deinen Künsten das Schicksal zum Guten zu wenden; es folgen / Knaben mit riesiger Schüssel, darauf, in Stücke zerlegt, ein / Kranich, reichlich gesalzen, mit Schrotmehl paniert; ferner Leber / von einer strahlenden Gans, mit saftigen Feigen gemästet; / schließlich vom Hasen die Schulter, herausgelöst, weil sie so feiner / schmecke, als wollte man sie mit den Lenden verzehren. Wir sehen: / Amseln mit knuspriger Brust und Tauben ohne den Bürzel / werden serviert, delikate Gerichte, hätt' nicht der Hausherr / stets über Gründe und Wesen gesprochen. Wir laufen davon und / rühren aus Rache kein einziges Stück an, als hätte Canidias / Hauch es getroffen, giftig und schlimmer als afrische Nattern.

Canidia: eine Giftmischerin

Ein / bezeichnet das Ende eines Verses.

(Horaz, Satiren II, 8,
übersetzt von Manfred Simon)

Während wir bei Horaz im Gastgeber Nasidienus einen begüterten Neureichen vor uns haben, der seine Gäste mit nervender Vornehmheit und eitlem Stolz auf die Exquisitheit seines Menüs vertreibt, schildert im folgenden Text ein nicht weniger begüterter, von einem eingeladenen Gast versetzter Gastgeber seine Frustrationen; sein Selbstwertgefühl ist aber nicht angetastet, denn schließlich ist er – nach seinem Selbstverständnis – der wahre Vertreter vornehmen Römertums. Die Briefe Plinius‹ d.J. sind literarische Erzeugnisse mit dem Charakter von Kurzessays, in denen er zur Zeit Trajans Anfang des 2. Jahrhunderts n. Chr. seine konservative, auf andere Weise eitle Sicht der Welt zu Papier bringt. Im Kontrast wird aus beiden Texten deutlich, was eine cena in der römischen Kaiserzeit in den Extremen sein konnte.

Plinius d.J.: Mangold statt Austern – und vom Gast versetzt!

Mein lieber Septicius Clarus,

He Du! Du versprichst, zum Essen zu kommen, und kommst nicht! Das Urteil lautet: auf Heller und Pfennig wirst Du mir die Kosten ersetzen – und sie waren nicht gering. Da lagen für jeden bereit: ein Kopfsalat, drei Schnecken, zwei Eier, Grießbrei mit Honigsauce und Schnee – denn auch den wirst Du bezahlen, ja den vor allem, der in der Schüssel zerfloss –, Oliven, Mangold, Melonen, Zwiebeln und tausend andere nicht weniger feine Sachen. Du hättest einen Komödianten oder einen Vorleser oder einen Lautenspieler oder – meine Großzügigkeit ist ja bekannt! – alle zusammen hören können. Aber Du hast bei irgendeinem andern Austern, Schweinsgekröse, Seeigel und Tänzerinnen aus Cadiz vorgezogen.

Das wirst Du mir büßen! Wie, sage ich nicht. Rücksichtslos hast Du gehandelt; Du hast Dich damit vielleicht um einen Genuss gebracht, auf jeden Fall mich – aber doch auch Dich. Wie hätten wir gescherzt, gelacht und über Literatur geplaudert! Du kannst bei vielen üppiger essen, nirgends heiterer, ungezwungener, freier. Kurz, versuche es, und wenn Du nachher nicht lieber den andern absagst, dann sag mir für immer ab!

Dein Gaius Plinius

(Plinius d.J., *ep.* I, 15, übersetzt von André Lambert)

Historia Augusta: Kaiser Elagabals exzessive Prunkgelage

Elagabalus (oder Heliogabalus, 204–222) war vielleicht der verhassteste von den vielen verhassten römischen Kaisern. Aus Syrien stammend, versuchte er, den syrischen Sonnengott zum Staatsgott zu machen und einen entsprechenden Kult einzurichten. Das, verbunden mit exzessiv verschwenderischem Luxus und dem Versuch, den Hof ausschließlich mit seinen willfährigen Gefolgsleuten zu besetzen, bekamen dem Achtzehnjährigen schlecht, wie so viele römische Kaiser wurde er ermordet, sein Name aus allen offiziellen Dokumenten getilgt. Aelius Lampridius, der Verfasser seiner Biografie in der *Historia Augusta* (›Kaisergeschichte‹, 4. Jh. n.Chr.), berichtet auch eingehend über die Verschwendungssucht auf seinen Gelagen, gegen die Trimalchio bei Petron ein ärmlicher Angeber ist. Für den Autor zeigt sich der Grad der Perversion dieses »ungeheuerlichen Tyrannen« nicht zuletzt darin, dass er »onus ventris auro excepit, in myrrhiniis et onychinis minxit«, »die Last des Magens in Gold auffing und in Töpfe aus Fluorit und Onyx pinkelte«. Die folgenden Auszüge (XVI 6–XXX, 5) werden hier stark gekürzt wiedergegeben:

[Elagabal] ist der einzige von allen Kaisern, der durch die Straßen geschleift, in die Kloake gezwängt und in den Tiber geworfen wurde. [Hier will ich mich auf den] Luxus beschränken, wie er solchen teils als Privatmann, teils als Kaiser be-

87 Rekonstruktion römischer Speiseliegen im Ensemble eines Trikliniums. Die Klinen besitzen mit Bronzebeschlägen (fulcra) verzierte Kopfteile mit dionysischen Motiven. Prähistorische Staatssammlung München

88 Luxuriöser ›Samowar‹ aus Bronze zum Wärmen von Wasser, Wein oder anderen Getränken. Dieses Stück besitzt eine Doppelkammer und ein System von Ventilen, womit man die Erwärmung fein regulieren konnte. Aus Pompeji. Neapel, Archäologisches Nationalmuseum.

trieben haben soll; pflegte er doch als Privatmann selbst zu sagen, er nehme sich den Apicius zum Vorbild. Im Sommer richtete er seine Tafel nach Farben ein, gab also an einem Tag eine laubgrüne, dann eine meergrüne, am nächsten Tag eine blaue Tafel und so weiter, indem er von Tag zu Tag den ganzen Sommer hindurch abwechselte. Er war auch der Erfinder des Mastix- und Poleiweines und all der Spezialitäten, die heutzutage noch immer zu einer üppigen Tafel gehören. Den von anderen übernommenen Rosenwein hat er durch einen Zusatz von geriebenen Piniennüssen noch wohlriechender gemacht. Sein einziger Lebensinhalt bestand im Aufspüren neuer Genüsse. Er war der erste, der Gehacktes aus Fischen, aus verschiedenen Austernarten und anderen derartigen Seemuscheln, aus Heuschreckenkrebsen, Hummern und Meerzwiebeln zubereiten ließ.

In Nachahmung des Apicius verzehrte er wiederholt Kamelsfersen und Kämme, die man lebenden Hähnen abgeschnitten hatte, Zungen von Pfauen und Nachtigallen, deren Genuss als Schutzmittel gegen die Pest galt. Sogar dem Palastpersonal gab er ‹Riesenschüsseln›, die angefüllt waren mit den Eingeweiden von Meerbarben, mit Flamingohirnen, Rebhühnereiern, Krammetsvogelhirnen und mit den Köpfen von Papageien, Fasanen und Pfauen. Übrigens ließ er die Barteln von Meerbarben in solchen Mengen auftragen, dass er sie auf vollen Schüsseln und Platten anstelle von Kresse, Melisse, Bohnensalat und Bockshornklee auftischte; das ist besonders erstaunlich.

Um lächerliche Angst einzujagen, ließ er von Dompteuren abgerichtete [Löwen und Leoparden] unvermutet beim zweiten oder dritten Gang sich unter die tafelnden Gäste mischen, die sämtlich nicht ahnten, dass die Tiere harmlos waren. Er tischte auch zehn Tage hintereinander täglich je dreißig Wildschweinseuter mit den zugehörigen Sautaschen auf; auch gab es Erbsen mit Goldstücken, Linsen mit Katzenaugen, Bohnen mit Bernstein und Reis mit Perlen. Anstelle von Pfeffer streute er außerdem weiße Perlen auf Fischgerichte und Trüffeln. In seinen Speisezimmern ließ er seine schmarotzenden Tischgäste mittels beweglicher Decken unter Veilchen und anderen Blumen begraben, was zur Folge hatte, dass einige, die sich nicht mehr emporarbeiten konnten, den Geist aufgaben.

Fische aß er stets in einer bläulichen Tunke, gleich als wären sie in Meerwasser unter Konservierung ihrer natürlichen Farbe gekocht. Die Kosten seiner Hauptmahlzeit beliefen sich nie auf weniger als hunderttausend Sesterze, das sind dreißig Pfund Silber; manchmal speiste er aber für drei Millionen, wenn man den Gesamtkostenaufwand berechnet.

Viele seiner weniger geschätzten Freunde platzierte er statt auf Polstern auf Schläuchen, aus denen man die Luft ausströmen ließ, während die Betreffenden ihren Imbiss einnahmen; so kam es, dass sie nicht selten mitten im Essen unter den Tisch befördert wurden.

Er hatte so geschickte Zuckerbäcker und Konditoren, dass sie alles, was Köche, Tafeldecker oder Obsthändler an verschiedenen Esswaren lieferten, nachbilden konnten, sei es als Backwerk oder als Pudding. Seinen Parasiten ließ er Mahlzeiten aus Glas servieren und mitunter, wenn sie tafeln wollten, so viele Servietten, die mit Abbildungen der aufgetragenen Speisen bestickt waren, reichen, wie er Gänge zu geben gedachte, so dass sie mit den Kunstwerken der Nadel oder des Webstuhls sich abspeisen lassen mussten.

Außerdem stellte er seinen Gästen förmliche Aufgaben: sie sollten nämlich neue Tunken als Speisewürzen erfinden; wer mit seinem Rezept Beifall errang, erhielt von ihm ein ansehnliches Geschenk, so zum Beispiel ein seidenes Gewand, damals eine hochgeschätzte Seltenheit; wenn aber ein Vorschlag keinen Beifall fand, dann musste auf seinen Befehl der Erfinder sein Produkt ständig selbst genießen, bis er etwas Besseres erfand. Stets saß er bei Tisch in einem Blumenflor oder in einer Wolke kostbarer Wohlgerüche. Er sah es gern, wenn ihm für die aufgetragenen Gerichte ein höherer Wert angegeben wurde, weil so, wie er meinte, den Gästen der Appetit gereizt werde.

Bei einer einzigen Mahlzeit ließ er an vielen Tischen sechshundert Straußenköpfe, von denen das Hirn verzehrt werden sollte, auftragen. Einst gab er auch ein Gastmahl, bei dem es zweiundzwanzig Gänge mit einer Unmenge von Speisen gab; zwischen den einzelnen Gängen badeten er und seine Freunde und vergnügten sich mit Frauen mit der eidlichen Versicherung, dass sie ihrer Lust tatsächlich frönten. Er veranstaltete auch ein Gastmahl in der Weise, dass jeder seiner Freunde je einen Gang zu liefern hatte; obwohl nun der eine auf dem Kapitol wohnte, ein anderer auf dem Palatin, ein dritter auf dem Damm, ein vierter auf dem Caelius, ein fünfter jenseits des Tibers und so weiter, so mussten gleichwohl der Reihe nach in den betreffenden Stadthäusern die einzelnen Gänge aufgetragen und die Wohnungen aller Beteiligten aufgesucht werden. So reichte zur Erledigung eines einzigen Gastmahls kaum ein ganzer Tag hin, da man zwischen den einzelnen Gängen auch badete und sich mit Frauen vergnügte.

(Übersetzung: Ernst Hohl)

Lebensmittelhandel und -transport

Salz und Grundnahrungsmittel

Wie die Farben Licht brauchen, so bedürfen die Speisen des Salzes, um die einzelnen Geschmacksempfindungen hervorzurufen, andernfalls sind sie schwer verdaulich und widerwärtig. … Daher nimmt man vor gleich welch anderer Speise pikant salzig Nahrungsmittel, kurz die, die am meisten Salz enthalten. Sie sind ebenso Mittel der Verführung, die den Appetit auf weitere Gerichte lenken.

Plutarch, Symp. *IV 3*

Das Grundprodukt für Handelsbeziehungen in sämtlichen Kulturen ist ein ›Gewürz‹, das nicht überall vorkommt, das aber für die Ernährung des Menschen unerlässlich ist, das Salz. Beide vorkommende Arten, das Meer- und das Steinsalz, sind seit alters bekannt. In historischer Zeit lagen die Salzmagazine Roms am Fuß des Aventin, von wo es über die *Via Salaria* (›Salzstraße‹) nach Mittelitalien exportiert wurde. An der Mündung des Tibers lagen die ›*salinae*‹, Salinen, die Rom mit Salz versorgten. Die große Bedeutung des Salzes als unentbehrliches Mineral war in der Antike allgemein bewusst. Man brauchte es für gekochte, gebackene Speisen, Würzsoßen sowie zum Konservieren und Einpökeln. Im römischen Reich waren die meisten Salinen und Salzbergwerke im Staatsbesitz und wurden an Betreiber verpachtet.

Weitere ›klassische‹ Naturalien, mit denen schon lange vor dem Aufstieg der Römer im Mittelmeerraum Handel getrieben wurde, waren Olivenöl und Wein: beides war nicht überall und schon gar nicht in guter Qualität zu haben. In der römischen Kaiserzeit wurden Öl und Wein in großem Stil transportiert, Wein aus Gallien und Spanien, Öl aus Spanien und Numidien; seit der Kaiserzeit wurde ferner garum, eine in größeren Produktionsanlagen hergestellte Würzsoße auf Fisch und Salzbasis, aus Spanien und Nordafrika nach Italien importiert.

Anders steht es mit einem Artikel, der zwar erst spät, dafür aber um so massenhafter transportiert wurde, und zwar ausschließlich auf dem Seeweg: Getreide. – Bis zur Zeit des 1. Punischen Krieges bestand kein Grund, Getreide zu verschiffen, denn was man brauchte, wurde vor Ort angebaut (oder, in kritischen Zeiten, aus Etrurien importiert). Doch seit am Ende des 1. Punischen Krieges 241 v. Chr. Sizilien zur ersten römischen Provinz geworden war, bezog Rom, das seine stark gewachsenen Bevölkerung nicht mehr ausreichend mit einheimischem Getreide ernähren konnte, einen großen Teil des Korns von dort, zumal der sizilische Weizen als der beste überhaupt galt. So wurde die Insel, die ca. 800 km südlich von Rom liegt, zur Kornkammer der Hauptstadt. Damit erreichte der Handel mit Nahrungsmitteln eine bisher unbekannte Größenordnung, ein Novum in der Geschichte, dass das wichtigste Grundnahrungsmittel importiert werden musste. War Rom im 3. Jahrhundert v. Chr. noch eine kleine Nummer im Mittelmeerraum im Vergleich zu den hellenistischen Königreichen, so beherrschte seine Flotte im 2. Jahrhundert, nach dem Fall von Karthago und Korinth, das Mittelmeer. Handel in großem Stil war ausschließlich Seehandel.

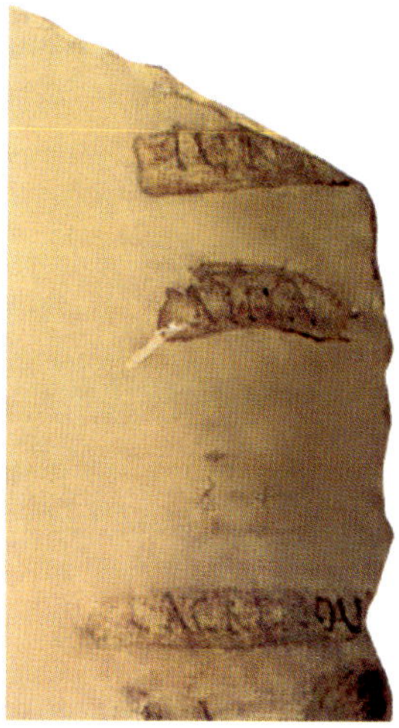

89 Gemalte Aufschrift auf einer Fischamphore:

TUNI[... Thunfisch (?)

A III A 3 Jahre alt

L(uci) AGRI NOV... Name des Exporteurs

(Arles)

90 Das übers Meer zur Versorgung der Stadt Rom importierte Getreide wurde in Ostia in Fluss-Schiffe umgeladen und tiberaufwärts getreidelt. Wandmalerei aus Ostia. Rom, Musei Vaticani.

Mit der Eroberung Ägyptens 31 v. Chr. erreichte der Getreidehandel eine neue Dimension, denn nun wurde von dort und etwas später zusätzlich aus der Provinz Numidien (Nordafrika) Korn nach Italien verschifft. Die Ladungen wurden in den Rom nahe gelegenen tyrrhenischen Häfen Puteoli (Pozzuoli) und Ostia gelöscht und von dort auf dem Landweg bzw. tiberaufwärts auf Flussschiffen nach Rom geschafft, wo große Getreidespeicher angelegt wurden.

Zu den genannten Waren des täglichen Bedarfs, die in größeren Mengen gehandelt wurden, gehören ferner Nüsse und gepökeltes Fleisch, Hülsenfrüchte, getrocknete Früchte und eingelegte Oliven, wogegen frisches Obst, Gemüse und Milchprodukte nur aus der näheren Umgebung bezogen wurden, denn Kühlmöglichkeiten beim Transport waren unbekannt. All diese Waren wurden aus Regionen in Italien oder aus relativ leicht erreichbaren Provinzen wie Spanien und Africa geliefert; es gab allerdings, wenn auch in sehr geringem Umfang, Produkte, die Rom aus exotischen Ländern bezog.

Luxuswaren

Der östliche Fernhandel war unter den ptolemäischen Königen entwickelt worden und lief deshalb auch unter den römischen Kaisern wie zuvor über Alexandria. Als Nachfolger der Ptolemäer hatten die Römer deren Handelskontakte und Seefahrt-Kenntnisse übernommen. Mit der stark frequentierten Schifffahrtsroute Alexandria – Rom hatten sie jedenfalls eine Verbindung zum von Ägypten aus betriebenen Orienthandel. So gab es eine Schiffsverbindung von den Häfen des Roten Meers, Berenike und Ptolemais, nach Nord- und Südindien. Funde in Südindien belegen neben literarischen Quellen, dass gegen Goldmünzen – ca. 60 Münzhorte von Gold- und Silbermünzen, geprägt unter Augustus und Tiberius, hat man allein in Südindien gefunden –, Glas und Wein Edelsteine und Gewürze getauscht wurden. (In den indischen Häfen kamen die westlichen Händler übrigens auch mit Chinesen in Kontakt, von denen sie Seide erwarben.) – Bei den Gewürzen handelte es sich unter anderem um Pfeffer, Kardamom, Ingwer, Zimt.

Den Kontakt zur Oasenstadt Palmyra in der syrischen Wüste nutzten die Römer, um den begehrten Weihrauch und Gewürze zu erhalten. Unter Germanicus (14–17 n. Chr.) schließt sich Palmyra, dem römischen Reich an, unter Caracalla wird es zur Kolonie erhoben und Teil der Provinz Syria Phoenicia. Palmyra war der wichtigste Umschlagplatz für die Wüstenkarawanen. – Diese exotischen Handelsplätze hatten zwar vom Handelsvolumen her keine Bedeutung, für das Selbstverständnis und für das Gefühl der eigenen erweiterten Möglichkeiten, war dieser Handel sehr interessant – Bedeutung und Umfang wurden dementsprechend bei antiken Autoren stark übertrieben dargestellt (so berichtet ein anonymer griechischer Autor, dass »beinahe alles Geld, das jährlich aus Ägypten strömt« nach drei Städten in Südindien ging).

Handel in den nördlichen Provinzen

In der Frühzeit (1. Jahrhundert n. Chr.) verlief der Handel ziemlich einseitig von Italien, Gallien und Spanien an den Rhein, um die dort stationierten Truppen mit den gewohnten Lebensmitteln wie Wein, Öl und garum zu versorgen. Die dafür eigens hergestellten Transportamphoren verraten, dass garum von Afrika und Südspanien an den Niederrhein exportiert wurde. Feigen, Oliven, Knoblauch und Kichererbsen kamen aus Italien und Datteln aus Nordafrika. Wegen der langen Transportwege waren diese Produkte sehr teuer, sodass man statt Olivenöl auch heimisches Leinsamenöl oder Schweineschmalz verwendete.

Mit der Zeit wandelten sich die einseitigen Handelsbeziehungen. Im Rheinland konnte man auch Fischsauce herstellen mit Flussfischen und solchen aus der Nordsee; Salinen zur Salzgewinnung hatte man ebenfalls. Diese Produkte, Salz und garum, wurden aber nicht nach Italien ausgeführt, sondern nach Britannien, wie die Inschriftensteine zweier Kölner Salzhändler aussagen. Man dachte wirtschaftlich und mied lange Transportwege; so entstand ein lebhafter Grenzhandel mit den Germanen: sie lieferten Felle, Vieh und Honig gegen Silber- Glas- und Tongefäße.

Transportwege

Meer, Flüsse und Straßen

Wie die Straßen so übernahmen die Römer auch die Schiffsrouten mit allen dazugehörenden Einrichtungen und Kenntnissen von den unterworfenen Völkern, nutzten sie weiter und verbanden sie mit Rom. Den größten Gewinn hatten sie dabei von der Eroberung des Ptolemäerreichs mit seinen weitreichenden Kontakten. – Über den Handelsweg durch das Rote Meer gab es in hellenistischer Zeit ein Itinerar, »Periplous Maris Erythraei«, das in Teilen überliefert ist. So kann man annehmen, dass auch zu anderen Schiffsrouten Itinerare bestanden, in denen sichere Häfen, Windverhältnisse, gefährliche Regionen mit Seeräubern etc. vermerkt waren.

91 Auf einem von Ochsen mit Stirnjoch gezogenen Leiterwagen werden Weinfässer transportiert. Relief aus Augsburg (Römisches Museum Augsburg).

Darüber, wie die Handelsschiffe aussahen, sind wir durch Schriftquellen, bildliche Darstellungen und durch Funde von mitsamt ihrer Ladung gesunkenen Frachtschiffen informiert. Es waren Segelschiffe, die bei Windstille auch mit Ruder vorwärts bewegt wurden. Ihre Länge betrug durchschnittlich 25 bis 30 Meter, die Breite ca. 8 bis 10 Meter. Die Ladung bestand aus Amphoren, die gängigsten Transportbehälter der Antike, für Waren aller Art, für Schüttgut (Korn, Nüsse) ebenso wie für Flüssigkeit (Wein, Öl, garum). Diese wurden auf dem freien Deck in zwei Etagen übereinander gestapelt; die Versand-Amphoren haben keine Standfläche, sondern spitze Enden. Auf Deck wurden die spitzen Enden der oberen Amphoren jeweils zwischen Bauch bzw. Hals der unteren gesteckt; die Ladung wurde mittels Holzgestellen oder mit Stricken gesichert. Die Amphoren wurden mit Korken, Gips oder Pech verschlossen. Ein Schiff der genannten Größe konnte bis zu ca. 3000 Amphoren aufnehmen. Ein in den achtziger Jahren entdecktes Schiff, das vor der Insel Giglio in der südlichen Toskana gesunken war, hat eine Rumpflänge von mehr als 30 m; die Ladung bestand aus 700 Amphoren mit garum und Öl, die ein Fassungsvermögen von je 30 Litern hatten.

Bis zum Beginn der Kaiserzeit wurde nur tagsüber gesegelt, dann auch gelegentlich nachts. Das Mittelmeer wurde vom 11. März bis zum 10. November befahren, im Winter war es zu stürmisch, zu gefährlich, was besagt, dass die Seefahrt trotz aller Erfahrung in der Antike als unsicheres Wagnis empfunden wurde und auch war.

Neben der Schifffahrt zur See wurden sämtliche schiffbare Flüsse für Transporte intensiv genutzt, so Tiber, Rhein, Rhone und Donau, um nur die wichtigsten zu nennen. Der Flusstransport wurde der Straße vorgezogen, weil er billiger, schneller und sicherer war. Die Lastkähne der Binnengewässer (caudicaria) unterschieden sich von den Seeschiffen im wesentlichen dadurch, dass sie keinen ausgeprägten Kiel, sondern einen mehr oder weniger flachen Boden hatten. Die Informationen über das Aussehen und die Beschaffenheit von Flußschiffen beruhen auf bildlichen Darstellungen (Neumagener Weinschiff), z.B. Grabreliefs von Händlern und Schiffseignern, und auf Schiffsfunden. So wurden 1972 ein Lastkahn in Krefeld und 1991/93 zwei in Xanten gefunden. Für eines der Xantener Schiffe wurde eine Länge von 15 m ermittelt.

Das römische Straßensystem war das bis dahin umfassendste und bautechnisch beste der ganzen Antike. Zur Zeit Kaiser Diokletians (um 300) bestanden 372 Überlandstraßen mit ca. 85000 km Gesamtlänge. Alle Verbindungen führten zu einem Punkt, zum Milliarium Aureum, dem Goldenen Meilenstein, den Kaiser Augustus im Jahre 20 v.Chr. auf dem Forum Romanum aufstellen ließ.

Jede Provinz war über gut ausgebaute Straßen von Rom aus zu erreichen. Dieses aufwendige Straßennetz war zu militärischen Zwecken angelegt worden, um die Provinzen unter Kontrolle zu halten und bei Aufständen rasch Truppen an die Brennpunkte verlegen zu können. Auch für die Nachrichtenübermittlung, eine Art Post für staatliche Institutionen, waren die Straßen wichtig. Daneben aber wurden sie intensiv für den Handel genutzt. Die großen Fernstraßen trugen die Namen ihrer Finanziers. So wurde der Bau der Königin unter den Straßen, der via Appia, von Appius Claudius, dem Censor des Jahres 312 v. Chr. finanziert; sie verband Rom über Capua und Benevent mit dem für den Griechenlandverkehr wichtigen Hafen Brundisium (Brindisi).

Lastfahrzeuge

Die römischen Lastkarren wurden von Ochsen, Maultieren oder Eseln gezogen, nicht von Pferden, denn die waren zu empfindlich und zu wenig ausdauernd v. a. kannten die Römer noch nicht das zum Anspannen an Wagen nötige Geschirr. Ochsen aber waren genügsam, ausdauernd und gutmütig, auf Schnelligkeit kam es beim Warentransport nicht an. *Plaustrum* hieß der gängige einachsige Lastkarren mit quietschenden Scheibenrädern, der generell in der Landwirtschaft zum Einsatz kam; der *carrus* war keltischen Ursprungs und besaß vier Räder. Anders als für den Seetransport wurden Flüssigkeiten, die mit dem Wagen befördert wurden, auf kürzeren Distanzen nicht in Amphoren gefüllt, sondern in Schläuche aus Ziegen- oder Schweinshäuten, die, zusammengenäht und an den Nähten mit Pech undurchlässig gemacht, ausreichend haltbar, leicht und unzerbrechlich waren. Allgemein kann man sagen, dass Lebensmittel nur auf kürzeren Strecken, vom Land in die Stadt oder vom Hafen in die Stadt, auf Straßen transportiert wurden.

Zölle

Seit undenklichen Zeiten hat es Handel und Transport nicht ohne Zölle und Steuern gegeben. Die bekannteste und traditionsreichste ist wohl die Salzsteuer. – In der Kaiserzeit war das Römische Reich in vierzehn Zollgebiete eingeteilt, und auf alle Güter, die diese Grenzen passierten, wurde eine vom Warenwert abhängige Zollgebühr *(portorium)* von 2–2½ Prozent erhoben. Eine besondere Abgabe von 25 Prozent war für die Güter zu zahlen, die von außerhalb ins römische Reich kamen. Insofern wurden die Gewürze, die über Palmyra vom Karawanenhandel mit Südarabien oder über die Häfen am Roten Meer aus Indien nach Italien gelangten, noch weiter verteuert. Daneben gab es noch eine Vielzahl von Zöllen, mit denen Handelswaren, egal ob Lebensmittel oder anderes, belegt wurden, etwa den Wegezoll an den Stadteingängen oder eine Benützungsgebühr bei Brücken.

Die Ess- und Trinkkultur der Römer in den nördlichen Provinzen

»Export« der heimischen Esskultur

Die Römer kamen in ihre späteren Provinzen nicht als Touristen, sondern als Eroberer. Wo sie Einrichtungen oder Errungenschaften fanden, die sie für angenehm und nachahmenswert hielten, übernahmen sie diese und integrierten sie ganz selbstverständlich in ihren Alltag. Den größten Schub in dieser Hinsicht brachte die ›Hellenisierung‹ der Römer durch den Hellenismus, der sie in ihren ursprünglichen Lebensgewohnheiten und Einstellungen auf dem Gebiet der kulturellen Errungenschaften durchgreifend veränderte, wozu auch die orientalisch-griechische Esskultur gehörte; ›Römer‹ blieben sie mit ihrem Sinn als Praktiker, als ›Macher‹, als Eroberer, als weltzugewandte Realisten. Gebiete wie Gallien und Germanien hatten ihnen in kultureller Hinsicht als für sie zivilisatorische ›tabula rasa‹ – bis auf Kleinigkeiten vielleicht, die sie zu schätzen wussten – nichts Grundlegendes zu bieten. Daher mussten sie mitbringen, was zu ihren Lebensbedürfnissen gehörte; was sie selbst als ›Hellenisierung‹ durchgemacht hatten, wurde für die Gebiete und Völker des Nordens zur ›Romanisierung‹. So bauten sie sich Häuser und Städte wie zu Hause, wo infolge anderer klimatischer Gegebenheiten nötig mit entsprechenden Modifikationen. Triklinien und Thermopolien wurden auf diesem Weg in den Norden verpflanzt. Was ihnen die neu eroberten Felder, Wälder und Wiesen nicht boten, musste herbeigeschafft werden, Wein – in erster Linie Wein –, Öl, ihr unverzichtbares garum, Obst und Gemüse (was man im Norden anbauen konnte, wurde dort heimisch), Delikatessen jeder Art, Austern, Datteln und so weiter; die militärische Infrastruktur leistete auch diesen Dienst in jeder erdenklichen Hinsicht.

Über das, was die ansässigen ›Kelten‹ zu speisen pflegten (Kelten und Gallier bezeichnen dasselbe, die Germanen sind eine Erfindung Caesars), finden wir verschiedene Nachrichten bei antiken Autoren und in Grabfunden, die Reste von Totenmählern aufweisen. Nach allem, was wir anhand archäologischer Funde über Nahrungsmittel in keltischer Zeit wissen, scheinen sich Kelten vor allem von Rind-, Schweine- und Schaffleisch sowie

92 Rekonstruktion eines Speisezimmers (Triklinium) im Saalburgmuseum nach Funden im Bereich einer Offizierswohnung im Kastell Echzell.

93 In Basel fand man einen Vorratstopf mit dem zerteilten Vorderviertel eines gepökelten Schweins; er stammt aus der Zeit Caesars.

von Fisch ernährt zu haben; auch alkoholische Getränke wie über Handelsverbindungen importierten Wein genossen sie. »Für den Ackerbau haben sie [die Germanen] keine Vorliebe, und der größere Teil von ihnen ernährt sich von Milch, Käse und Fleisch«, erfahren wir bei Caesar *(Bellum Gallicum* VI 22). »Als Getränk dient den Germanen eine Flüssigkeit, die, aus Gerste oder anderem Getreide gewonnen, zu einer Art Wein gegoren ist; die Ufernachbarn kaufen auch Wein. Die Speisen sind einfach: Wildobst, frisches Wildbret, gestockte Milch; ohne besondere Zubereitung, ohne Reizmittel stillen sie den Hunger« (Tacitus, *Germania* 23). Schon der Grieche Poseidonios (135–51 v.Chr.) berichtete damit übereinstimmend, sie »essen schon zur ersten Mahlzeit Fleisch, das in Stücken gebraten ist. Dazu trinken sie Milch und den Wein ohne Zusatz von Wasser«. Keine kulinarische Anregungen also für einen Römer von Kultur, ungewürzte Fleischspeisen oder gar Milch.

94 Ausschank bei einem Weinhändler. Dieser füllt gerade hinter seiner Theke Wein in einen Krug ab. Eine Kundin reicht ihm einen weiteren Krug zum Befüllen. Im Hintergrund lagern Weinfässer und sind Krüge aufgehängt. Römisches Museum Augsburg.

Die archäologischen Quellen

Anders als im Mutterland Italien, wo neben archäologischen Zeugnissen in der Hauptsache antike Texte wertvolle Quellen für die Esskultur der Römer darstellen, sind wir in den nördlichen römischen Provinzen allein auf die Ergebnisse archäologischer Ausgrabungen angewiesen. Anhand der Funde aus zivilen und militärischen Siedlungen sowie aus Gräbern lässt sich jedoch ein insgesamt recht anschauliches Bild der – z.T. importierten – Nahrungsmittel, die auf den Tisch der römischen Bewohner dort kamen, und damit von Essgewohnheiten und Trinksitten, bis zu einem gewissen Grad auch von Anspruch und Luxus zeichnen.

Im Gegensatz – oder in Ergänzung – zu Italien sind es im Norden häufig die festgestellten und untersuchten Militärlager, die einschlägige Informationen liefern; in Italien selbst gab es ja keine solchen Lager oder Kasernen (außer der kaiserlichen Garde in Rom). Diese Ausgrabungen liefern zunächst ein Bild vom Leben der Soldaten, das hinsichtlich der Ess- und Trinkgewohnheiten jedoch im wesentlichen als aussagekräftig auch für das zivile Leben gelten darf, das sich nach dem Einmarsch des Militärs nach und nach entwickelte. Dazu kommen die Feststellungen, die man in den zahlreichen gefundenen Gutshöfen *(villae rusticae)* sowie in den städtischen Siedlungen aufgrund von Ausgrabungen treffen konnte, nicht zuletzt die vielfältigen Funde von Geschirr oder zahlreiche plastische Denkmäler mit Darstellungen von Mahlzeitszenen.

Dank immer feineren Ausgrabungsmethoden gelingt es Archäologen in zunehmendem Maße, aufschlussreiche Funde zu bergen, auf die früher weniger sorgfältig geachtet wurde, auf botanische und andere organischen Reste wie Knochen, Gräten, Schuppen und Hornzapfen, Reste in Gruben und Gräbern, in Töpfen und Öfen, in Abwasserkanälen und Fäkaliengruben, in Kellern und auf Fußböden, in Brunnenverfüllungen oder in Zisternen. Allerdings genügt es nicht, Erdproben und Tierknochen fachgerecht zu bergen; die pflanzlichen und tierischen Überbleibsel bedürfen erst einer eingehenden Analyse durch Archäobotaniker und Archäozoologen, bevor eine kulturhistorische Aussage möglich wird.

Die Auswertung der vorgenommenen Analysen ist jedoch mit grundsätzlichen methodischen Problemen behaftet, wenn es darum geht, aus ihnen verallgemeinernde Schlussfolgerungen zu ziehen, da ja ohne Zweifel der Zufall bei der Erhaltung der verschiedenen Speisesubstanzen eine große Rolle spielt. Das schließt ein, dass das Fehlen bestimmter Objekte in einem bestimmten Kontext nicht zwangsläufig darauf hindeutet, dass dergleichen nicht verfügbar war. Schließlich kann auch im Prinzip jeder Zeit ein neuer Fund ein vorhandenes Bild korrigieren. Entscheidend für Reichtum und Vielfalt, die sich in den Fundkomplexen zeigen, ist logischerweise der soziale Stand der jeweiligen Bewohner.

95 Modell einer Herdstelle römischer Soldaten in einem Mannschaftsquartier (Museum Zurzach/Schweiz). Neben dem Herd gehören zur Ausstattung ein Regal, Tongeschirr, Handmühle. Direkt daneben befand sich die Lagerstatt – frische Luft wurde knapp beim Kochen!

Die Militärlager

Lebte man in Kastellen wie Nijmegen oder Neuss, verzehrte man offenbar vornehmlich Schweinefleisch, während in den Lagervorstädten, den *canabae,* in Kleinstädten, den *vici,* oder in Kolonie-Städten wie Xanten und Köln ein zäher Rinderbraten auf den Tisch kam, falls man sich Fleisch überhaupt leisten konnte. Die Versorgung des Militärs war anscheinend besser als die der weniger begüterten Kreise der Zivilbevölkerung, wie die Ausgrabungsergebnisse in diesem Fall nahe zu legen scheinen. Die Knochen von Rindern, die aus städtischen Abfallgruben geborgen wurden, stammten durchweg von alten Tieren, die demnach zunächst ihre Aufgabe als Zugtiere erfüllt hatten; erst nachdem ihre Leistungen als Milchlieferanten, als Gespanntiere oder beim Pflügen ungenügend geworden waren, wurden sie geschlachtet und verzehrt.

Reichhaltig war auch die Pflanzenkost, die sich in den Kümpfen und Näpfen der Soldaten fand und zu Brot und Brei verzehrt wurde. Am Beispiel Neuss lässt sich dies gut belegen. Das Legionslager Novaesium (Neuss) wurde im Februar des Jahres 70 n.Chr. durch die Bataver, einen germanischen Stamm, zerstört, d.h. in Brand gesteckt. Alles, was sich zur Zeit der Katastrophe im Lager befand, begruben einstürzende Wände und Decken unter sich. Noch im selben Jahr ebneten die Römer die Trümmer ein, weil sie ein neues Lager darüber errichten wollten. Unter der 80 cm hohen Planierschicht hatten sich organische Reste bis auf den heutigen Tag, den Tag ihrer Wiederentdeckung und Ausgrabung, bestens erhalten.

In den einfachen Kasernen fanden sich an verschiedenen Stellen Vorräte an Gerste, die dafür sprechen, dass dieses Getreide vor dem Brand als Truppenverpflegung ausgeteilt worden war. Ferner fand man einen großen Kornspeicher nahe dem Nordtor des Lagers mit verkohlten Getreidekörnern, die anzeigen, dass man in jenem Winter Saatweizen eingelagert hatte.

Insgesamt konnte man an Getreide folgende Sorten nachweisen: Einkorn, Emmer, Dinkel, Zwergweizen, Saatweizen, Gerste, Roggen, Hafer, Rispenhirse und Kolbenhirse. Nicht weniger reichhaltig war das Angebot an Hülsenfrüchten: Feldbohne, Linse, Saatwicke und Linsenwicke (beide bei uns heute unbekannt), Erbse und Kichererbse. Außerdem standen den Soldaten Gemüsesorten wie Möhren, Kohl, Amarant, Runkelrüben, Mangold und Pastinak zur Verfügung. Ferner kannten sie zwei Arten von Feldsalat. Mit Gewürzen verfeinerten sie die Speisen, Samen von sechs Gewürzarten wurden in Neuss gefunden. Ein unentbehrliches Nahrungsmittel war Öl, das man aus Leindotter, Lein, Schlafmohn und Hanf gepresst hat und das erschwinglicher war als das teure importierte Olivenöl.

Aber auch auf Obst mussten die Soldaten nicht verzichten. Es wurden Reste von Kirsche, Schle-

96 Verkohlte Importfrüchte aus dem bustum der Insula 26 in Xanten. Von links nach rechts: Feige (Ficus carica), Datteln (Phoenix dactylifera, Früchte und Steine), Mandeln (Prunus dulcis), Haselnuß (Corylus avellana, oben), Walnuss (Juglans regia, unten).

he, Pfirsich, Pflaume, Zwetschge, Birne, Feige, Schwarzem Holunder, Brombeere, Himbeere und Waldbeere ausgemacht. Haselnüsse, ein heimisches Gewächs, wurden – wie manche Beerenarten – in der Umgebung des Lagers gesammelt, während die Walnuss zu den Kulturobstbäumen zu zählen ist, die erst die Römer eingeführt haben.

An importierten pflanzlichen Nahrungsmitteln ließen sich im Legionslager von Neuss bisher nachweisen: Kichererbse, Feige, Olive, Reis, Pfirsich und Bockshornklee. Interessant ist der Fundzusammenhang, aus dem Reis, Oliven und Kichererbsen stammen. Sie wurden in einem Lebensmittelladen in der Lagervorstadt entdeckt,

97 Grabrelief mit Darstellung des Toten beim Totenmahl und eines Dieners. Der Mann liegt, auf den linken Arm gestützt, auf der Kline und hält in der Hand des aufgestützten Arms ein Trinkgefäß; vor der Liege steht ein dreibeiniger Tisch mit zwei weiteren Trinkgefäßen. Die Kline mit gedrechselten Beinen und den üppigen Polstern ist ein Statussymbol. Rhein. Landesmuseum Bonn.

der nach Ausweis der Funde demnach Importwaren führte. Reis – hier handelt es sich um den ersten Nachweis dieser Kulturpflanze in unseren Regionen überhaupt – und Kichererbsen mögen den gehobenen Bedarf der Truppenführung gedeckt haben, während die Feigenkerne aus weit voneinander entfernt liegenden Stellen innerhalb des Lagers stammten; das deutet darauf hin, dass alle, auch die einfachen Soldaten, in den Genuss dieser Importfrüchte kamen. (Reis wurde, soweit wir wissen, als ›exquisiteres‹ Mittel zum Binden von Saucen verwendet.)

Gräber

Grabbräuche, die die Mitgabe von Opfern, von Wegzehrung oder Ausstattung für das Jenseits verlangen, wurden in der Kaiserzeit bei Römern, Germanen und Kelten gleichermaßen geübt. So geben Speisereste verschiedenster Art, die in Gräbern gefunden wurden, Aufschluss über diejenigen Nahrungsmittel, die auch der Durchschnitt der römischen Bevölkerung in den nördlichen Provinzen als würdiges, angemessene Totenmahl, damit aber auch zweifellos als gehobene Nahrung ansah, denn man gab dem Toten nicht das Einfachste mit. Je nach sozialem Stand bzw. Vermögen waren die Fleischbeigaben dabei einfacher oder üppiger.

Großzügig war das Brandgrab einer zwanzig- bis vierzigjährigen Frau ausgestattet, das in Ettenheim-Altdorf (Ortenaukreis) entdeckt wurde und das in die Zeit zwischen 80 und 100 n. Chr. gehört. Außer feiner römischer Keramik, Glas- und Bronzegefäßen sowie Münzen hatten sich in ihrem Grab die Reste von zwei Rindern, von Schweinen, Hühnern und einem Schaf erhalten. In einem Grab in Konstanz entdeckte man schon 1872 zwei Körperbestattungen, einer etwa 50-jährigen Frau und eines etwas älteren Mannes. Der Frau waren zwei geopferte Hühner beigegeben. Verstorben sind beide in der Zeit zwischen etwa 375 und 425 n. Chr., die Ausstattung war hier (ca. 300 Jahre nach dem erstgenannten Beispiel) also deutlich einfacher.

Ein kleiner Friedhof mit vier Brandbestattungen (ca. 175–225 n. Chr.), der vielleicht zu einer *villa rustica* gehörte, wurde in Kusterdingen-Immenhausen ausgegraben. Allen Toten waren Teile von Schwein und Huhn beigegeben, von denen sich Knochen erhalten hatten. Verglichen mit dem Befund von Ettenheim sind diese Beigaben ebenfalls bescheidener, es handelte sich um einfache Leute, um Bauern ohne besonderen sozialen Rang. In einem großen Gräberfeld in Ubstadt-Weiher (Landkreis Karlsruhe), dagegen, das über-

98 Gefäßkeramik aus Siesbach ›Kipp‹. Die Gefäße stammen aus Brandbestattungen, bei denen nach dem Totenmahl das Geschirr zerschlagen und danach auf dem Scheiterhaufen verbrannt wurde; die Stücke wurden wieder zusammengesetzt. Rhein. Landesmuseum Trier.

wiegend mit Brandbestattungen in den Jahren zwischen 140 und 260 n. Chr. belegt wurde und zu einem *vicus* gehörte, lässt sich eine größere Bandbreite von Beigaben feststellen. Tierknochen, d.h. Speisebeigaben von Fleisch, waren zwar auch hier die Regel. Ausnahmen bildeten die Mollusken, Muscheln und Schnecken, die man in diesem Raum sonst weder in Gräbern noch in Siedlungen angetroffen hat.

Aufschlussreiche Ergebnisse erbrachten auch die Untersuchungen der Beigabenreste aus Brandgräbern, die in der römischen Schweiz in Augst und Windisch ausgegraben wurden. 25 Gräber, angelegt zwischen den Jahren 50 und 150 n. Chr., umfasste der Friedhof in der Rheinstraße 46 in Augst (Augusta Raurica); ausgewertet wird derzeit noch ein zweites größeres – zeitgleiches – Grabfeld aus Windisch-Dägerli (Vindonissa). Schon jetzt lässt sich anhand der zahlreichen verkohlten Pflanzen- und Tierreste erkennen, dass »richtige Menüs aus Fleisch, Getreide, Gemüse, Früchten und Backwaren zusammengestellt worden sind« (M. Petrucci-Bavaud und M. Veszeli).

Den Toten wurden in Augst bzw. in Windisch jeweils unterschiedliche bzw. gleichartige Fleischbeigaben mit ins Grab gegeben. Qualitätvolles Fleisch, vor allem fleischtragende Stücke des Hausschweines, d.h. ganze Vorder- und Hinterschinken, und zwar ganz junger Tiere, ließen sich in beiden Gräberfeldern in großer Zahl nachweisen. An zweiter Stelle der Beliebtheitsskala stand das Haushuhn – und das nicht nur in Augst und Windisch –; Knochen von Enten und Gänsen dagegen kamen seltener vor. Funde von Wildtieren, zu denen sowohl Säuger als auch Vögel, Frösche oder Fische zu zählen sind, wurden nur ganz vereinzelt nachgewiesen. Allerdings fand man an beiden Fundorten Wirbel einheimischer Fische, z.B. der Bachforelle, aber auch der importierten Mittelmeermakrele.

Fasst man die hier gewonnenen Ergebnisse zusammen, ergibt sich: »Die häufigsten Nahrungspflanzenfunde sind Grundnahrungsmittel, nämlich Getreide und Hülsenfrüchte. Von Getreide werden oft Körner von Nacktweizen, Dinkel, Gerste, Rispenhirse aber auch Roggen, Emmer, Einkorn und Hafer nachgewiesen, die generell in gereinigtem Zustand vorliegen. Die häufigsten Hülsenfrüchte sind Linsen und Ackerbohnen, gelegentlich auch Erbsen. Weiter können verschiedene wohl meist kultivierte Früchte aufgezählt werden: Weintrauben, Äpfel, Birnen, Süß- oder Sauerkirschen, Feigen, Pfirsiche und Datteln. Walnüsse und Mandeln sowie die Ölfrüchte Oliven gehören ebenfalls dazu. An wildgesammeltem Obst beigegeben wurden Brombeeren, Himbeeren, Holunder und Haselnüsse. Von den Gewürzen finden sich Sellerie, Saatleindotter und Koriander. Die meisten Nahrungspflanzen stammen aus einheimischer Produktion, bei Feigen und Pfirsichen ist die Herkunft unklar, da die Bäume auch in der Schweiz gedeihen. Sichere Importgüter sind Datteln, Mandeln und Oliven aus dem Mittelmeerraum. Die meisten der hier genannten Samen und Früchte kommen auch in anderen römerzeitlichen Kulturschichten vor, doch sind einige von ihnen selten oder ihre Erhaltungsform ist speziell. Zu den selteneren Arten zählen Datteln, Mandeln, Oliven und Knoblauchzehen. Spezielle Funde von Fruchtfleisch der verschiedenen Obstarten wie auch Backwaren und Breireste sind unter ›normalen‹ Fundumständen ebenfalls rar« (M. Petrucci-Bavaud und M. Veszeli).

Die villae rusticae

In den germanischen Provinzen und in der Belgica gab es außerhalb der Militärlager, der Städte und Dörfer eine Fülle verstreut liegender einzelner Gutshöfe, sog. *villae rusticae*. Allein in Baden-Württemberg wurden mehr als tausend nachgewiesen. Dort lebte man weitgehend autark, d.h. der einzelne Hof produzierte alles selbst, was zum Leben nötig war. Außer den Lebensmitteln gehörten dazu auch Stoffe, Leder, eventuell auch noch Metallgeräte und selbstgebrannte Keramik. Dass die auf den Gütern produzierten Lebensmittel auch an Ort und Stelle verarbeitet wurden, belegen die Funde von Mühlen, Back- und Räucheröfen, Kelterhäusern und auch Ölpressen. Die selbsterzeugten Produkte umfassen Getreide, Gemüse, Obst, Vieh und Geflügel. Je nach Lage, Größe und Bodenbeschaffenheit waren Spezialisierungen möglich. Weniger als zur Deckung des Eigenbedarfs dienten die Erzeugnisse der Versorgung der Militärlager und (wie in Italien) der Städte. Die Gutshöfe – einfachere Höfe auf der einen, große Güter mit prächtigsten Villen auf der anderen Seite – gehörten entlassenen Offizieren, romanisierten Einheimischen oder wurden von einem Pächter im Auftrag eines Gutsherrn betrieben, der vielleicht Militärkommandant war oder in einer der größeren Städte lebte; im 3. Jahrhundert n.Chr. war Trier z.B. Hauptstadt des Nordteils des römischen Reiches. Außer der eigenen Familie gehörten auch zu kleinen Gütern Tagelöhner und ständige Arbeitskräfte; ob diese nun Freie oder Sklaven waren, ist unbekannt.

99 Bronzegefäße und andere Gegenstände aus dem Brunnenfund von Rainau-Buch, darunter ein eiserner Rost, eine Pfanne, Kannen und (vorn) ein Sieb.

Für die Lage eines Hofes wählte man möglichst eine Anhöhe oder einen Süd-/Südost-Hang; wenn dann auch noch eine Quelle oberhalb des Gutes entsprang, deren Wasser man leicht zum Haus leiten konnte, war es um so besser. Anderenfalls wurde ein Brunnen gegraben. Viele solcher Gutshöfe wurden in ihrer ersten Phase (im 1. Jahrhundert v.Chr.) aus Holz errichtet, mit zunehmendem Wohlstand wurden sie nach und nach durch Steinbauten ersetzt. Aufgrund des rauen Klimas und unter dem Einfluss der einheimischen Bautradition entwickelt sich im Laufe der Jahrhunderte unter den Römern eine Bauweise, die sich von der in Italien unterscheidet; so kommen die für Germanien typischen sehr tiefen Vorratskeller aus der keltischen Tradition (Tacitus erwähnt für die Germanen ›*receptacula*‹, in den Erdboden eingelassene Vorratsgruben). Die Gutshöfe bestanden aus einem Haupthaus und, je nach Größe, Finanzkraft und landwirtschaftlicher Ausrichtung, einer Anzahl frei stehender Wirtschaftsgebäude. Ein solches Anwesen war von einer bis zu zwei Meter hohen Mauer zum Schutz vor Räubern oder Wildtieren umgeben. Die Wohnhäuser selbst hatten zwar sehr unterschiedliches Aussehen und unterschiedliche Größe, doch kann man eine Hausform besonders häufig feststellen, die Portikusvilla.

Die Portikusvilla

Bei der Portikusvilla handelt sich dabei um ein Gebäude, dessen nach Süden ausgerichtete Fassade aus zwei Risalitbauten mit einer Portikus dazwischen besteht. Der Eingang liegt in der Mitte der Portikus und führt von dort in einen Hof oder eine Halle, der Hauptraum der villa rustica, der auf den anderen drei Seiten von Räumen umgeben ist; sie sind entweder direkt oder über Korridore zugänglich. Die in den nördlichen Gegenden übliche villa rustica umfasste dieses Haupthaus mit Wohn- und Wirtschaftsräumen, einem Keller und Bad (das manchmal auch in einem Nebengebäude untergebracht war). Hinzu kamen bei etwas größeren Anwesen die erwähnten Wirtschaftsgebäude, die als Speicher, Ställe, Scheune, Backhaus, Kelter genutzt wurden. Aus Sicherheitsgründen wurden bei einigen Gehöften quadratische Speichergebäude direkt an die Mauer gebaut, sodass sie gleichzeitig als Wachtürme genutzt werden konnten.

Die Speiseräume

Die Wohnräume lagen vorzugsweise in den Eckrisaliten, eventuell gab es zusätzliche Wohnräume in den Seitentrakten. Selbst einfachste Häuser waren zumindest mit *einem* heizbaren Raum ausgestattet, dem Esszimmer. Die hierfür notwendigen Hypokausten sind in vielen Fällen erhalten geblieben. Bad und Esszimmer wurden oft mit *einer* Feuerstelle *(praefurnium)* beheizt. Das römische Heizsystem war grundsätzlich die Fußbodenheizung, d.h. dass von der Feuerstelle aus die Warmluft unter den Fußboden gelangte; durch die Hypokausten stand der Fußboden wie auf Sockeln, und die Warmluft konnte in dem Hohlraum darunter – manchmal noch zusätzlich in Hohlräumen hinter den Zimmerwänden – zirkulieren. Aufgrund der Notwendigkeit zu heizen, liegen die Speisezimmer entweder in der Nähe der Küche (wie in der Stadtvilla der Insula 30 in Augst, s.u.) oder des Bades (das nach römischer Sitte aus drei bis vier Räumen bestand).

Von der Mobiliarausstattung der Villen ist nichts erhalten geblieben, sodass die Funktion der einzelnen Wohnräume in den meisten Fallen nicht bestimmbar ist; doch kann man in der erwähnten (Stadt)Villa von Augst einen Raum ohne Hypokausten als Sommertriklinium identifizieren: Dort ist der Fußboden in eine bildliche Mosaikfläche (Gladiatorenmosaik) und eine durch ein Ornament abgeteilte schmalere Fläche mit einem schlichten Plattenmuster unterteilt. Aufgrund der Abnutzungsspuren auf dem Boden mit Plattenmuster ergibt sich, dass dort ein hölzernes Triklinium gestanden hat. Auch in Germanien deuten wie in den Villen in Italien prächtige Mosaikfußböden darauf hin, wenn ein – meist größerer – Raum wahrscheinlich als Esszimmer genutzt wurde, so z.B. die Villa von Bad Kreuznach. Die Augster Villa belegt, dass man sich auch ›im Norden‹ in besseren Kreisen nicht mit nur einem Speisezimmer begnügte, sondern im Sommer einen anderen Raum benutzte als im Winter. Das Sommertriklinium im Augster Haus ist größer und großzügiger als das Wintertriklinium, vielleicht, weil die aufwendige Hypokaustenkonstruktion wegfiel. Ob man auch in den nördlichen Provinzen im Freien gegessen hat, ist nicht belegt, denn steinerne Triklinien in Gärten wie in Pompeji und Herkulaneum wurden bisher nicht nachgewiesen.

Küchen und Keller

In kleinen Gutshäusern liegt der Herd im zentralen Hof (so in Mittelstadt/Reutlingen); ein anderer Platz für die Küche ist die rückwärtige Halle oder ein eigener Anbau (z.B. in Bad Rappenau). Für Germanien gilt offenbar ähnliches wie für Italien: Sobald ein Haus aufwendiger ausgestattet ist, wandert die Küche aus dem Zentrum in einen Nebenraum, wo sie nicht stört. Im übrigen entspricht die architektonische Anlage der Küchen mit Herd und Backofen genau der in Italien. Kennzeichnend für die Gutshäuser im Norden sind ihre großen tiefen Keller, die sich unter den Eckrisaliten oder der Portikus erstreckten und von einer Treppe in der Halle oder im Hof zugänglich

100 Nachbildung eines hölzernen Gelagetisches (im Museum von Haltern/Westfalen) nach einem dort gefundenen hölzernen Tischbein. Diese Art Tisch ist sozusagen ein ›Standardmodell‹, er findet sich auch auf vielen bildlichen Darstellungen in der gleichen Form.

101 Blick in eine rekonstruierte Küche des 2. Jhs. n. Chr. in Augusta Raurica mit Speiseinszenierung, die den botanischen und zoologischen Funden der Herdstelle nachempfunden wurden.

102 Amphoren in verschiedenen Formen für (von links) Wein, garum, Olivenöl. Aus Augusta Raurica, 1. Jh. n. Chr.

103 Muschel- und Amphorenverkäufer in einer Hafenstadt am Mittelmeer. Detail des Oceanus-Mosaiks aus der Peristylvilla von Bad Kreuznach. Aus der Apsis des Saales, die als Triklinium diente, hatte der Bankettant dieses Mosaik im Blick, das ihm so eine gewisse Illusion der warmen, mittelmeerischen Heimat im kühlen Germanien bot. 3. Jh. n.Chr.

waren. Dort wurde das zur Versorgung der *familia* in den Wintermonaten Notwendige in Regalen, Kisten, Amphoren und Holzfässern gelagert: gepökeltes Fleisch, geräucherter Schinken, eingelegter Fisch, Gemüse und Obst (getrocknet oder in Honig bzw. Öl eingelegt) und getrocknete Hülsenfrüchte, Öl und Wein in großen Kugelamphoren. Durch Sand auf dem gestampften Kellerboden war für festen Stand der Behältnisse gesorgt.

Die römische Villa von Bad Kreuznach

Im Haupthaus der römischen Villa von Bad Kreuznach mit einem großen Empfangs- und Repräsentationssaal, der durch seinen aufwendigen Innenausbau mit dem Oceanus-Mosaikboden, einem Wasserspiel in der Raummitte und Triklinium auffällt, fanden nach Ausweis der Auswertung der gefundenen Speiseabfälle Gastmähler ›wie in Rom‹ statt. Wild, Schwein, Geflügel und Wildvögel wurden aufgetischt, wenn der Hausherr, vielleicht ein hoher Offizier der Mainzer Garnison, zu Tisch geladen hatte. Auch Schnecken und Muscheln wurden den Gästen vorgesetzt. Der alltägliche Bedarf an Nahrungsmitteln für das Personal dagegen, d. h. den Verwalter, die Diener und Saisonarbeiter, die Zulieferer und alle anderen im Haus und Hof Beschäftigten, wurde mit Getreide in Form von Brei und Brot sowie Gemüsen gedeckt. Gelegentlich kam auch Fleisch von Rind, Schwein oder Schaf auf den Tisch, so jedenfalls lassen die Reste aus den Abfallgruben der Nebengebäude vermuten.

»Streifenhäuser«

Mit der Wohnform in der villa rustica hatte der Römer, der als Handwerker, Händler oder Schankwirt der Armee in den Norden gefolgt war, oder der nach vielen Dienstjahren entlassene einfache Soldat, nichts zu tun. Ihnen wurde vom Militär ein Grundstück an der Straße zum Lager zugeteilt; damit möglichst viele Leute sich in Kastellnähe niederlassen konnten, hatten solche Häuser nur eine schmale Front zur Straße, nicht breiter als 9–10 Meter. Doch die Tiefe der Grundstücke war nahezu beliebig, etwa 50–70 Meter. Auf der Parzelle hatte ein um die 20 Meter langes Haus Platz, der hintere Teil war einem Garten mit Hühnerhof u.ä., Brunnen und Latrine vorbehalten.

Die Häuser mit einem oberen Stockwerk unter dem ziemlich steilen Dach waren in der Anfangszeit aus Holz und Fachwerk, später aus Stein errichtet. Sie standen dicht an dicht, sodass die Dächer sich fast berührten. Die über die Hausfront hinausragenden Dächer waren mit Pfeilern abgestützt, wodurch ein auf drei Seiten offener Vorplatz entstand, der sich gut nutzen ließ: von Handwerkern zum Arbeiten, von Händlern dazu, die Ware feilzubieten, von Wirten für den Ausschank. In den Häusern war die Aufteilung vorgegeben: ein Korridor in der Hausmitte führte zu den einzelnen Räumen, die reichlich dunkel waren, da nur auf der Front und Rückseite Licht hineingelangen konnte, so dicht nebeneinander standen sie. In der Mitte des Hauses lag der Herd, jeweils an einer Innenwand, sodass die Wärme in die umliegenden Räume ausstrahlte. Häuser dieser Art, sog. »Streifenhäuser«, hatten zumindest in Süddeutschland auch Keller. Dieser war im vorderen Teil des Hauses über eine Treppe im Hausinneren zugänglich. Dort wurden vor allem Wein in Amphoren und lagerfähige Lebensmittel, z.B. Hülsenfrüchte, aufbewahrt.

Die römische Stadt Augusta Raurica

Die Großküche in der Insula 1

Sehr vielfältige, dichte Informationen über das Leben in den nördlichen Provinzen liefert Augst bei Basel, das in der Germania Superior gelegene Augusta Raurica der Römer. Wesentliche Teile der Stadt mit öffentlichen Gebäuden und privaten Wohnquartieren wurden hier ausgegraben und erforscht. Für das Thema der Speisekultur besonders ergiebig sind dabei die Funde und insbesondere deren archäozoologische und archäobotanische Auswertung, die in einer Großküche im Komplex eines herrschaftlichen Hauses in der Insula 30 gemacht wurden. Hier trat eine enorme Menge an Knochen und anderen organischen Resten von Säugetieren, Vögeln, Fischen und anderem zum Verzehr geeigneten Getier zutage, und zwar insbesondere in Türritzen und unter Türschwellen, in Hohlräumen und in den Lehmaufträgen. Man fand die abgehackten Wirbel- und Rippenstücke sowie die Mittelfuß- und Zehenknochen von Schweinen, kleine Knochenstücke von ganz jungen Spanferkeln, von Lämmern und Jungziegen, von Hasen und Vögeln.

Der weitaus überwiegende Teil der Säugetierreste stammte hier vom Schwein, sehr gering waren die Knochenstücke vom Rind, noch weniger kommen Schaf oder Ziege vor. Recht hoch war wieder der Anteil an Hasenknochenresten (ungefähr ein Drittel von dem der Schweine). Man meint, in der Verteilung die aus Rom und Italien bekannten Vorlieben der Römer wiedererkennen zu können, wo ja Schwein und Hase die absoluten Favoriten waren.

Unter den Vogelknochen war das Haushuhn bei weitem am häufigsten vertreten, während die Reste von Gans dagegen stark zurücktraten, minimal vertreten waren Taube und Ente, stärker wieder Misteldrossel und Rebhuhn; Haselhuhn und Waldschnepfe bildeten ebenfalls eine Randerscheinung. Darüber hinaus ergab sich, dass die Besitzer dieses herrschaftlichen Hauses sich auch am Verzehr von Singvögeln wie Star, Kernbeißer, Stieglitz, Buchfink, Raubwürger, Drossel, Amsel und Nachtigall sowie an den Entenvögeln Knäkente und Gänsesäger gütlich getan hatten. Von den

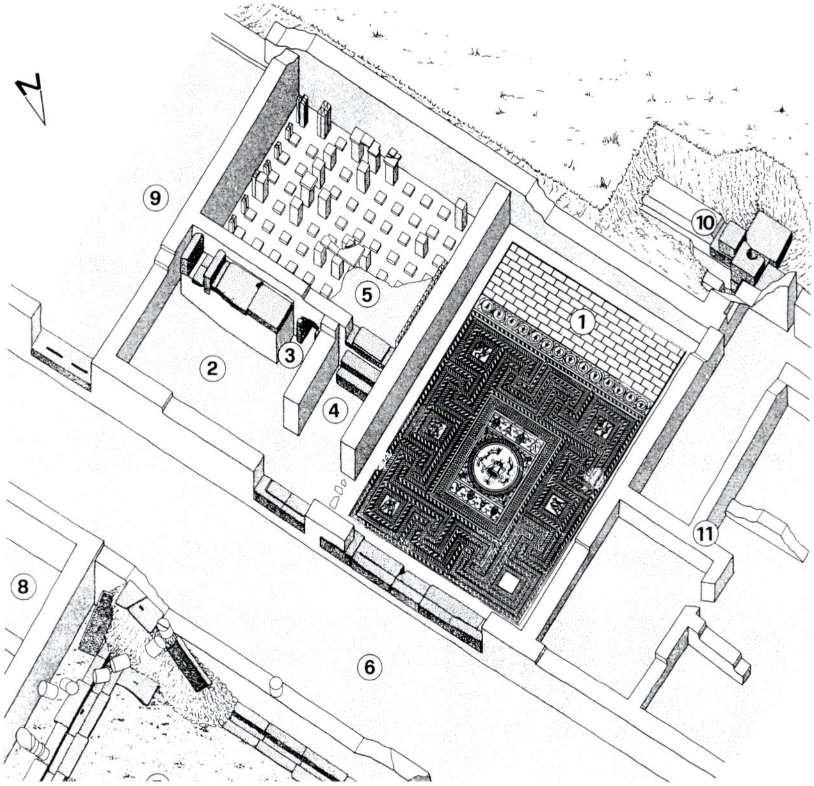

104 Zeichnerische Ansicht eines Teils der Insula 30 in Augusta Raurica mit Küche (2), heizbarem Winterspeisesaal (5) und Mosaiksaal (Sommerspeisesaal) mit Platz für ein erhöhtes hölzernes Triklinium.

beiden letzteren, relativ großen Entenvögeln, wurden auch in Vindonissa, heute Windisch, Knochen in ansehnlicher Zahl gefunden. Auch im Falle gerade der Singvögel finden wir hier also wieder mutterlandsrömische Leidenschaften.

Ebenfalls feststellbar waren Kieferstückchen, Wirbel, Gräten und sogar einige Schuppen von Fischen. Eine der Schuppen war so typisch, dass sie als zur Äsche gehörig bestimmt werden konnte. Man aß also, was in Italien bei Feinschmeckern nicht so sehr geschätzt wurde, Süßwasserfisch, d.h. Fisch aus dem Rhein und seinen Nebenflüssen. Außerdem gelangten nach Ausweis der Funde Frösche auf den Tisch (von denen feine Knochen ausgeschlämmt werden konnten), eine Sitte, die es in Italien nicht gab. Genauso wie in Italien gab es jedoch als Delikatesse Schnecken, von

105 Bronzener Löffel aus Augusta Raurica, Mitte des 1. Jh. n.Chr. An dem Löffel haftet noch ein Stück der Schale eines Hühnereis.

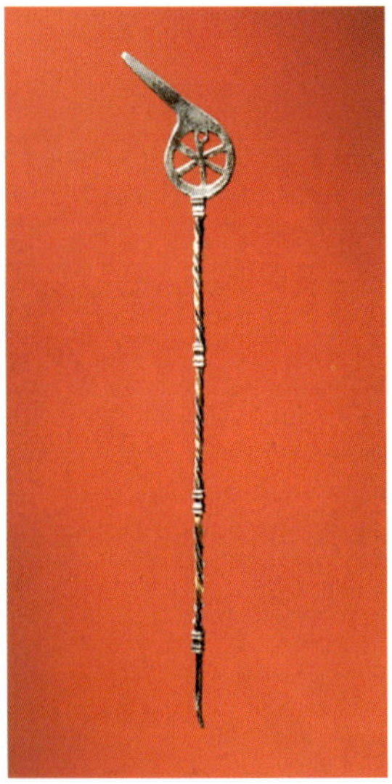

106 Silberner Zahnstocher aus dem Silberschatz von Kaiseraugst, um 350 n.Chr. Das Symbol XP (die griech. Buchstaben chi und rho, für ›Christus‹) verweist auf einen Christen als Besitzer.

107 Delikatessen aus allen Gebieten des römischen Reiches wurden herbeigeschafft: Datteln aus Afrika, Feigen und Kastanien aus Südeuropa sowie Austern aus der Nordsee konnten in Augusta Raurica nachgewiesen werden. Inszenierung von Ursi Schild.

denen zahlreiche Gehäuse ans Licht gefördert wurden. Wenn in diesem Komplex Austern nicht auftraten (wohl aber an anderen Orten), kann das nur darauf hindeuten, dass keine organischen Reste auf uns gekommen sind – oder der Hausherr aus irgendeinem Grund keine anbot.

Das Augster Stadtgebiet

Im übrigen bestätigen andere Funde im Stadtgebiet des römischen Augst, dass Reste vom deutlich teureren Schweinefleisch in den Wohngegenden der Reicheren, in einem vornehmen Hotel *(mansio)* oder auch in einer *taberna* am Theater zu finden waren, das billigere, aber auch dabei noch recht seltene Rindfleisch dagegen in den Vierteln der Handwerker und Arbeiter. Die einfachen Leute aßen auch hier gewöhnlich fleischlos, beschränkten sich auf Brot, Getreidebrei, Hülsenfrüchte und Gemüse. Insofern sind auch die Funde von Geflügelknochen in den teureren Stadtquartieren deutlich häufiger.

Die Herdstelle in der Insula 1

Ein weiterer aussagekräftiger Fundort für das Essverhalten und damit den sozialen Status einzelner römischer Bewohner Augusta Rauricas ist die Herdstelle innerhalb eines Steingebäudes in der Insula 1. Hier sind wieder belegt viel Schwein, Haushuhn und Feldhase, ganz wenig Schaf, Ziege, Rind, außerdem neben Gans, Ente und Taube selbst Auerhuhn, Rebhuhn, Aal und Auster. Schafe und Ziege, das zeigen die genaueren Analysen der Knochen, wurden hier offenbar jung geschlachtet, wurden also, wenigstens in diesem Fall, zum Verzehr gezüchtet und hatten nicht die übliche Etappe als Woll- bzw. Milchlieferanten hinter sich. Wo Hühner sind, gibt es Eier, die auch schon die Römer mit dem Löffel aus der Schale aßen, und so wurden dort Eierschalen zahlreich nachgewiesen.

Damit man auch kleinste Knochen, Gräten oder Schuppen nicht übersah, wurde die Erde aus der Umgebung des Herdes geschlämmt, d.h. die Materialproben wurden mit Wasser ausgewaschen und gesiebt, so dass auch feinste Bestandteile in den Filtern zurückblieben. Auf diese Weise ließen sich Reste von Austern und Fischen sowie Knochen von Singvogelarten, die etwa die Größe von Kohlmeisen besaßen, aber auch von Wildvögeln aussondern.

Außer den Vogelknochen (15 %) wurden aus dem die Herdstelle umgebenden Erdmaterial Reste von Kleinnagern (9 %) herausgefiltert, bei denen es sich wahrscheinlich um Mäuse handelte, die aber nicht als ›Delikatesse‹, sondern als ›Konkurrenten‹ der menschlichen Hausbewohner angesehen werden müssen.

Fast die Hälfte der Schlämmfunde (49 %) ist allein den Fischen zuzuweisen. Unter den 221 bestimmbaren Resten ist die Mittelmeermakrele am häufigsten vertreten; etwa zwei Drittel gehören dieser Fischart an, die sonst nördlich der Alpen nur in Einzelfunden belegt ist. Zum dritten Drittel sind lachsartige Fische zu zählen, wie z.B. Lachs, Bachforelle und Äsche, sowie karpfenartige Fische, zu denen Barbe und Laube gehören.

Insgesamt gewinnt man also anhand all dieser Knochen und Gräten, die sich im Laufe der Zeit um die Herdstelle angesammelt hatten und nun den Archäozoologen als wertvolle Funde ›serviert‹ wurden, Einblick in die Ernährungsgewohnheiten einer sozial gut gestellten Bewohnerschaft.

Die Untersuchung dieser Herdstelle aus der 1. Hälfte des 2. Jahrhunderts beschränkte sich natürlich nicht nur auf die Faunareste, sondern berücksichtigte in gleicher Weise auch die pflanzlichen Überbleibsel. Obwohl nur relativ wenige botanische Reste erhalten waren – alle in verkohltem Zustand, unverkohlte Reste zerfallen nämlich im Laufe der Zeit –, ergaben diese trotzdem ein breites Artenspektrum. An Getreidepflanzen sind zu nennen: Spelzgerste, Emmer, Dinkel, Roggen und Rispenhirse; sie bildeten die Grundlage zur Herstellung von Brei, Brot und Eintopf. Nicht nachgewiesen wurden Nacktweizenkörner, aus deren Mehl man die feineren und feinsten Kuchen buk. An Hülsenfrüchten fanden sich Linsen und Ackerbohnen, ebenfalls Grundlage für viele Gerichte.

Dinkel und Austern: Blick in das Menü der Römer im Norden

An vielen Punkten der Germania Inferior und Superior, der Agri Decumates und der Provinz Belgica (desgleichen in den Militärlagern der ›Germania libera‹) ergeben Funde und Analysen von Nahrungsmittelresten das gleiche oder – in vielen Fällen – auch ein ergänzendes Bild zu dem in den vorhergehenden Abschnitten Beschriebenen. Trotz der zum Teil fast unvorstellbaren Menge an Einzelobjekten, z. B. mehr als 1200 Gruben mit Tierknochen, Schlacht- und Speiseabfällen in Dangstetten (Kreis Waldshut), 87000 Tierknochenfunde in Hüfingen (Schwarzwald-Baar-Kreis) oder fast 4000 Reste von Pflanzen heimischer Sorten in einer Brandbestattung in Zülpich, enthüllen all diese Funde und Analysen eines nicht: nämlich wie die Speisen zubereitet wurden und wie sie geschmeckt haben könnten. Lassen wir also für einen Augenblick unsere Kenntnisse von der römischen Küche beiseite, die wir anhand der literarischen Zeugnisse und des ›Apicius‹, zum Teil auch bildlicher Darstellungen, gewonnen haben, müssen wir konstatieren, dass die Knochen und Kerne, Samen und Gräten ein zwangsläufig relativ farbloses und unvollständiges Bild ergeben. Gerade das, worauf es den Römern ankam, die »besondere Zubereitung« und die »Reizmittel« für den Hunger (s. o.: Tacitus, *Germania* 23), bleibt allein von den Funden her betrachtet im Dunkeln. Zweifellos aber folgten Zubereitung und Würzmethoden den Gewohnheiten von zu Hause.

108 Szene mit Darstellung eines Gastmahls: Auf einem Triklinium liegen drei Männer, die von einem Diener bedient werden. Auf dem mit einer Decke gedeckten Tisch erkennt man verschiedene Speisen. Aus Mainz, 2./3. Jh. n.Chr.

Getreide und Hülsenfrüchte

Sehr gut unterrichtet sind wir aufgrund der zahlreichen Funde über das Grundnahrungsmittel, das Getreide in seinen verschiedenen Arten; oft finden sich mehrere davon in einem Zusammenhang. Es handelt sich auch hier um Dinkel und Emmer, Gerste und Rispenhirse, Roggen, Hafer, Einkorn und Nacktweizen, die die Grundlage von Brei und Grütze sowie Brot und Kuchen bildeten; auch Saatweizen wurde ausgemacht. Getreide findet sich regelmäßig als Beigabe in Gräbern, bisweilen entdeckte man es wie z. B. in der Villa von Oberkochen in Holzkisten im Keller, wo es einen Vorrat der Bewohner bildete. Von den Getreidedepots im Legionslager Neuss war oben schon die Rede. – An Hülsenfrüchten wurden v. a. Ackerbohnen, Erbsen und Linsen nachgewiesen, so in Köngen, dem römischen Grinario, wo man Ackerbohnen als Vorrat in einem Steinkeller aus der Zeit zwischen 141 und 160 n. Chr. fand. In der römischen Villa von Lauffen (Kreis Heilbronn) stieß man auf Ackerbohnen in einer Holzkiste in einem der Wirtschaftsgebäude.

Bei der Villa von Lauffen (ca. 150–260 n. Chr.) handelte es sich um einen typischen Einzelhof von 50 bis 60 ha Größe in Hang- bzw. Terrassenlage mit Wirtschaftsfläche in unmittelbarer Umgebung. In jeder Hinsicht erfüllte sie alle Normen für einen gewinnbringenden Gutsbetrieb. Dank geeigneter Böden war der Ackerbau, d. h. der Anbau von Weizen und Gerste einträglicher als die Viehzucht. Der größte Teil der Ernte wurde verkauft; Soldaten in den umliegenden Kastellen bzw. die Bewohner der nächsten Dörfer und Städte waren die Abnehmer.

109 Die drei Spelzweizenarten: Dinkel, Emmer, Einkorn (von links).

110 Tongestell mit Kochtopf und Schneckengehäuse. Römermuseum Homburg-Schwarzenacker/Saar.

Selten brachten die Funde Reste von mit Getreide hergestellten Produkten ans Licht. Im Gräberfeld von Wederath, das sowohl keltische, also vorrömische, wie auch gallo-römische Bestattungen in reicher Zahl enthielt, konnte man Reste von gesäuertem Brot und Kuchen identifizieren. Das Gräberfeld von Saffig (Kreis Mayen-Koblenz) enthielt in Sigillatagefäßen organische Substanzen, die sich nach Analyse als gesäuertes Brot mit einer Vertiefung in der Mitte und als ein schalenförmiges Feingebäck aus sehr feiner Kuchenmasse erwiesen, das nach dem Backen mit einer Fruchtfüllung versehen wurde. Das Brot mit der Vertiefung in der Mitte wird als spezielles Kultbrot interpretiert.

Wahrscheinlich musste Getreide als Grundnahrungsmittel zusätzlich zur örtlichen Produktion in größeren Mengen importiert werden, vermutlich wurde es hauptsächlich aus Gallien und Britannien in die hiesigen Regionen geliefert. Es lässt sich aber nicht ausschließen, dass auch aus der Po-Ebene, aus Mittelitalien und Sizilien, ja sogar aus Dakien, dem Schwarzmeergebiet und anderen fruchtbaren Landstrichen große Transporte ankamen.

Obwohl das Lager Marktbreit, das möglicherweise für zwei Legionen (ca. 12000 Mann) gedacht war, so gut wie fundleer zurückgelassen wurde, sind einige interessante Anhaltspunkte hinsichtlich der Lagerung des Getreides zutage getreten. Archäologen gruben hier ein großes Wirtschaftsgebäude aus, das eine bemerkenswerte Innenkonstruktion aufwies. In keinem anderen römischen Lager kam bisher etwas Vergleichbares zum Vorschein: eine Darre von ganz beträchtlichen Ausmaßen. Dieser Trockenraum mit einer Ofenstelle und Heizzügen diente dazu, Getreide, vor allem Weizen und Dinkel, zu trocknen und so vor dem Verfaulen zu bewahren. Kein antiker Landschriftsteller erwähnt solche Anlagen, ihren Aufbau und ihre Funktion, denn in Italien bzw. den Mittelmeerländern waren Darren nicht nötig. In den germanischen Provinzen dagegen mit kühler und feuchter Witterung bedurfte das Getreide der Trocknung, wollte man es länger aufbewahren.

Außerdem scheint es in dem Wirtschaftsgebäude eine Art ›Schlachthof‹ gegeben zu haben. Es fanden sich gatterartige Torgassen, durch die möglicherweise die Tiere in diesen ›Schlachthof‹ geschleust wurden. Zu der Anlage gehörte auch eine zaunartige Umhegung, wo sich die Tiere bis zum Schlachten aufhielten. Diese Einrichtungen ermöglichten eine geregelte Grundversorgung der Truppe mit Frischfleisch und Milch. Allerdings wurden in dem Gebäude keine Tierknochen gefunden, sodass die Theorie der Ausgräber dadurch nicht untermauert werden kann.

Zu den Importartikeln dürften auch Hülsenfrüchte, vor allem Kichererbsen gehört haben. In Vindonissa, heute Windisch in der Schweiz, aber auch im römischen Rheinland sind solche, in Salzlake konserviert, entdeckt worden. Aus südlichen Gebieten eingeführt wurden auch verschiedene Gemüsearten wie Rote Bete und Rüben, Sellerie und Knoblauch, Möhre und Pastinak sowie Portulak.

111 Ein Kultbrot aus einem Brandgrab von Saffig, 2. Jh. n. Chr. Die schalenförmige Vertiefung diente der Mitgabe einer unbekannten Masse.

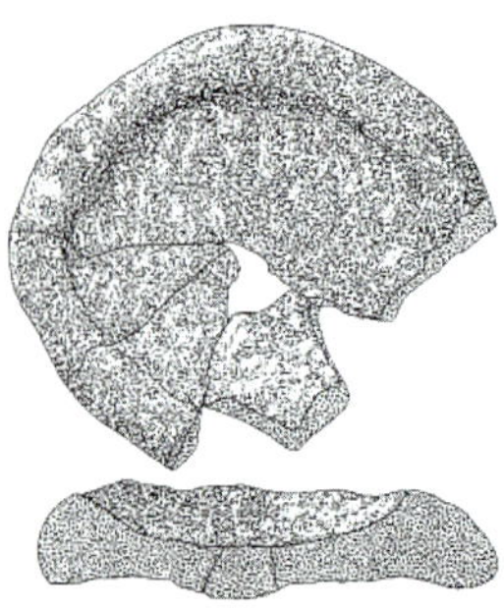

Gemüse, Gewürzpflanzen, Obst

Obwohl die Erhaltung von Resten anderer Pflanzen als Getreide an eine ganze Reihe günstiger Umstände geknüpft ist, haben viele Funde und deren Analysen zu aufschlussreichen Einblicken geführt. Allein die Liste der aus den Abfallgruben des Militärlagers Haltern aufgelesenen Reste pflanzlicher Nahrungsmittel ist lang und enthält noch einiges mehr als die Oberadener Fäkaliengruben. Auf heimischen Äckern dürften Rettich, Möhren, Kürbis und Salat gewachsen sein, während Olivenkerne, Pfeffer, Selleriesamen, Koriander, Traubenkerne, Feigensamen, Dillsamen und Mandeln von Pflanzen aus dem Mittelmeergebiet stammen. Auch von wild wachsenden Pflanzen, d.h. ihren Früchten wie Äpfeln und Schlehen, haben sich die römischen Besatzer ernährt, was die mitgefundenen Kerne beweisen. Die Reste von schwarzem und weißem Pfeffer aus dem Militärlager Oberaden (Bergkamen, Nordrhein-Westfalen) sind die ältesten, die aus römischen Zusammenhängen in Germanien gefunden wurden.

Im Gebiet der Agri Decumates kam eine Spezialität dieser Landschaft, der Römische Sauerampfer (rumex scutatus), vor, der bei den Römern als Salat- und Gemüsepflanze sehr beliebt war; er wurde bis an den Niederrhein gehandelt. Dies zeigt in anschaulicher Weise ein Amphorenbruchstück aus Neuss, dessen eingeritzte Inschrift auf der Henkelzone deutlich zu erkennen ist: RVMI M S XI. Die Buchstaben können folgendermaßen gedeutet werden: rumi(cis) m(odius) (I) (et) s(extarii) XI, d.h. »1 Modius und 11 Sextarii [etwa 14½ *l*] Sauerampfer«.

Reste von Kümmel, Fenchel und Petersilie in Xanten belegen, jedenfalls ausschnittweise und ohne dass es eine Überraschung darstellte, dass die gleichen Küchenkräuter wie in Rom verwendet und zu diesem Zweck eingeführt wurden. Es ist zu erwarten, dass die Märkte all das feilhielten, was der Römer in seiner Küche brauchte; zahlreiche der ursprünglich in fernen Ländern beheimateten Gewächse wurden in römischer Zeit auch in den nördlichen Provinzen in Kräutergärten gezogen und auf diesem Wege in die hiesigen Gegenden ›verpflanzt‹ und heimisch gemacht wie Liebstöckel, Majoran, Melisse, Dill, Bohnenkraut, Borretsch, Kerbel, Petersilie, Sellerie.

Obst

Ein in Xanten gefundenes Männergrab (ca. 80 v. Chr.) bewahrte neben den Resten des Scheiterhaufens einen unansehnlichen Klumpen, der sich bei der späteren Untersuchung als ein Konglomerat von Importobst identifizieren ließ, ein bisher einzigartiger Fund. Allein zwanzig vollständige Feigen und fünf vollständige Datteln sowie vier Kerne und Fruchtfleisch von weiteren sieben Früchten, vier Mandeln, vier Wal- und dreizehn Haselnüsse ließen sich aus dem Klumpen herauspräparieren.

Datteln wurden außerhalb ihrer Ursprungsländer, im östlichen Mittelmeerraum und Nordafrika, nur recht selten gefunden. Im Rheinland kamen sie außer in Xanten noch in Neuss und Köln zutage, ebenfalls etwa in Gräbern von Siesbach im Hunsrück und Kempten im Allgäu. Auch die vier Mandeln aus dem Xantener Grab stellen eine Besonderheit dar; sie dürften ebenfalls aus dem ostmediterranen Raum stammen. Diese Frucht war uns bereits unter den Funden im Lager von Oberaden (11–8 v. Chr.) aufgefallen. Ob es sich bei diesen Dattelbeeren um solche aus Galiläa, die unter dem Namen *caryotae* bekannt waren und häufig in der Küche des Apicius Verwendung fanden, handelt, lässt sich nicht mit Bestimmtheit sagen. Diese Sorte war besonders saftig und zeichnete sich durch einen fruchtigen Honig- und Weingeschmack aus. Auch die Dattel aus Siesbach besitzt noch recht viel Fruchtfleisch, sie kann also nicht zu den billigen, fast fleischlosen Früchten aus Theben (Ägypten) oder Arabien gehören. Die galiläischen Datteln zählten zu den teuersten Früchten, die – wie auch heute noch – in getrocknetem Zustand in kleinen Fässchen oder Holzkistchen aus dem Orient nach Italien und den Provinzen gehandelt worden sind.

In Rottweil und Köngen gab es im 2. Jahrhundert n. Chr. einen hoch entwickelten Anbau von Obst- und Gartenpflanzen; außerdem spielten Importe, etwa von Feigen, eine Rolle. Obst wurde natürlich auch in Germanien für den Winter, wenn nicht in Honig eingelegt, dann getrocknet gelagert. In einem kleinen Anwesen in Lörrach-Brombach, das eine Familie bewohnte, die sowohl der Landwirtschaft als auch dem Gewerbe der Knochen- und Geweihschnitzerei nachging, fan-

112 Aus den Fäkaliengruben des Legionslagers Oberaden: Feigensamen, Olivensteine, Pfefferkörner, Koriander, Weintraubenkerne, Apfelkerne. Bis auf Koriander und Äpfel handelt es sich um importierte Obst- und Gewürzarten.

113 Küchenmesser mit beinernem Griff aus dem Kastell Oberstimm, südlich von Ingolstadt. Gesamtlänge 41 cm. Messer wurden in unterschiedlicher Größe gefunden, vom kleinen ›Taschenmesser‹ bis zu solchen Zubereitungsmessern für Küche oder Metzgerbetrieb.

114 Freigeblasene Gläser in verschiedenen Farben aus Trier. Die gallische Glasproduktion machte den italischen Glasherstellern stärkste Konkurrenz. Rhein. Landesmuseum Trier.

den sich im Kellerschutt verkohlte Äpfel. Der im Kastellvicus und im Lager Mainhardt (Kreis Schwäbisch Hall) festgestellte hohe Anteil von Sammelfrüchten, d.h. von Wildobst und Nüssen, belegt die Bedeutung dieser natürlichen Ressourcen für die Ernährung.

In den Gräbern von Saffig kamen neben wilden Waldfrüchten Wildkirschen, aber auch die aus diesen veredelte Form der Süßkirschen, ferner Zwetschgen, Pflaumen, Himbeeren, Brombeeren, Holunderbeeren und gelegentlich Weinbeeren vor. Alle diese Pflanzenarten, deren Früchte den Lebenden als Speise dienten und die man den Toten mit auf die Bahre legte, wuchsen ebenfalls in den hiesigen Breiten und waren – bis auf die Weinreben – hier heimisch.

Auch im Gebiet der Agri Decumates war Obst in vielen Formen, Arten und Geschmacksrichtungen vorhanden. Äpfel, Birnen und Kirschen gediehen in großen Obstgärten. Wie die Kirschen waren auch die Pfirsiche und Walnussbäume erst nach der römischen Eroberung dort angepflanzt worden, während verschiedene Zwetschgensorten hier schon immer heimisch waren.

Honig

Honig, das wurde schon weiter oben dargestellt, war als elementares Süßungsmittel statt Zucker in der Küche wie auch beim Einlegen z.B. von Obst unentbehrlich. Er wurde in besonderen Töpfen gehandelt, von einem solchen besitzen wir eine Scherbe im luxemburgischen Dalheim. Sie gehört zum Oberteil des Honigtopfes, auf dem eine Inschrift eingeritzt ist: .P.XXIIII T P VS. Hierbei handelt es sich um zwei verschieden alte Inschriften. Die ältere besteht aus den Buchstaben T P VS; diese sind folgendermaßen zu ergänzen: »T(esta) P(ondo) V S(emis)«, d.h. ein Topf mit einem Gewicht von 5½ (römischen) Pfund. Das leere Gefäß wog also ursprünglich 5,5 × 327 g = rund 1800 g. Es kommt sehr häufig vor, dass das

115 In Trier gefundener Honigtopf, auf ihm sind Inhalt (mel) und Gewicht vermerkt. (Rhein. Landesmuseum Trier).

Leergewicht eines Gefäßes auf diesem angegeben ist, vor allem dann, wenn man ein solches Gefäß regelmäßig beim Einkauf auf dem Markt benutzte, wie es bei Honigtöpfen der Fall ist. Dem Verkäufer ersparte die Angabe des Leergewichts das zweimalige Wiegen.

Später wurde der ersten Inschrift eine zweite vorangestellt: .P.XXIIII, d. h. »P(ondo) XXIIII«. Hier werden 24 (römische) Pfund genannt, das sind etwa 7850 g. Ob es sich dabei um das Gesamtgewicht, also das Brutto, oder um das Gewicht der Füllmenge, das Netto, handelt, ist angesichts des fragmentarischen Zustandes des Gefäßes nicht zu entscheiden. Nicht auszuschließen ist jedoch die Möglichkeit, dass das Gefäß wirklich ein Honigtopf mit einem Fassungsvermögen von etwa 3 kg gewesen war.

Pfeffer

Pfeffer, das für den römischen Gaumen unverzichtbare Luxusgewürz: Neben den vereinzelten Funden von Pfefferkörnern im Norden (s. o.) bildet ein Fund aus Trier einen anschaulichen Hinweis auf den imperiumsweiten Handel mit Pfeffer. Aus der Mosel wurde dort ein beschriftetes Bleitäfelchen geborgen, ursprünglich ein Warenetikett. Es ist beidseitig folgendermaßen beschriftet:

Vorderseite:	NOVIILV	novel(l)u[m]
	PIPIIR...	piper[---
Rückseite:	PVIII	p(ondo) VIII
	NSEXX	n(?ummum)
		se(?estertium) XX [---

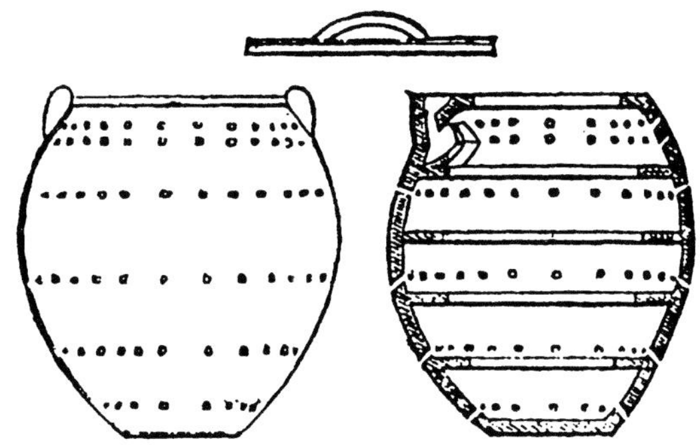

116 Nachzeichnung eines in Pompeji gefundenen Bienenkorbs aus Ton mit Deckel, links von außen, rechts Querschnitt.

Ob es sich bei dem Artikel um *schwarzen* Pfeffer gehandelt hat, der für eine Trierer Küche bestimmt war, lässt sich nicht mit Sicherheit sagen, während aus der Inschrift eindeutig hervorgeht, dass *frischer* Pfeffer, und zwar acht römische Pfund, das sind etwa 2620 g, geliefert werden sollten und wahrscheinlich auch den Adressaten erreicht hatten.

Heilkräuter

Unter den Trümmern des Lagerlazaretts in Neuss fanden sich verkohlte Spuren von acht verschiedenen Heilkräutern. Zu ihnen gehören Tausendgüldenkraut, Bilsenkraut, Bockshornklee und Eisenkraut, die schon Plinius und Columella als Heilkräuter erwähnen. Ferner hat man Dill, Thymian und Koriander sowie Johanniskraut gefunden; von ihrer Verwendung zu medizinischen Zwecken wird in der Antike ebenfalls berichtet. Alles spricht also dafür, dass es sich bei diesem Zimmer um die Apotheke des Lazaretts gehandelt hat.

Ein ähnlicher Befund ergibt sich für Rottenburg (Kreis Tübingen, der römischen Stadt Sumelocenna): In einem Keller der Siedlung entdeckte man den Vorratsfund eines Arztes oder Apothekers aus der Zeit zwischen etwa 150 und 200 n. Chr.; er bestand aus Früchten und Samen der Wilden Malve, die als Heilpflanze galt.

Fleisch – Haustiere

Die beträchtliche Zahl von Knochenfunden in Gräbern, Legionslagern, *vici* oder anderen Anwesen dokumentiert insgesamt in der anteilmäßigen Zusammensetzung die zu erwartende Rangliste: ganz vorn Schwein, mit großem Abstand Rind, Ziege und Schaf, häufiger wieder Hühner, nicht selten Wild. Im Militärlager von Hofheim im Taunus fanden sich als Besonderheit unter den Küchenabfällen auch Pferdeknochen. Pferdefleisch war aus der römischen Küche an sich völlig ausgeschlossen, geradezu mit einem Tabu belegt; sollte es hier trotzdem verzehrt worden sein, vielleicht in einer kritischen Notlage?

117 Das Bleietikett bezeugt den Handel mit Pfeffer im römischen Trier: Die Vorderseite gibt an ›novellum piper‹ (›frischer Pfeffer‹), die Rückseite Gewicht (pondo VIII) und wahrscheinlich den Preis.

118 Taberna eines Schankwirts, Relief auf einem Grabpfeiler in Trier St. Maximin, um 200 n. Chr. Der Wirt serviert zwei Gästen gerade Wein, auf der Theke links erkennt man einen Käse und einen Schinken. Über der Theke hängen Krüge, davor stehen eine (Wein)Amphore und ein Fass vielleicht mit eingesalzenem Fisch. Rhein. Landesmuseum Trier.

Für die Versorgung der Truppen und der Bevölkerung mit Fleisch sorgten die großen, das ganze Land überziehenden *villae rusticae,* die zum Teil spezialisiert arbeiteten, oder Importe aus Gallien oder gar Italien. Auf Rinderhaltung deutet z. B. ein hoher Anteil an Stallmist im Ostkastell von Welzheim, der in zwei verfüllten Brunnen gefunden wurde.

Man kann vermuten, dass auch aus Gallien umfangreiche Fleischlieferungen in die Nordwestprovinzen erfolgten. Die Gallier besaßen »so gewaltige Schaf- und Schweineherden, dass der Überschuss an Sagum-Mänteln [den germanisch-keltischen Kurzmänteln] aus Schafswolle und an gepökeltem Schweinefleisch nicht nur nach Rom selbst, sondern auch in die meisten Regionen Italiens geliefert« wurde, berichtet der griechische Geograf Strabon für die Zeit des Augustus.

Fleisch – Wild

Dass die Jagd zur Ernährung ihren Beitrag leistete, versteht sich von selbst, gerade in so schwach besiedelten Gebieten wie den nördlichen Provinzen mit ihren dichten Wäldern und allemal beim römischen Militär, das ja auch seinen Zeitvertreib brauchte. So bieten denn auch die militärischen Anlagen besonders aussagekräftige Zeugnisse für den Verzehr von Wildfleisch.

Das Kastell Marktbreit wurde vielleicht einige Jahre vor Christi Geburt errichtet und bestand wahrscheinlich keine zehn Jahre lang. Alles, was noch zu gebrauchen war, hatten die Soldaten beim Abzug mitgenommen, bis auf den Inhalt des Lagerkellers. Darin fanden sich noch ein in zwei Hälften geteiltes Wildschwein, ein Wildschweinhals, zwei Junghirschkeulen, eine Rehkeule, die Knochen von Hühner- und Gänsefüßen. Dass Jagdausflüge in die Talauen am Niederrhein von Erfolg begleitet waren, beweisen die Knochen von erlegtem Wild im Kastell von Dormagen, wo man Reste von Wildschwein, Hirsch und Reh gefunden hat.

Auffällig im Lager von Hofheim im Taunus ist, dass die Mehrzahl der gefundenen Knochen nicht von Haustieren stammt, sondern von Jagdwild. Offenbar war hier die Situation zum Jagen besonders günstig. In einer Grube nahe den Lagerhallen kamen große Mengen starker Tierknochen von Schlachtvieh und Wildbret zum Vorschein; besonders zahlreich waren die Hornzapfen von Auerochsen vertreten. Letztere sowie die gefundenen Knochen und Geweihe von Hirsch und Reh müssen nach der Größe der Knochen zu urteilen zu ganz gewaltigen Exemplaren gehört haben. Dazu fanden sich Überreste von Schwarzwild, vor allem Eber, die sich leicht an ihren großen Hauern erkennen lassen.

Im Kastellvicus von Rainau-Buch (Ostalbkreis) war der Anteil an Wildtieren ebenfalls hoch, darunter fanden sich sogar Knochen vom Elch. »Daneben gibt es Tiere, die Elche genannt werden. Sie sehen ähnlich aus wie Ziegen und haben auch

119 Blick in eine römische Küche, Relief von der »Igeler Säule«, dem Grabmal der Tuchhändlerfamilie der Secundinii in Igel (an der Straße von Metz nach Trier) aus der 1. Hälfte des 3. Jahrhunderts n.Chr.; nach Farbresten auf dem Original kolorierte Nachbildung. Links wird Geschirr gespült – ein ganz seltenes Motiv –, in der Mitte bearbeitet ein Küchendiener in einem Mörser Zutaten für die unverzichtbaren Saucen, rechts wird am Herd gearbeitet. Rhein. Landesmuseum Trier.

ein buntes Fell. Sie sind jedoch etwas größer als Ziegen, haben stumpfe Hörner und Beine ohne Gelenkknöchel«, hatte Caesar geschrieben und gleichzeitig eine ›Jagdanleitung‹ mitgeliefert; »... Sie benutzen Bäume als Ruhestätten; daran lehnen sie sich an und können so, etwas zur Seite geneigt, ausruhen. Wenn Jäger aus ihren Spuren herausfinden, wohin sie sich gewöhnlich zur Ruhe zurückziehen, untergraben sie von den Wurzeln her alle Bäume. ... Wenn sich die Tiere nach ihrer Gewohnheit daran lehnen, bringen sie mit ihrem Gewicht die ihres Halts beraubten Bäume zu Fall und stürzen zusammen mit ihnen um« *(Bellum Gallicum* VI 27, Übersetzung Marieluise Deißmann)... Caesar, der Kriegsherr und Staatsmann: Verbreitet er hier in seinem Bericht an den römischen Senat ›Jägerlatein‹ oder ist er gutgläubig einem Informanten aufgesessen?

Großer Wert auf Wildbret wurde auch im Nordvicus von Rottweil, bei dem es sich um ein Villenviertel gehandelt haben muss, gelegt. Weil die Jäger offenbar nicht genug von den begehrten Wildtieren herbeischaffen konnten, verlegte man sich hier, wie der archäologische Befund zeigt, auf die Gatterhaltung von Rothirschen.

Aber auch große Wildgehege wie in Italien sind nachweisbar. Reste einer Steineinfassung einer solchen Anlage haben sich im Hotzenwald im südlichen Schwarzwald erhalten. Eine ähnliche, riesig große Anlage existierte in der Eifel bei Trier, die sog. Langmauer. Sie misst 72 km und umschließt ein Areal von etwa 220 km², das zur spätantiken Kaiservilla von Welschbillig gehört hatte. Dieses Jagdwildgehege dürfte ausschließlich der Versorgung des kaiserlichen Hofes mit Wildbret gedient haben. Vor allem in Gallien muss es jedoch eine große Anzahl Wildgehege gegeben haben. Bei Columella lesen wir darüber, dass »sehr umfangreiche Gebiete und bergiges Gelände« eingezäunt wurden, »wie es die weiten Flächen der gallischen Provinzen ... gestatten« (IX 1, 4).

Geflügel und Vögel

Aus dem Lager von Hofheim im Taunus stammen – über die üblichen Hühner usw. hinaus – Hinweise auf die Jagd auf Fischreiher bzw. Kraniche: »Die Funde von Geflügelknochen waren deutlich auf bestimmte Plätze innerhalb des Lagers beschränkt. Sie kamen, abgesehen von dem Gebiete des Kommandantenhauses, in größerer Zahl nur in den Gruben und Abraumstellen bei den Offiziersquartieren längs der via principalis, sowie in den Kellern im östlichen Lagerteil zum Vorschein. ... Die große Mehrzahl stammt von Hahn und Huhn, viel auch von der Gans. Im Kommandantenhause gefundene auffallend lange Vogelknochen wurden [...] als Mittelfußknochen des Fischreihers bestimmt« (Ritterling).

In den Genuss von Fleisch des Fischreihers zu kommen, war allerdings wohl nur den höheren Chargen des Militärs vorbehalten. Möglicherweise handelt es sich im vorliegenden Fall jedoch auch um Kraniche (die ja in den Rezepten des Apicius eine nicht unwesentliche Rolle spielen). Wie Funde ausweisen, wurden an Wildvögeln auch Waldschnepfe, Waldkauz, Uhu oder Steinadler gejagt; ob sie als Delikatessen die cena der Jäger bereicherten, ist bei der Versessenheit der Römer auf alles, was Flügel hat, durchaus denkbar.

Geflügelfarmen gab es vor allem in der Germania Inferior, in den küstennahen Gebieten von Holland und Belgien. Der Transportweg nach Obergermanien und an den Limes war damit re-

120 Jagdrelief aus Neumagen: Der Reiter in Jägerkleidung hält in der Rechten einen Hasen, vor ihm ein Jagddiener und sein Windhund, ein gallischer Vertagus. 1. H. 3. Jh. n. Chr. Rhein. Landesmuseum Trier.

121 Austern und Austernmesser mit beinernem Griff, gefunden in einer Abfallgrube in Trier, Brotstraße.

122 **Titulus pictus (gemalte Aufschrift) auf einer südspanischen Amphore. Als Inhalt wird ›altes garum‹ angegeben:**

CO(R)D(—) LIX(—) I MAURI (senkrecht)

VET(US)

AIIIA (annorum quattuor)

Q(uinti) FABI(I) PHILARGYRI

(Ladenburg)

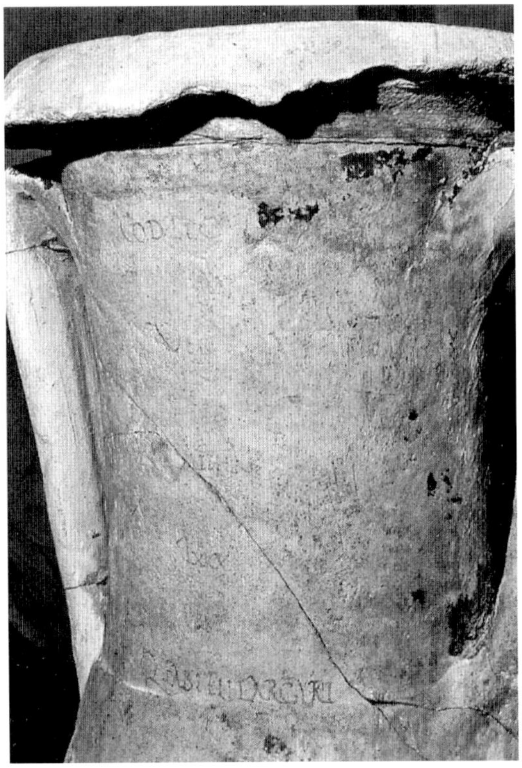

lativ kurz. Den größten Teil des Bedarfs befriedigte jedoch die lokale Geflügelhaltung, die ja auch in Italien Element jedes bäuerlichen Anwesens war.

Delikatessen

Im erwähnten Lagerkeller von Marktbreit fand sich außer dem Fleisch von Wild auch eine Auster. Bei der Untersuchung der Austernschale zeigten sich Bohrgänge von Schneckenarten, die heute nur im Mittelmeer vorkommen; dies mag ein Indiz dafür sein, dass die Muschel einen langen Transportweg aus den südlichen Regionen hinter sich gebracht hat.

Im Hof des Kommandantenhauses des Lager von Hofheim im Taunus dagegen wurde eine Grube von 2,30 × 3,60 m Größe und 50 cm Tiefe entdeckt, die innen sorgfältig ausgestaltet, mit Lehm ausgestrichen und ursprünglich wohl vollständig mit Holz verkleidet war; es scheint sich um ein kleines Wasserbassin, dessen Rauminhalt vier Kubikmeter betrug, gehandelt zu haben. Es enthielt gewaltige Massen von Austernschalen. Diese hatten den Boden völlig mit Kalk durchsetzt und fast weiß gefärbt. Offenbar diente dieses Bassin als Austernbecken, in dem sich die Muscheltiere nach langem Transport ›erholen‹ durften, bevor sie auf der Tafel des Kommandanten und seiner Gäste landeten, genauso aber als Vorratsbassin. Wir hatten gesehen, dass Austern bei keinem auch minderen kulinarischen Ereignis in Rom fehlen durften; wie konnte also ein Legionskommandant im germanischen Taunus da Verzicht üben, keine Mühen und Kosten waren zuviel. Eine Untersuchung der Austernschalen ergab, dass sie aus der Nordsee hertransportiert worden sein müssen. Das läge sogar noch unter dem wahrscheinlich möglichen Transportradius für die *Ostrea edulis,* die gewöhnliche Auster; bei angemessener Verpackung können Austern außerhalb des Meerwassers ohne weiteres bis zu 24 Tagen (manche meinen: bis zu zwei Monaten) überleben und dabei Transportwege bis ca. 1200 km überstehen. Bei einem derart großen Transportradius hätten Austern die Reise in alle römischen Provinzen nördlich der Alpen sowohl vom Mittelmeer als auch vom Atlantik und der Nordseeküste lebend überstanden. Nach den Funden von Austernschalen zu urteilen scheinen die Austernesser in den nördlichen Provinzen jedoch wie in Hofheim eher Ware von der Atlantik- bzw. Nordseeküste von Lieferanten bezogen zu haben, die frische Meerestiere zu liefern in der Lage waren.

Fische

Gräten- und Schalenfunde aus römerzeitlichen Siedlungen zeigen an, dass Süßwasserfische und Flussmuscheln oft und gerne verspeist wurden. Schwierig ist es allerdings, die Herkunft dieser Fischarten zu bestimmen, wenn sie nicht gerade aus den nahe gelegenen Flüssen stammten. Im Rhein und seinen Nebenflüssen gab es z.B. Hecht, Zander, Stör und Lachs. Von den Seefischen war die spanischen Makrele aus dem Mittelmeer überall besonders beliebt, Reste wie Wirbelknochen wurden vor allem in Truppenlagern in den Niederlanden und in der Schweiz gefunden. Zu Salzfischen verarbeitet und dadurch haltbar gemacht und in Amphoren verpackt, erreichten sie von den Küsten Spaniens oder Nordafrikas aus auch die Bewohner der nördlichen Regionen. Jede Amphore enthielt etwa 25 Makrelen von 40 bis 50 cm Länge; das Gewicht je Fisch dürfte bei 600 bis 1000 g oder sogar mehr gelegen haben. Gleichermaßen beliebt war Thunfisch, der ebenfalls genauso wie die kleinen Anchovis in Salzlake eingelegt in Fässern oder Amphoren verschickt wurde. Die Anchovis waren in ihren Amphoren sternförmig oder senkrecht angeordnet, so dass auf engem Raum eine relativ große Menge Fische Platz fand.

Aus Fässern und Amphoren

Öl, Wein und garum sind die in den nördlichen Provinzen am meisten verwendeten Produkte aus dem Mittelmeerraum. Dies belegt die große Zahl von Amphoren bzw. Amphorenfragmenten, die gefunden wurden. In vielen Fällen geben die erhaltenen Aufschriften Auskunft über den Inhalt, die Warenqualität und den Produzenten bzw. Händler. Auf dieser Grundlage, auch durch Kenntnis und Klassifizierung der zahlreichen verschiedenen Amphorenformen, lassen sich Aussagen über die komplexen Wege der Warenströme treffen. Dabei entsteht ein umfassendes Bild über die alles umfassenden Vernetzungen des Handels innerhalb des römischen Reiches und zum Teil darüber hinaus.

Eine nur wenige Quadratzentimeter große Scherbe kam 1987 in Xanten, der Colonia Ulpia Traiana, nahe einer Herberge, zu der auch ein Thermopolium gehörte, ans Tageslicht. Sie trug eine schwarze Pinselaufschrift, deren Anfang und Ende fehlen. Aufgrund des Tons und anderer Merkmale konnte man feststellen, dass es sich um das Schulterfragment einer Amphore vom sog. Halterner Typ 70 handelt; diese Gefäße dienten zum Transport von Wein und vor allem von *defrutum* und *sapa* (Sorten eingedickten Süßmostes). Bisweilen wurden auch in diese Flüssigkeit eingelegte Oliven in den entsprechenden Amphoren transportiert. Von der Aufschrift sind sechs Buchstaben vollständig erhalten: –]VTILIO[-. »Am ehesten bietet sich die Lesung MVTILIORVM, ›von den Mutilii‹, an. ... Mutilius ist ein römischer Geschlechtsname. ... Vielleicht ist das Stammland des Geschlechtsnamens der Mutilii das nordöstliche Latium gewesen« (van der Werff). Alles deutet demnach darauf hin, dass bereits im frühen 1. Jahrhundert n. Chr. Wein (oder eingedickter Most) in einer Amphore, die mehr als 21 *l* gefasst haben dürfte, aus der Gegend von Rom den Weg bis nach Xanten am Niederrhein gefunden hat.

123 Dieser Amphorenhenkel mit dem Namensstempel des Publius Rufinus aus La Catria (Andalusien) wurde in Köngen gefunden.

Als bei Kiesgrubenarbeiten zwei rundliche Gegenstände auf einem Xantener Baggersee trieben, waren die Entdecker, Arbeiter aus der Kiesgrube, erst ganz erschrocken. Nach anfänglichem Zögern fischten sie zwei vollständig erhaltene Standamphoren aus dem Wasser, öffneten die mit Kork und Wachs verschlossenen Behältnisse – und fanden nichts außer ›Dreck‹. Dieser konnte als »vertrocknete Reste von Traubentrester, wie er beim Keltern von Weintrauben anfällt« bestimmt werden (K.-H. Knörzer). Trester wurde, wie oben beschrieben, mit Wasser aus den Rückständen der letzten Weinpressung gewonnen und war als Getränk – neben Essig zur Herstellung von *posca* – auch Bestandteil der Nahrungsration der Soldaten.

Die Einfuhr von andalusischem Öl und von Wein aus Südfrankreich ist in Köngen nachgewiesen. Ein Amphorenhenkel mit dem Namensstempel des Publius Rufinus, der in Andalusien in großem Stil Olivenöl für den Export presste, zeugt von solchen Importen im römischen Germanien.

Im luxemburgischen Dalheim wurde aus demselben Brunnen, der das Fragment des oben beschriebenen Honigtopfes enthielt, auch das Oberteil einer spanischen Ölamphore geborgen, die gleich zwei Inschriften aufweist: einmal den Stempel L.I.T, der auch in verschiedenen anderen Fundorten vertreten ist, dann eine Inschrift auf der Schulter des Gefäßes. Deutlich lesbar ist das Wort MIILVRO, wobei II für E steht, also ›Meluro‹ zu

124 Relief aus Neumagen: Fragment einer Gastmahlszene mit Darstellung eines Mundschenks. Dieser hält in der Linken einen Becher, über den Arm ist eine Serviette gelegt. Auf dem von einem Löwen getragenen Tisch erkennt man u. a. einen zweihenkeligen Pokal und einen Weinkrug. Das Gesicht trägt deutlich realistische Züge. Sandstein, Ende 2. Jh. n. Chr. Rhein. Landesmuseum Trier.

lesen. Der Name Meluro ist nicht häufig belegt, und die Frage, wer ihn auf das Gefäß geritzt hat, ist nicht präzise zu beantworten. Es steht lediglich fest, dass die Öllieferung aus der Baetica in Südspanien gekommen war. Wie die Graffiti auf dem Honigtopf wurde auch der Name Meluro erst nach dem Brand auf das Gefäß aufgebracht.

In Augst wurde eine vollständig erhaltene Amphore gefunden, die mit Fischen aus der Gegend von Marseille gefüllt war, während im Vicus Vitudurum, dem heutigen Oberwinterthur, Holzfässer ans Licht kamen, die ursprünglich zu Fässern gehörten, in denen Wein aus dem Süden zu Wasser, aber auch zu Land ins Gebiet der Helvetier gebracht wurde. Eines dieser Fässer ist mit Ritz- und Stempelinschriften versehen. Auf dem Fassboden ist der Name Marinus eingeritzt; wahrscheinlich handelte es sich bei ihm um einen Sklaven, der den Beruf des Küfers ausübte. Die beiden anderen, mit Stempeln eingebrannten Namen, L. C. LYDI und Q. IUL. PACATI, dagegen dürften römische Bürger bezeichnen, die nacheinander die Fässer besessen hatten.

125 Römische Rebmesser. Rhein. Landesmuseum Trier.

Von den vielen hundert im Militärlager Haltern gefundenen Amphoren waren ungefähr vierhundert für garum bestimmt, d.h. man kann den vorhandenen Vorrat bei einem Fassungsvermögen von etwa zehn Litern pro Gefäß auf potentiell 4000 *l* garum veranschlagen – eine gewaltige Menge für sich betrachtet, doch bei ca. 6000 Mann Besatzung war angesichts des enormen Verbrauchs dieser Flüssigwürze permanenter Nachschub nötig, auch wenn sich die einfachen Sodaten die Würze kaum haben leisten können. Übrigens wurden weder Garum- noch Wein- oder Ölamphoren wiederverwendet, sondern zum Müll gegeben.

Von garum ist auch auf einer südspanischen Amphore aus Ladenburg am Neckar, der römischen Stadt Lopodunum, zu lesen. Die aufgemalte Inschrift besagt, dass der Inhalt 80 (römische) Pfund betrug und aus einer mauretanischen – oder nach mauretanischem Rezept hergestellten – Fischsauce bestand. Das Behältnis wurde im Keller eines Hauses am Markt gefunden, und gleich nebenan hatte das Ladenlokal eines Öl- oder Weinhändlers seinen Platz.

Wein

Mehr als 200 in Haltern gefundene Amphoren enthielten ehemals Wein, was ein Volumen von ca. 6500 Litern ausmacht. In Oberaden wurden ganze Holzfässer geborgen, die ebenfalls für italischen Wein bestimmt waren. Die größten dieser Fässer fassten 1350 *l*, die kleinen immerhin noch 350 *l*. In Marktbreit entdeckte einige wenige Amphorenfragmente dokumentieren Weinimport aus Mittelitalien.

Neueste Funde in Trier, die in einen zeitlichen Kontext um 150 n. Chr. gehören, scheinen zu belegen, dass zu diesem Zeitpunkt hier schon Wein wuchs, denn zum ersten Mal gelang hier der Nachweis von Pollenkörnern der Weinrebe, Vitis vinifera. Anders als bei gefundenen Traubenkernen, die auch importiert sein können, weist das Vorhandensein von Pollen darauf hin, dass die Pflanze am Ort bzw. in der Gegend selbst gewachsen sein muss. Die Zier- und Nutzpflanze Wein ist somit in hiesigen Breiten zu dieser Zeit zumindest in Trier nachgewiesen, allerdings damit noch nicht der großflächige Anbau selbst.

An einigen Orten wurden – wenige – Rebsamen gefunden wie in Bad Wimpfen im Gebiet der Agri Decumates. Bei diesen wenigen Funden wird man folglich nicht an Weinbau in diesen Regionen denken dürfen; vielmehr dürften die Kerne von importierten Weintrauben oder Rosinen stammen. Auffällig ist ferner das Fehlen von Kelteranlagen im gesamten Dekumatland; es spricht folglich alles dafür, dass man in dieser Zeit insgesamt Wein und Most hier aus den Mittelmeerländern, insbesondere Südfrankreich, eingeführt hat.

Eine Reihe von Kelterhäusern am Rhein und vor allem an der Mosel beweist dagegen, dass spätestens ab der Mitte des 3. Jahrhunderts dort Wein in größeren Mengen angebaut und gekeltert wurde. Zum Teil rekonstruiert sind z. B. die Keltern von Piesport, Noviand und Brauneberg. Sie liegen ausnahmslos in heute noch genutzten Rebflächen und zwar in den besten Lagen.

Alle Anlagen, die zum Keltern der Trauben und Reben dienten, gehörten zu entsprechend aufwendig ausgestatteten römischen Gutshäusern, den *villae rusticae.* Überschlägige Berechnungen, die auf der Kapazität der Maischebecken beruhen, ergaben, dass der Piesporter Villa bzw. Kelter eine Rebfläche von mindestens 60 ha zugeordnet werden muss. Dies scheint die größte zusammenhängende Rebfläche überhaupt nördlich der Alpen in römischer Zeit gewesen zu sein. Wesentlich kleiner waren dagegen die beiden Anlagen von Brauneberg; hier konnten Reben von einer etwa 25 ha großen Nutzfläche gekeltert werden. Der Weinberg, der zur Kelter von Noviand gehörte, besaß im Vergleich zu den erstgenannten nur eine relativ kleine Anbaufläche, die ungefähr acht Hektar umfasst haben dürfte.

Wie hoch der Ertrag an Wein aus solchen Gütern war, ist von verschiedenen Faktoren abhängig. Vor allem mussten die Winzer darauf bedacht sein, die Maischebecken rationell auszunutzen. Pflanzte der Winzer verschiedene Rebsorten mit unterschiedlicher Reife- und Erntezeit an, dann mussten die Weinberge nicht in kürzester Zeit abgeerntet werden, sondern die Lesezeit konnte sich über vier bis sechs Wochen erstrecken und die Kelterbecken bis zu 14 mal mit Trauben gefüllt werden.

Columella, in dessen Büchern »Über die Landwirtschaft« zwar die italischen und nicht die transalpinen Verhältnisse des Weinbaus zugrunde gelegt sind, macht dazu folgende Ausführungen:

»Wer die Rebsorten auf getrennte Weinäcker verteilt, der nimmt auf diese Verschiedenheit bezüglich der Lage und Neigung Rücksicht. Er erlangt dabei zugleich den nicht unbeträchtlichen Vorteil, dass ihm die Weinlese weniger Mühe und geringere Kosten verursacht. Denn so, wie jede Sorte (für sich) auszuschlagen beginnt, wird sie auch zu ihrer Zeit gelesen, und Trauben, die noch nicht die volle Reife erlangt haben, lassen die Lese ohne Verlust auf einen späteren Zeitpunkt verschieben; auch zwingen nicht einheitliche alte und gleichzeitig reife Früchte zur Überstürzung der Lese und zum Anheuern zusätzlicher Arbeitskräfte um jeden Preis. Aber auch dies ist von großem Wert, dass man den Charakter jeder Sorte nicht vermischt, sondern wirklich rein ins Fass bringt und gesondert lagert, mag es sich um Bitu-

126 Keramik aus Trierer Töpfereien mit Trinksprüchen: ›Bene tibi sit‹ (›Wohl bekomm's!‹), ›Bibite‹ (›Trinkt!‹), ›Reple‹ (›Füll nach!‹), ›Da vinum‹ (›Wein her!‹).

**127 Calix (Pokal) aus durchscheinendem smaragdgrünem Glas, belegt mit vergoldeten Fäden. Die Form folgt frühkaiserzeitlichen Vorbildern aus Metall. 3. Jh. n. Chr., gefunden in Köln. Im 3. und 4. Jh. erreichte die römische Glaskunst neue Höhepunkte.
Röm.-Germ. Museum Köln.**

128 Pressbecken der römischen Kelter des 4.–5. Jahrhunderts am westlichen Ortsrand von Piesport am Fuße eines mittelsteilen Südhangs (im Bereich der Weinlage »Piesporter Domherr«). Das Pressbecken wurde nach den Grabungsbefunden und antiken Darstellungen rekonstruiert und unter einem Schutzdach konserviert. Alljährlich wird hier ein Kelterfest abgehalten und dazu die Anlage in Betrieb genommen.

ricer- oder Basilicer- oder Spionierwein handeln. Sind diese Sorten getrennt abgefüllt, dann werden sie, weil nichts Fremdes und ihrer Art Widersprechendes hinzugekommen ist, durch langes Lagern immer wertvoller; selbst nach 15 Jahren oder einer noch etwas längeren Zeit könnte man an ihnen schwerlich eine Minderung der Geschmacksgüte feststellen, weil nahezu jeder reine Wein die Eigenschaft hat, in langer Zeit an Güte zu wachsen« (*De re rustica* III 21, 9–10).

129 Ein Mann in Lederschürze bei der Arbeit, der sog. ›Bierbrauer‹. Museum Schwarzenacker bei Homburg/Saar.

Die meisten dieser Ratschläge werden auch die damaligen Winzer an der Mosel befolgt haben, wodurch sie ihren Gewinn beträchtlich steigern konnten. Bei optimaler Nutzung der Rebflächen und Kelteranlagen dürften sich die Durchschnittserträge auf 4000 Liter pro ha belaufen haben; das ergibt z.B. allein für Piesport eine jährliche Weinmenge von 240000 *l*. Wenn man damals das von Columella empfohlene ›Reinheitsgebot‹ auch an Mosel und Rhein befolgt haben sollte – was wir aber nicht wissen –, dann gab es einen Überschuss an gutem, lagerfähigem Wein, der in kühlen Kellern sogar noch an Geschmacksgüte gewinnen konnte.

Natürlich stand aber nicht der Eigenbedarf der Winzerfamilie bei den Überlegungen im Vordergrund, welche Reben und wieviele Weinstöcke angepflanzt werden sollten. Es deutet alles darauf hin, dass die großen Weingüter an Mosel und Rhein für den Export produziert haben; es waren schließlich gute Geschäfte mit dem Wein zu machen. Eine ganze Reihe großer, weithin sichtbarer, an den Hauptstraßen aufgestellter und aufwendig verzierter Grabmäler im Trierer Land zeugt noch heute von dem Reichtum der damaligen Großwinzer.

Die sog. Neumagener Weinschiffe bieten interessante Aspekte im Hinblick auf die Frage nach Import und Export an der Mosel auch insofern, als sie zum einen Fässer, in denen Wein spediert wurde, zeigen und zum anderen Amphoren, die mit Öl gefüllt waren. Aufgrund dieser und anderer bildlicher Darstellungen kann man erkennen, dass es sich bei den Fässern um die für das Mosel- und Rheinland typischen Transportgefäße für Wein handelt, der aus den Großkelteranlagen in riesigen Mengen in den Handel gebracht wurde. Dieser Aufschwung der Weinproduktion an Mosel und Rhein war durch die Tatsache bedingt, dass der Weinimport aus Südgallien den Bedarf nicht mehr decken konnte; südgallische Weinamphoren fehlen in dieser Zeit im archäologischen Fundgut nördlich der Alpen. Es mussten also neue Anbaugebiete in den Nordwestprovinzen erschlossen werden.

Wahrscheinlich entstanden jetzt die meisten der Weingutshöfe zwischen Hochrhein und Rheinhessen im Umland von Kastellen, z.B. in Kaiseraugst und am Limes sowie in der Nähe von größeren Städten wie Mainz oder Straßburg. Gute Weinlagen muss es auch an der Pfälzer Weinstraße gegeben haben. Bekannt sind vor allem die Guts-

130 Weinschiffe dieser Art befuhren die Mosel, dieser Ruderer aus Neumagen ist mit vier Fässern beladen und hat eine Besatzung von neun Mann, weist jedoch zweiundzwanzig Ruder auf. Daraus ist ersichtlich, dass es sich hier um eine verkürzte Darstellung eines solchen Transportschiffes handelt, das also in natura mit einer größeren Rudermannschaft und wesentlich größerer Fracht zu denken ist. Bug und Heck sind mit Drachenköpfen verziert, die eine Unheil abwehrende Funktion besaßen. Der Mann unter einem Kajütendach am Heck ist der Steuermann. Sandstein, 3. Jh. n. Chr. Rhein. Landesmuseum Trier.

höfe von Ungstein, das heute so genannte ›Römische Weingut Weilberg‹, und von Wachenheim, die beide fast vollständig ausgegraben und teilweise rekonstruiert sind.

Während der heimische Weinbau gegen Ende des 3. Jahrhunderts stark an Bedeutung gewonnen hatte, nahm der Import von Wein aus dem Mittelmeerraum insgesamt ganz beträchtlich ab. Weine aus Italien, vor allem aus Kampanien und Südgallien, aber auch aus Spanien oder den griechischen Inseln wie Chios, Samos und Kreta wurden in Trier, Mainz oder Köln, in den Militärlagern und Villen vor allem in den ersten drei Jahrhunderten der römischen Kaiserzeit importiert.

Olivenöl

Olivenöl musste immer in die kühleren Regionen des römischen Reiches exportiert werden. Ganze Schiffsladungen voller Ölamphoren, die fast immer mit Angaben über das Leer- (ca. 30 kg) und Abfüllgewicht (ca. 70 *l*), den Inhalt, den Namen des Produzenten und / oder Händlers versehen waren, verließen denn auch z. B. den südspanischen Handelshafen Carthago Nova (Cartagena) oder die nordafrikanische Küste in Richtung Norden nach Massilia (Marseille), von wo sie die Rhône aufwärts nach Gallien und Germanien transportiert wurden. Das Gleiche gilt für in Salzlake eingelegte ganze Oliven. An allen römerzeitlichen Fundorten dieser Regionen sind Amphorenscherben, aber auch ganz erhaltene Gefäße bei Ausgrabungen zutage gekommen. Ihre Herkunft aus Spanien, Mittelitalien, Griechenland oder Nordafrika ist anhand der Pinselaufschriften und der Namensstempel fast immer nachzuweisen.

Bier

Geradezu eine kulturelle Scheidelinie zwischen römischem Stammland auf der einen Seite und keltisch-gallischen bzw. germanischen Gebieten auf der anderen bezeichnet die Herstellung und der Genuss des Bieres (von den biertrinkenden Ägyptern abgesehen). Vielleicht ist das der Grund dafür, dass archäologische Dokumente zu diesem ›Kulturelement des Nordens‹ jedenfalls im Bereich der hier vorgestellten nördlichen römischen Provinzen sehr selten sind. Wieweit die Provinzialrömer des Nordens selbst zum Bierkrug statt zum Weinpokal griffen, ist nur spekulativ zu beantworten; Kaiser Julian (332–363) jedenfalls meinte: »Wein duftet nach Nektar, Bier aber stinkt nach Bock.« Die romanisierten Kelten bzw. Germanen blieben ihrem Lieblingsgetränk jedoch in jedem Fall treu.

In den Fundamentsresten des Kastells Alzey in Rheinhessen, das die Alemannen im Jahre 353 n. Chr. überfallen und in Brand gesetzt hatten, fanden sich drei Sigillata-Tassen und ein noch völlig unversehrtes doppelhenkliges Gefäß, eine kleine bauchige Amphore von 38 cm Höhe. Auf der Schulter war die Zahl LXIII als Maßangabe des Inhalts eingeritzt. Das Gefäß war ursprünglich mit einem Holzpfropfen fest verschlossen, so dass sich der Inhalt erhalten konnte; er war eingetrocknet und füllte zum Fundzeitpunkt noch gut zwei Drittel des Innern aus. Eine Analyse ergab, dass es sich bei der schwarzbraunen Masse um eingetrocknete, aus Karamell-Gerstenmalz hergestellte Schwarzbiermaische handelte. Die Struktur war porös-schaumig, und da sich in jedem Blasenraum Hefen befanden, hatte vor dem Eintrocknen eine starke Gärung stattgefunden. Der Alemanneneinfall muss also völlig überraschend gekommen sein, denn der Gerstentrunk war offenbar frisch angesetzt gewesen.

Mehrere inschriftliche Belege bezeugen die Existenz von Bierbrauern bzw. Bierhändlern für das römische Trier. Zu ihnen zählt ein Gedenkstein aus dem Jahr 260; dieser hält fest, dass ein römischer Bierhändler, der ›cervesarius‹ Capurillus, Bier von privat brauenden germanischen Frauen bezog und es weiterverkaufte. Bei den Germanen war das Bierbrauen Frauensache! (Auch im Mittelalter bleibt der Verkauf von Bier durch – oft alleinstehende – Frauen ein verbreitetes Gewerbe.) Eine weitere (heute verschollene) Inschrift wurde schon 1791/92 gefunden; ihre Lesung gelang erst 1972. Der – fragmentarische und jetzt ergänzte – Text nennt eine Frau, die vielleicht Hosidia Materna hieß und Bierverlegerin war. Sie verkaufte verschiedene Bierarten, eines nach gallischer, ein anderes nach spanischer Brauart hergestellt, wie aus der Inschrift hervorgeht. Ersteres wird *cervesia* genannt und ist ein Weizenbier, während *cerea,* ein Gerstenbier, eine spanische Spezialität war. Eine im saarländischen Schwarzenacker gefundene Statuette eines Mannes wird aufgrund seiner Körperhaltung und des Lederschurzes, mit dem er ausgestattet ist, als Bierbrauer gedeutet. Auf einem Stein aus Metz wird ebenfalls ein Bierverleger erwähnt.

Die Germanen entdeckten wohl schon im 8. Jahrhundert v. Chr. die Möglichkeit, Bier zu brauen. Der größte Braukessel soll bei ihnen in der Walhalla gestanden haben, denn ihr Göttervater Wotan wie auch die übrigen Götter und Göttinnen waren wie die Germanen selbst sehr durstig. Ihrem legendären Durst entsprach die Größe der Trinkhörner: sie fassten oft mehrere Liter.

131 Mahlzeitgiebel aus Neumagen. Um einen massiven Holztisch, auf den eine Decke aufgelegt ist, haben sich mehrere Personen zum Mahl versammelt. Rechts und links sitzen Frauen auf einem Lehnsessel bzw. Lehnstuhl, hinter dem Tisch sieht man eine Kline mit Kopfpolster; auf ihr sitzen zwei weitere Personen, eine dritte ist an das Kopfpolster gelehnt. Die Tafel weist zwei Platten mit Birnen, Pflaumen, Nüssen und Trauben auf, die Frau im Sessel links reicht dem Mann neben ihr gerade einen Trinkbecher an. In dem viereckigen Weinkrug links in der Ecke erkennt man einen Schöpflöffel. Die Szene gibt die gehobene Tischkultur der Römer des 3. Jahrhunderts im Norden wieder, hier in einem Speiseambiente ohne Triklinium und mit einem auf die Höhe der Sessel ausgerichteten Esstisch. Der gesamte Giebel war ursprünglich etwa 5 m breit und 1,70 m hoch. Rheinisches Landesmuseum Trier.

Rezepte der alten Römer – selbst probiert

TYROTARICHUM - KÄSE-FISCH-AUFLAUF

Apicius 4, 2, 17

Gare den Fisch in Öl und entgräte ihn. Nimm dann gekochtes Hirn, Fischstücke, Innereien vom Huhn, hart gekochte Eier, kurz gekochten Käse; das alles erhitze in einer Auflauform. Zerstoße Pfeffer, Liebstöckel, Oregano, Rautenbeeren, Wein, mulsum, Öl und setze alles auf kleine Flamme, sodass es gart. Zum Schluss binde alles mit rohen Eiern, richte es an, streue gemahlenen Kümmel darauf und serviere.

Man nehme: 200 g Thunfisch in Öl, zwei in Viertel geschnittene harte Eier, 200 g Kalbs- oder Lammhirn, 200 g Hühnerklein, 200 g Frischkäse (Ricotta oder milden Feta), 4 Esslöffel Öl, eine Prise Pfeffer, 2 Handvoll Liebstöckel, 1 guten Teelöffel Oregano, 2 Rautenbeeren, 8 Esslöffel trockenen Weißwein, 4 Esslöffel Marsala, 10 Eier.

Den Thunfisch, die hart gekochten geviertelten Eier, das (gekochte, kalt gewässerte, abgeschreckte, abgehäutete und von Äderchen befreite) Hirn, den in Würfel geschnittenen Käse in eine Schüssel geben. Man kann auch frische Fischreste und andere schmackhafte Reste hinzufügen. Alles mit ein wenig Öl in einer Pfanne durchziehen lassen. In der Zeit den Pfeffer, Liebstöckel (ersatzweise Sellerie und Petersilie zu gleichen Teilen), Oregano und die Rautenbeeren zerstoßen und mit dem Wein, dem Marsala und Öl vermischen. Darauf alles in die Pfanne über die anderen Zutaten geben und auf kleiner Pfanne kochen, bis fast die gesamte Flüssigkeit verdunstet ist, während der Rest sich gut verbindet. Jetzt die gut geschlagenen rohen Eier hinzufügen und das ganze ›Omelett‹ von beiden Seiten fest und goldbraun werden lassen. Auf eine Platte geben, mit geriebenem Kümmel überstreuen und servieren.

nach E. Salza Prina Ricotti

MINUTAL EX PRAECOQUIS - SCHWEINERAGOUT MIT APRIKOSEN

Apicius 4, 3, 6

Gib in einen Topf Öl, liquamen, Wein, schneide getrocknete Schalotten, schneide eine gekochte Schweineschulter in Würfel. Wenn alles gegart ist, verreibe Pfeffer, Kümmel, getrocknete Minze und Dill, gib Honig, liquamen, passum, ein wenig Essig und vom eigenen Saft dazu und schmecke ab. Füge entsteinte Aprikosen hinzu und lass sie aufkochen, bis sie durchgekocht sind. Zerbrösele Teig und binde damit. Pfeffer darauf streuen und servieren.

Inszenierung eines römischen Mahls; vorn ein Tyrotarichum (bei Apicius ›patella tirotaricha‹) eine der Lieblingsspeisen Ciceros.

Auf 1 kg geschnittenes Schweinefleisch nimmt man etwa ½ kg Aprikosen und 5 Schalotten, statt des ›liquamen‹ 4 Löffel Nuoc-Mam oder Salz und Sardellen (Salz in gewohnter Menge in etwas Wasser auflösen und zwei Sardellen in Olivenöl zerdrücken; Alternative: Sardellenpaste); statt Schalotten eignen sich ggf. auch normale Zwiebeln, sie müssen nicht getrocknet sein. Anstelle von ›passum‹ nimmt man Traubenmost oder Süßwein.

Das Fleisch muss nicht vorher gekocht sein, sondern es wird zunächst in Olivenöl angebraten, dann fügt man den Liquamenersatz, (trockenen) Wein und die kleingeschnittenen Zwiebeln zu; während dies kocht, vermischt man gemahlenen Pfeffer, Kümmel, Minze und Dill. Diese Mischung zusammen mit Honig, Süßwein und Essig in eine Schüssel geben und etwas von der Brühe zufügen, alles mischen. Dann diese Gewürzmischung zu dem angebratenen Fleisch gießen und die Aprikosen dazugeben, mit Mehl (statt zerbröselten Teigs) andicken und mit Pfeffer würzen. Kein Gewürz sollte direkt vorschmecken, Vorsicht bei den süßenden bzw. säuernden Zutaten.

TYROPATINA - ›CRÈME CARAMEL‹

nach Apicius 7, 13, 7

Nimm Milch in der Menge entsprechend der Größe der Auflaufform, schmeck sie mit Honig wie bei Milchbrei ab, gib fünf Eier auf jeweils ½ Liter Milch. Verrühre sie gut darin, sodass alles eine glatte Masse ergibt. Gib die Masse durch ein Sieb in eine Tonkasserolle und koch sie auf kleiner Flamme. Wenn sie fest geworden ist, streu Pfeffer darüber und serviere.

Die Honigmenge ist abhängig vom persönlichen Geschmack, man kann reichlich nehmen, denn es kommen ja die Eier hinzu. Man bäckt die Tyropatina (›Käsepfanne‹) in einer feuerfesten Form etwa 1 Stunde bei mittlerer Hitze, bis sie stockt, oder man lässt sie, besser noch, im Wasserbad auf die Weise fest werden, dass man die Form mit der Eier-Milch-Masse in eine größere Form mit kochendem Wasser stellt.

RÖMISCHE WEINBRÖTCHEN

nach Cato *(Rezept s. Seite 35)*

Je Pfund Mehl nimmt man 1 Würfel Hefe und ¼ Liter eingedickten roten Traubensaft. Mit diesen Zutaten setzt man einen Hefeteig in üblicher Weise an. Anschließend kommen folgende Zutaten in den Teig (ausgehend von drei Pfund Mehl): 100–150 g Olivenöl oder Schweineschmalz, 30 g Salz, 150 g geriebener Käse (z. B. Pecorino), ein bis zwei Löffel Anis, ein Löffel Kümmel, einige zerstoßene Lorbeerblätter.

Der Teig muss etwa zwei Stunden gehen. Man formt dann Brötchen mit der Hand oder Stangen, die man in Stücke zu Brötchen schneidet. Unter jedes Brötchen kommt ein Lorbeerblatt. Man lässt sie auf einem Blech noch einmal eine Stunde gehen, dann bäckt man sie bei möglichst großer Hitze in etwa 20 Minuten bei 180° gar. Diese Brötchen eignen sich gut als Beilage zu allen Hauptgerichten.

Lebensmittelpreise und Löhne

Es ist schwer, ja: kaum möglich, konkrete Angaben zu Wert und Kaufkraft des römischen Geldes zu machen, zumal in der römischen Kaiserzeit eine galoppierende Inflation einsetzte. Legt man den heutigen Silberwert zugrunde, ergäbe sich für die Zeit Trajans (um 100 n. Chr.) modellhaft ein Wert von ca. DM 10 für einen Aureus, von DM 0,40 für einen Denar, von DM 0,10 für einen Sesterz und von DM 0,03 für einen As, für die Zeit der Republik um 100 v. Chr. etwa das Doppelte bis Dreifache.

Die folgenden Angaben über Löhne und Preise (in Auswahl) stammen aus dem Preisedikt Diokletians (Ende 3. Jh. n. Chr.). Sie legen Höchstpreise fest, womit der Inflation begegnet werden sollte. Bis zu einem gewissen Grad ermöglichen sie damit einen Einblick in die ›allgemeinen Lebenshaltungskosten‹ zu dieser Zeit. Für die übrigen Zeiten des römischen Reiches, insbesondere die Zeit der Republik, können knapp gefasste Angaben gar nicht gemacht werden.

TAGESLÖHNE EINIGER BERUFE IN DENAREN, DAZU KOMMT BEKÖSTIGUNG

Landarbeiter und Handwerk

Landarbeiter	25
Maurer	50
Zimmermann, Balkenzimmerer	50
Mosaiksetzer (Bildleger)	60
Mosaiksetzer (grobe Arbeiten)	50
Anstreicher, Maler	75
Bildmaler, Freskomaler	150
Wagenschmied; Wagenbauer, Stellmacher	50
Bäcker	50
Kloakenreiniger, Kanalarbeiter	25

Löhne für Berufe mit Tieren

Kamel-, Esel-, Mauleseltreiber	25
Hirt, Schafhirt	20
Scherer, Barbier, Frisör (pro Person; unter Tierberufen aufgeführt!)	2

Löhne für Lehrer und Betreuer

Monatslöhne in Denaren pro Schüler

Elementarlehrer, Schreiblehrer	50
Rechenlehrer	75
Lehrer für Latein- oder Griechisch und Geometrie	200
Rhetoriklehrer	250
Lehrer für Bauwesen	100
Bademeister in privatem Bad (pro Person)	2

PREISE EINIGER LEBENSMITTEL

alle Preisangaben in Denaren

Getreide und Feldfrüchte

Preise pro modius (1 Scheffel, = 17,51 Liter)

Weizen (als Hauptgetreide)	100
Roggen	60
Spelt, Emmer, Zweikorn	100
ungereinigter Spelt, Dinkel	30
Saubohnen	60
getrocknete Saubohnen	100
Linsen	100
Reis	200

Wein, Traubensaft

Preise pro sextarius (1 römischen Sextar = 0,547 Liter)

Falerner	30
gewöhnlicher Landwein	8
eingekochter Traubensaft, Most	16
eingekochter Traubensaft, stärker eingedickt	20
Gewürzwein	24

(Oliven)Öl, Salz und Honig

Preise pro sextarius (1 römischen Sextar = 0,547 Liter), außer wenn anders angegeben

Öl erster Qualiät	40
Öl zweiter Qualität	24
Essig, Weinessig	6
Liquamen (garum) erster Qualität	16
Liquamen (garum) zweiter Qualität	12
Salz (pro Lagerscheffel 100 Denar), 1 sextarius:	3⅛
Honig erster Qualität	40
Honig zweiter Qualität	24

Fleisch, Wurst, Fett

Preise pro libra (1 röm. Pfund = 327,45 g)

Schweinefleisch	12
Rindfleisch	8
Ziegenfleisch	8
Schaffleisch	8
Gebärmutter vom Schwein	24
Euter vom Schwein	20
Leber vom Schwein	16
Pökelfleisch	16
bester menapischer Schinken (Gallien)	20
geräucherte lukanische Wurst vom Schwein	16
geräucherte lukanische Wurst vom Rind	10

Wild

Preise pro libra (1 röm. Pfund = 327,45 g), wenn nicht anders angegeben

Hase (pro Stück)	150
Kaninchen (pro Stück)	40
Haselmaus (pro Stück)	40
Wildschwein	16
Hirsch	12

Geflügel

Preise pro Stück, wenn nicht anders angegeben

Fasan, gemästet	250
Fasan, wild	125
Gans, gemästet	200
Gans, nicht gemästet	100
Hühner (pro Paar)	60
Rebhuhn	30
Drosseln (pro 10 Stück)	60
Enten (pro Paar)	40
Distelfink aus Käfighaltung (pro 10 Stück)	40
Distelfink, wild (pro 10 Stück)	20
Sperling (pro 10 Stück)	16
Pfau, männlich	300
Pfau, weiblich	200

Fische und Meeresfrüchte

Preise pro libra (1 röm. Pfund = 327,45 g), wenn nicht anders angegeben

Seefisch erster Qualität (nicht grätig)	24
Seefisch zweiter Qualität	16
Süßwasserfisch erster Qualität	12
Süßwasserfisch zweiter Qualität	8
eingesalzener oder marinierter Fisch	6
Austern (pro 100 Stück)	100
Klappmuschel (pro 100 Stück)	50
Sardinen, Sardellen	16

Obst

Kirschen (pro 4 libra)	4
Aprikosen(10 Stück)	4
Pfirsich, erste Qualität (10 Stück)	4
Pfirsich, zweite Qualität (20 Stück)	6
Äpfel, erste Qualität (10 Stück)	4
Äpfel, zweite Qualität (20 Stück)	4
Äpfel, Kleinobst (40 Stück)	4
Granatäpfel, erste Qualität (10 Stück)	8
Granatäpfel, zweite Qualität (20 Stück)	8
Quitten, erste Qualität (10 Stück)	4
Quitten, zweite Qualität (20 Stück)	4
Feigen, erste Qualität (25 Stück)	4
Feigen, zweite Qualität (40 Stück)	4
Trauben, mit harter Haut (pro 4 libra)	4

Gemüse

Lattich, Kopfsalat, erste Qualität (5 Stück)	4
Lattich, Kopfsalat, zweite Qualität (10 Stück)	4
Kohl, Stengel, erste Qualität (5 Stück)	4
Kohl, Stengel, zweite Qualität (10 Stück)	4
Porree, erste Qualität (10 Stück)	4
Porree, zweite Qualität (20 Stück)	4
Mangold, erste Qualität (5 Stück)	4
Mangold, zweite Qualität (10 Stück)	4
Rettich, erste Qualität (10 Stück)	4
Rettich, zweite Qualität (20 Stück)	4
Rüben, erste Qualität (10 Stück)	4
Rüben, zweite Qualität (25 Stück)	4
Zwiebel, frisch, erste Qualität (25 Stück)	4
Zwiebel, frisch, zweite Qualiät (50 Stück)	4
Knoblauch (pro modius = 8,754 Liter)	60
Gurken, erste Qualität (10 Stück)	4
Gurken, zweite Qualität (20 Stück)	4
Saubohnen, frisch (pro sextarius = 0,547 Liter)	4
Karotte, Möhre, 1. Qualität (pro Bund zu 25 Stück)	6
Karotte, Möhre, 2. Qualität (pro Bund zu 50 Stück)	6

Sonstige Nahrungsmittel

Eier (4 Stück)	4
frische Gewürzkräuter (pro Bund, 8 versch. Kräuter)	4
Oliven, eingemacht (40 Stück)	4
Oliven, schwarze (pro sextarius = 0,547 Liter)	4
Frischkäse (pro libra = 327,45 g)	8

Register

A
ab ovo usque ad mala 73
Agri Decumates 93, 94, 96, 103
allec 41
Amphoren 32, 56, 67, 68, 81, 82, 91, 94, 101, 102, 104
Apicius 20, 33, 34, 35, 36, 37, 41, 44, 45, 46, 47, 49, 50, 51, 54, 55, 57, 59, 60, 62, 64, 65, 66, 67, 69, 95
Asa foetida 45
Athenaios 60
atrium 14, 22, 23, 28, 29, 30
Austern 48, 59, 60, 73, 77, 83, 92, 100
  Austernbecken 100
  im Lukrinersee 60

B
Baiae 58
Beeren 64, 65, 86
Belgica 50, 69, 88, 93
Berenike 46, 80
biclinium 26, 71
Bier 69, 105
  Bierbrauer(innen) 106
Blumen 74
Bohnen 25, 37, 44, 48, 49, 55, 62
Boscoreale, Villa 46
Brotqualitäten 61

C
Caesar 17, 32, 71, 83, 84, 99
Camargue 41
caroenum 43
Carthago Nova (Cartagena) 105
Cato 13, 14, 15, 34, 35, 39, 46, 47, 61, 62, 65, 67, 71
Catull 66
cena 14, 16, 59, 62, 70, 73, 74, 75
Cicero 49
clientes 22
Columella 13, 34, 35, 47, 50, 51, 54, 55, 58, 63, 67, 97, 99, 103, 104
comissatio 16, 73, 74

D
Datteln 83
De re coquinaria. *Siehe* Apicius
defritum 42, 43
  auch: defrutum 47
defrutum. *Siehe* defritum
Deipnosophistai. *Siehe* Athenaios
Delikatessen 13, 22, 63, 64, 83, 99, 100
domus 22

E
Eierspeisen 45
Elagabal, Kaiser 70, 77
Essbesteck 72
Essig 10, 11, 41, 47, 62, 64, 65, 69, 101
Etrusker 12, 31, 46, 49, 55, 64, 72

F
familia, römische 14, 17, 39, 70, 90
Fett 46
  Butter 46
  Schweinefett 46
  Schweineschmalz 80
Fisch 37, 41, 43, 48, 55, 87, 90, 91, 92, 100, 102
  Fischfabriken 56
  Fischgerichte 59
  Fischhaltung 52
  Fischinnereien 41
  Fischkonserven 32
  Fischsauce (garum) 80, 102
  Fischteich 58
  Fischzuchtanlagen 58
  Fischzüchter 58
  Muräne 57, 58, 65
  Rogen 75
  Thunfisch 32, 56, 65, 101
Fischbecken 58
Fischindustrie 56
Fischwürze. *Siehe* garum
Frauen beim Bankett 17, 72

G
Gartentriklinium 25
  garum 41, 73, 79, 80, 101, 102
  garum Scauri 41
  garum sociorum 41, 57
Garumflaschen 41
Gastmahl des Trimalchio (Petron) 42, 70, 74
Geflügel 51
Geflügelzucht 51
Gemüse 14, 21, 43, 44, 46, 49, 61, 62, 64, 73, 83, 90, 92, 94
Geschirr 39
Getreide 13, 41
  Dinkel 85, 87, 92, 93, 94
  Einkorn 85, 87, 93
  Emmer 14, 60, 61, 85, 87, 92, 93
  Gerste 55, 62, 69, 84, 85, 87, 93, 106
  Hafer 85, 87, 93
  Nacktweizen 60, 61, 87, 92, 93
  Rispenhirse 85, 87, 92, 93
  Roggen 85, 87, 92, 93
Gewürze, notwendige 46
Gräber 86, 87
gustatio 73

H
Heilkräuter 97
Herkulaneum 23, 24, 25, 27, 31
  Haus des Neptun- und Amphitrite-Mosaiks 25
Honig 41, 42, 43, 45, 55, 64, 65, 69, 90, 95, 96
  vom Hymettos 43
Horaz 38, 75
hydrogarum 41. *Siehe* garum
hydromeli 69

I
ientaculum (Frühstück) 14, 16
imus lectus 71

J
Julian, Kaiser 105
Jungsau-Gebärmutter 49
Juvenal 24, 25, 61

K
Kalb 26, 41, 49, 64
Käse 51
  aus Nemausus (Nîmes) 51
  aus Trebula 51
  caseus Etruscae Lunae 51
  Dickmilch (melcas) 51
  formaticus 51
  Velabrensis 51
  Vestinus 51
Keller 89
Kleintierhaltung 21
Klienten. *Siehe* clientes
Köche 39
Kohl 62
Kräuter 16, 37, 41, 44, 47, 95
Kryptoportikus 30
Kuchen 51
Küchen 23, 28, 29, 30, 38, 89

L
Lamm 26, 37, 41, 49
Lararium 29
laser 44
laserpicium. *Siehe* laser
Lastfahrzeuge 82
Latrine 28
Laurentum 54
Leber 49
leporaria 53
libatio 73
Liebstöckel 20, 42, 44, 95
liquamen. *Siehe* garum
locus consularis 71
locus summus 71
lora. *Siehe* Trester
Lucullus 52, 55, 58, 64

M
Macrobius 17
mappa 72
Maris poma. *Siehe* Meeresfrüchte
Märkte 21, 51, 95
Martial 39, 50, 51, 53, 55, 74
Massilia (Marseille) 105
medius lectus 71
Meeresfrüchte 59
Meerwasser 47, 54
Milch 14, 46, 49, 50, 51, 61, 65, 80, 84, 94
Militärlager 84, 85, 88, 94, 97, 102
Mohn 55
Monte Circeo 58
mores maiorum 15, 34
mullus (Meerbarbe) 57
Muscheln. *Siehe* Meeresfrüchte

N
Núoc-Mâm 42. *Siehe* garum

O
Obstfrüchte 64, 85
  Aprikosen 64
  Datteln 65, 95
  Feige 65
  Granatapfel 64
  Pfirsich 64
  Zitrusfrüchte 65
Obstgärten 65, 96
Oecus Corinthius 25
oenogarum 41. *Siehe* garum
Ölherstellung. *Siehe* Oliven
Oliven 46
Olivenöl 46, 105
Ostia 30, 38, 54, 80
  Casa delle Volte Dipinte 30
Ovid 10, 48

P
Palmyra 80
panem et circenses 61
panis militaris. *Siehe* Brotqualitäten
passum 43
pastio villatica. *Siehe* Kleintierhaltung
pater (familias) 14
Petron. *Siehe* Gastmahl des Trimalchio
Pfau 48
Pfeffer 45, 73, 97
Pferdefleisch 27, 97
Pflanzenkost 60
piscinae 58. *Siehe* Fischbecken
Plautus 14, 15, 39
Plinius d.Ä. 35, 39, 41, 44, 45, 51, 57, 63, 64, 66, 67
Plinius d.J. 76, 77
Pompeji 18, 20, 22, 23, 24, 25, 27, 28, 29, 31, 32, 41, 65
  Anwesen der Iulia Felix 27, 58
  Casa del Citarista 28
  Casa del Moralista 73
  Casa delle nozze d'argento 25
  Casa di Meleagro 25
  Haus der vergoldeten Putten 23
  Haus des D. Octavius Quartio 26, 27
  Haus des Fauns 28
  Haus des Menander 40
  Mysterienvilla 29
  Vettierhaus 28
  Villa del Centenario 58
  Villa des Diomedes 30
popinae 18, 20
Portikusvilla 89
posca 69, 101

Poseidonios von Apameia 12
prandium 16
primae mensae 73
promulsis. *Siehe* gustatio
Provence 50
Ptolemais 80
puls (Getreidebrei) 14, 34, 49, 50, 61
pultiphagi 14

R
Reis 46
Rind 37, 49, 50, 57, 85, 86, 90, 91, 92, 97, 98

S
Sagum (Mantel) 98
Salat 62, 73
salutatio 16
Salz 41, 47, 56, 65, 67, 73, 79, 80
  Salzsteuer 82
Salzlake 32, 41, 47, 64, 65, 76, 94, 101, 105
sapa 43, 101
Satiricon. *Siehe* Gastmahl des Trimalchio (Petron)
Saueuter 49
Schaf 37, 49, 50, 51, 86, 90, 91, 92, 97, 98
Schnecken 26, 73, 91
Schwein 46, 48, 49, 77, 85, 86, 90, 91, 92, 97, 98
  Saueuter 49
  Schinken 10, 18, 50, 90
  Schweinefleisch, gepökelt 50
Schweinezuchtanlagen 50
secundae mensae 73
Seneca 17, 33, 35, 36, 39, 70
Settefinestre (Villa) 50
sigma 72
silphium. *Siehe* laser
Sklaven beim Gastmahl
  carptor 72
  minister 72
  ministrator 72
  nomenclato 72
  scissor 72
  scoparius 72
  structor 72
  tricliniarches 72
sportula 16, 30
Strabon 98
Streifenhäuser 90
summus lectus 71

T
tabernae 19
tablinum 22, 23
Tacitus 84, 88
Tafelgeschirr 40
terra sigillata 40
thermopolium 18, 19, 20, 101
Tiberius, Kaiser 35, 60, 63
Tische 24, 72, 73
Trajansmärkte 21
Transport 60, 68, 99, 100, 104
  Transportwege 80
Trester 69, 101
triclinium. *Siehe* Triklinium
Triklinium 22, 23, 25, 27, 28, 29, 30, 70, 89, 90
  Sommertriklinium 27, 30, 89
  Wintertriklinium 89
Tróia (Portugal) 41
Trüffel 63

U
Unterhaltung bei der Cena 74

V
Valerius Maximus 34
Varro 50, 52, 54, 55, 58, 64, 66
vesperna (Abendessen) 14
villae rusticae 29, 47, 50, 51, 84, 88, 98, 103
Vitruv 22, 23, 25, 28, 29, 31
vivaria 54

W
Wasseranschluss 30
Wein 43, 66, 102
  Caecuber 68
  Falerner 68
  Kelterhäuser 88, 103
  Mamertiner 68
  Massiker 68
  Pollen 102
  Rebsamen 103
  Rebsorten 68, 103
  Surrentiner 68
  Vinum piperatum (Würzwein) 69
  Weinqualität 68
Weinraute 44
Wild 53, 98
  Elch 98
Wildvögel 52
  Fischreiher 99

Z
Ziege 37, 49, 50, 51, 91, 92, 97
Zölle 82
Zucker 42, 96
Zwiebel 44, 62, 64, 65, 77

Orte (nördl. Provinzen)

Alzey 105
Augst 39, 87, 89, 91, 92, 102
Augusta Raurica. *Siehe* Augst
Bad Kreuznach 89, 90
Bad Rappenau 89
Bad Wimpfen 103
Brauneberg 103
Colonia Ulpia Traiana 101. *Siehe* Xanten
Dalheim 96, 101
Dangstetten 93
Ettenheim-Altdorf 86
Gelduba (Gellep) 63
Haltern 94, 101, 102
Hofheim 97, 98
Kaiseraugst 104
Kempten 95
Köln 49, 65, 85, 95, 105
Köngen 93, 95, 101
Konstanz 86
Krefeld 81
Kusterdingen-Immenhausen 86
Ladenburg 102
Lauffen 93
Lopodunum. *Siehe* Ladenburg
Lörrach-Brombach 95
Mainhardt 96
Marktbreit 94, 98
Metz 106
Mittelstadt 89
Neumagen 81, 104
Neuss 65, 85, 86, 93, 95, 97
Nijmegen 85
Novaesium. *Siehe* Neuss
Noviand 103
Oberaden 65, 94, 95, 102
Oberkochen 93
Oberwinterthur 102
Piesport 103, 104
Rainau-Buch 98
Rheinzabern 40
Rottweil 95, 99
Saffig 94, 96
Schwarzenacker 106
Siesbach 95
Trier 32, 88, 97, 99, 102, 105, 106
Ubstadt-Weiher 86
Ungstein 105
Vindonissa. *Siehe* Windisch
Vitudurum. *Siehe* Oberwinterthur
Wachenheim 105
Weilberg, Weingut 105
Windisch 87, 91, 94
Xanten 65, 81, 85, 95, 101
Zülpich 93

Römische Rezepte

Alexandrinische Sauce an gegrilltem Fisch 59
Bohnentopf à la Commodus 62
Bohnentopf mit Saubohnen 62
Brokkoli 64
Champignons 64
Dulcia domestica 20
Epityrum 47
Geknetetes Brot 61
Geschälte Gurken 64
Grüne Bohnen[Schoten] 62
Hase im eigenen Saft 42
Haselmaus 55
Hydrogarata isicia 20
Isicia amulata ab aheno 20
Kalte Sauce (Wildschwein) 54
Karden (›Artischocken‹) 64
Kohlsprossen 47
Libum 35
Lukanische Würste 50
Minutal ex praecoquis 107
Moretum 11
Mostbrötchen 35
Numidisches Huhn 51
Ova sfongia ex lacte 45
Pisam 20
Punische Grütze 61
Rüben, Steckrüben 64
Sauce an gekochtem Fisch 59
Sauce für gefüllten Tintenfisch 60
Sauce für gegrillte Zahnbrasse 59
Sauce für Miesmuscheln 60
Sauce zu Austern 60
Savillum 35
Süßes Frikassee mit Zitronatszitronen 65
Tyropatina 107
Tyrotarichum 107
Vogel mit Oliven 47
Weinbrötchen 107
Weizenbrei 61
Wildschwein 54
Wildschweinschinken 54
Würzwein paradox 69

Literatur

ANTIKE AUTOREN

Marcus Gavius Apicius. De re coquinaria. Das römische Kochbuch des Apicius. Vollständige zweisprachige Ausgabe, hg., übers. und komm. von Robert Maier, Stuttgart 1991

Das Apicius-Kochbuch aus der römischen Kaiserzeit. Apicius Coelius in re quoquinaria. Ins Deutsche übers. und bearb. von Richard Gollmer, Rostock 1928, Nachdruck 1965

Athenaios von Naukratis, Das Gelehrtenmahl. Aus dem Griech. von Ursula und Kurt Treu, Leipzig 1985

Marcus Porcius **Cato,** Vom Landbau. Fragmente. Alle erhaltenen Schriften. Lat.-dt., hg. von Otto Schönberger, Darmstadt 1980

Lucius Iunius Moderatus **Columella,** Zwölf Bücher über die Landwirtschaft, Buch eines Unbekannten über Baumzüchtung. Lat.-dt., hg. und übers. von Will Richter, Bände 1–3, München 1981, 1982, 1983

Historia Augusta, eingel. u. übers. von Ernst Hohl. Bearb. u. erl. von Elke Merten u. Alfons Roesger, Band 1, Zürich–Stuttgart 1976

Horaz, Werke, Aus dem Lat. übers. von Manfred Simon, Berlin–Weimar 2. Aufl. 1983

M. Valerius **Martialis,** Epigramme. Lat.-dt. Hg. und übers. von Paul Barié und Winfried Schindler, Darmstadt 1999

Petronius, Satiricon. Aus dem Lat. übersetzt von Fritz Tech, Berlin 1984

Petron, Cena Trimalchionis – Gastmahl bei Trimalchio, München 1979 (dtv 9148)

C. Plinius Secundus d. Ä., Naturkunde. Lat.-dt. hg. und übers. von Roderich König in Zusammenarbeit mit Gerhard Winkler, München 1973ff.

Plinius der Jüngere, Sämtliche Briefe. Übers. von André Lambert, Zürich–Stuttgart 1969

Valerius Maximus, Facta et dicta memorabilia. Lat./Dt. Ausgew., übers. und hg. von Ursula Blank-Sangmeister, Stuttgart 1998

Vitruv, Zehn Bücher über Architektur, übers. und mit Anm. vers. von Curt Fensterbusch, Darmstadt 1964

Die Übersetzungen der im Text nicht eigens nachgewiesenen Zitate antiker Autoren stammen – wenn nicht aus den hier angeführten Quellen – von Helmut Schareika.

RÖMISCH KOCHEN

A. Dalby u. S. Grainger, Küchengeheimnisse der Antike, Würzburg 1996

I. Gozzini Giacosa, Genießen wie die alten Römer. Antike Küche neu entdeckt, Frankfurt 1995

Das Kochbuch der Römer. Rezepte aus der »Kochkunst« des Apicius eingeleitet, übersetzt und erläutert von Elisabeth Alföldi-Rosenbaum, Zürich–München, 7. Aufl. 1984

Kostproben für Geniesser römischer Kochkunst. In: Vernissage, Nr. 13/1997, 16f. [Rezepte nach Apicius]

H.-P. von Peschke u. **W. Feldmann,** Kochen wie die alten Römer. 200 Rezepte nach Apicius, für die heutige Küche umgesetzt, Zürich–Düsseldorf 1995

J. Renfrew, Food and Cooking in Roman Britain. History and Recipes, Birmingham 1985

E. Salza Prina Ricotti, Dining as a Roman Emperor. How to Cook Ancient Roman Recipies Today, Rom 1995

E. Salza Prina Ricotti, Ricette della cucina romana a Pompei e come eseguirle, Rom 2000 (durchgesehene Neuausgabe)

Einige Internetadressen:
www.roemerkueche.de
www.hobbythek.de/archiv/259/
www.phil.uni-erlangen.de/~p2latein/petron/erstseit.html
Über die Internet-Suchmaschinen wie z. B. www.google.de lassen sich zahlreiche Informationen und Darstellungen zum Thema »Römisch kochen« ermitteln.

WEITERFÜHRENDE LITERATUR

2000 Jahre Weinkultur an Mosel – Saar – Ruwer. Denkmäler und Zeugnisse der Geschichte von Weinanbau, Weinhandel, Weingenuß, Trier 1987

A. Abegg, Der römische Grabhügel von Siesbach, Kreis Birkenfeld. In: Trierer Zeitschrift 52, 1989, 171–278

J. André, L'alimentation et la cuisine à Rome, Paris 1981

J. André, Essen und Trinken im Alten Rom, Stuttgart 1998

W.-D. Becker und **U. Tegtmeier,** Datteln, Feigen, Mandeln, Nüsse – Südfrüchte aus dem römischen Xanten. In: Archäologie im Rheinland 1997, Köln 1998, 188–191

N. Blanc u. **A. Nercessian,** La cuisine romaine antique, Grenoble 1992

H. Blanck, Essen und Trinken bei Griechen und Römern. In: Antike Welt 11, 1980, H.1, 17–34

F. Coarelli, Pompeji. Archäologischer Führer, Bergisch-Gladbach 1979

E. Brandt, Untersuchungen zum römischen Kochbuche, Leipzig 1927

R. Cordie-Hackenberg, Chr. Gerdes u. **A. Wigg,** Nahrungsreste aus römischen Gräbern und Aschengruben des Trierer Landes. In: Archäologisches Korrespondenzblatt 22, 1992, 109–117

R. I. Curtis, The Production and Commerce of Fish Sauce in the Western Roman Empire: A social and economic Study. Diss. Univ. of Maryland 1978 (1979)

A. S. Dollinger, Essen und Trinken im alten Rom. Saueuter in Thunfischmarinade. In: Vernissage, Nr. 13/1997, 6–15

R. Fellmann, Dem Schoß der Erde anvertraut. Neues zum spätrömischen Silberschatz aus dem Castrum Rauracense. In: Antike Welt 31/1, 2000, 49–56

S. Fünfschilling, Chr. Jacquat, J. Schibler, A. Zürcher, Pflanzenanbau, Nahrungsmittel und Essgewohnheiten im römischen Vicus Vitudurum – Oberwinterthur. In: archäologie der schweiz 8, 1985, H. 3, 160–167

A. R. Furger, Vom Essen und Trinken im römischen Augst – Kochen, Essen und Trinken im Spiegel einiger Funde. In: archäologie der schweiz 8, 1985, H. 3, 168–187

A. R. Furger u.a., Der »römische« Haustierpark in Augusta Raurica. Augster Blätter zur Römerzeit 7, August 1992

G. Gerlach, Essen und Trinken in römischer Zeit. Führer und Schriften des Archäologischen Parks Xanten, Nr. 9, Köln 1986

K.-J. Gilles, Neuere Forschungen zum römischen Weinbau an Mosel und Rhein, Trier 1995

A. Haffner, Gräber – Spiegel des Lebens. Zum Totenbrauchtum der Kelten und Römer am Beispiel des Treverer-Gräberfeldes Wederath-Belginum, Mainz 1989

G. Hagenow, Aus dem Weingarten der Antike. Der Wein in Dichtung, Brauchtum und Alltag, Mainz 1982

U. Heimberg, Gewürze, Weihrauch, Seide. Welthandel in der Antike, Aalen 1981

C. Holliger, Culinaria Romana. So assen und tranken die Römer, Brugg 1996

W. Hürbin, Römisches Brot. Mahlen, Backen, Rezepte. Augster Blätter zur Römerzeit 4, August 1980

H. Hüster-Plogmann, G. Breuer u. **M. Petrucci-Bavaud,** Was essen wir heute? Analyse von Tier- und Pflanzenresten einer Herdstelle aus dem 2. Jahrhundert n. Chr. in Augusta Raurica. In: archäologie der schweiz 22, 1999, H. 1, 39–43

W. F. Jashemski, Forschungen und Entdeckungen in den Gärten Pompejis. In: Antike Welt 8, 1977

I. Jensen, Die Reibschale von Mannheim-Wallstadt. Einführung in die »Römische Küche« für Besucher des Reiß-Museums in Mannheim. In: Archäologische Nachrichten aus Baden 32, 1984, 27–34. Anhang: D. Baatz (Übersetzer), Die Brotzeit, 34–36 (aus der Appendix Vergiliana)

M. Junkelmann, Panis Militaris. Die Ernährung des römischen Soldaten oder der Grundstoff der Macht, Mainz 1997

T. Kleberg, In den Wirtshäusern und Weinstuben des antiken Rom. Aus dem Schwed. von Wilhelm Braun, Berlin 2. Aufl. 1963

K.-H. Knörzer, Die Ernährung der Soldaten und der Zivilbevölkerung. In: Das römische Neuss, Stuttgart 1984

K.-H. Knörzer u. a., PflanzenSpuren. Archäobotanik im Rheinland: Agrarlandschaft und Nutzpflanzen im Wandel der Zeiten, Köln 1999, besonders S. 93ff.

U. Körber-Grohne, Nutzpflanzen und Umwelt im römischen Germanien, Stuttgart 1979

A. Kreuz, Funktionale und konzeptionelle archäobotanische Daten aus römerzeitlichen Brandbestattungen. In: Berichte der Kommission für Archäologische Landesforschung in Hessen 3, 1994/1995, 93–97

D. Kucan, Die Pflanzenreste aus dem römischen Militärlager Oberaden. In: J.-S. Kühlborn, Das Römerlager in Oberaden III, Münster 1992
H.-P. Kuhnen u. **E. Riemer**, Landwirtschaft der Römerzeit im römischen Weinkeller Oberriexingen, Stuttgart 1994
S. Lauffer (Hrsg.), Diokletians Preisedikt. Texte und Kommentare, Bd. 5, Berlin 1971
M. Luik u. **F. Reutti**, Der Römerpark in Köngen, mit einem Beitrag von U. Körber-Grohne. Führer zu archäologischen Denkmälern in Baden-Würtemmberg, Bd. 12, Stuttgart 1988
S. Martin-Kilcher, Die römischen Amphoren aus Augst und Kaiseraugst: ein Beitrag zur römischen Handels- und Kulturgeschichte. I: Die südspanischen Ölamphoren (Gruppe 1). Forschungen in Augst 7:1, Augst 1987
S. Martin-Kilcher, Römisches Tafelsilber: Form und Funktionsfragen. In: H. A. Cahn/A. Kaufmann-Heinimann (Hrsg.), Der spätrömische Silberschatz von Kaiseraugst. Basler Beiträge zur Ur- und Frühgeschichte 9, Derendingen 1984, 393 ff.
A. G. McKay, Römische Häuser, Viellen und Paläste, Feldmeilen 1980
H. Mielsch, Die römische Villa. Architektur und Lebensform, München 1987
C. Olive u. **S. Deschler-Erb**, Poulets de grain et rôtis de cerf: produits de luxe pour les villes romaines. In: archäologie der schweiz 22, 1999, H. 1, 35–38
J. Peters, Römische Tierhaltung und Tierzucht. Eine Synthese aus archäozoologischer Untersuchung und schriftlich-bildlicher Überlieferung, Rahden/Westf. 1998
M. Petrucci-Bavaud u. **M. Veszeli**, Ein Essen für die Toten. Fleisch, Brot, Früchte und andere Nahrungsmittel in römischen Brandbestattungen. In: archäologie der schweiz 22, 1999, H. 1, 31–34
M. Pietsch, D. Timpe u. **L. Wamser**, Das augusteische Truppenlager Marktbreit. Bisherige archäologische Befunde und historische Erwägungen. Bericht der Römisch-Germanischen Kommission 72, 1991, 263–319
H.-H. von Prittwitz und Gaffron u. **H. Mielsch** (Hrsg.), Das Haus lacht vor Silber. Die Prunkplatte von Bizerta und das römische Tafelgeschirr, Köln 1997
W. Rinkewitz, Pastio Villatica. Untersuchungen zur intensiven Hoftierhaltung in der römischen Landwirtschaf, Frankfurt am Main 1984
E. Ritterling, Das frührömische Lager bei Hofheim im Taunus. Nassauische Annalen 40, 1912, Wiesbaden 1913
B. Rütti u. **C. Aitken**, Gaumenfreuden. Augster Museumshefte 23, Augst 1999
U. Ruoff, Wegzehrung ins Jenseits? In: archäologie der schweiz 8, 1985, H. 3, 142–129
K. Schäfer, Ein römisches Brandgrab mit Brot- und Gebäckbeigabe aus Saffig, Kreis Mayen-Koblenz. In: Pellenz Museum, H. 2, 1983, 1–4
J. Schibler u. **E. Schmid**, Tierknochenfunde als Schlüssel zur Geschichte der Wirtschaft, der Ernährung, des Handwerks und des sozialen Lebens in Augusta Raurica. Augster Museumshefte 12, Augst 1989
K. Schneider, Villa und Natur. Eine Studie zur römischen Oberschichtkultur im letzten vor- und ersten nachchristlichen Jahrhundert, München 1995
K. Schroeder, Das Steinobst aus dem römischen Grabhügel von Siesbach. In: Trierer Zeitschrift 43/44, 1980/81, 263–283
F. Schubert u. **S. Grunauer-von Hoerschelmann**, Archäologie und Photographie. Fünfzig Beispiele zur Geschichte und Methode, Mainz 1978
L. Schwinden, Handel mit Pfeffer und anderen Gewürzen im römischen Trier. In: Funde und Ausgrabungen im Bezirk Trier. Kurtrierisches Jahrbuch 23, 1983, 20–26
M. Sciallano, Poissons de l'antiquité, Istres 1997
H. Sütterlin, Kastelen 2. Die älteren Steinbauten in den Insulae 1 und 2 von Augusta Raurica mit naturwissenschaftl. Beiträgen von M. Petrucci-Bavaud, G. Breuer, P. Lehmann u. H. Hüster-Plogmann, Augst 1999
G. E. Thüry, Römische Austernfunde in der Schweiz, im rechtsrheinischen Süddeutschland und in Österreich. In: Festschrift für Hans R. Stampfli, Basel 1990, 285–301
G. E. Thüry u. **J. Walter**, Condimenta. Gewürzpflanzen in Koch- und Backrezepten aus der römischen Antike. Römische Küchenpflanzen I, Wien 1997
W. Unverzagt, Römisches Dolium mit Biermaische aus Alzey. In: Schumacher-Festschrift. Zum 70. Geburtstag Karl Schumachers, Mainz 1930, 314f.
M. Währen, Brot und Gebäck in einem römischen Brandgrab aus Saffig, 2. Jahrhundert n.Chr., Kreis Mayen-Koblenz. In: Pellenz Museum, H. 2, 1983, 5–24
M. Währen, Brot und Gebäck aus dem keltisch-römischen Gräberfeld von Wederath-Belginum. Neue Ergebnisse und Rekonstruktion des Gebäcks. In: Funde und Ausgrabungen im Bezirk Trier 22, 1990, 13–17
M. Währen u. **Chr. Schneider**, Die puls. Römischer Getreidebrei. Augster Museumshefte 14, Augst 1995
K.-W. Weeber, Alltag im Alten Rom: Landleben, Düsseldorf 2000
K.-W. Weeber, Die Weinkultur der Römer, Zürich 1993
J. H. van der Werff, Bemerkungen zu einer Pinselinschrift aus Xanten. In: Berichten van de Rijksdienst voor het Oudheidkundig Bodemonderzoek 40, 1990, 323–331
Sir M. Wheeler, Der Fernhandel des Römischen Reiches in Europa, Afrika und Asien, München 1965

Bildnachweis

Bildkonzeption: Helmut Schareika
ag4 – Medien, Bamberg: 12; Antiquités nationales, St-Germain-en-Laye; Photo RMN – Jean Schormans: 49; Archiv Bonechi, Florenz: 23; Archiv A. Steinmeyer-Schareika, Filderstadt: 5, 14, 17, 21, 22, 24, 25, 26, 29, 30, 31, 33, 38, 54, 55, 57, 97, 124, 130, 131; Glyptothek München: 7; Historisches Museum Basel, Maurice Babey: 93; Institut für Paläoanatomie und Geschichte der Tiermedizin, München: 53; D. Kucan, Niedersächs. Inst. für Hist. Küstenforschung, Wilhelmshaven: 112; Labor für Archäobotanik des Instituts für Ur- und Frühgeschichte der Universität zu Köln: 96; Landesdenkmalamt Baden-Württemberg, Stuttgart: 99, 122, 123; Landesmuseum Mainz: 108; H. Leredde (nach: Blanc/Nercessian, Cuisine romaine): 47; Erich Lessing / AKG Berlin: 65; Luc Long (nach: Sciallano: Poissons): 89; Beate Merz; nach: M. Junkelmann, Panis militaris: 6; Musée d'Histoire, Marseille: 61; Musée du Louvre, Paris, Photo RMN: 81; Museum Zurzach, CH: 95; Paul Getty Museum, Malibu (nach: Dalby/Grainer, Küchengeheimnisse): 1, 40; Luciano Pedicini, Neapel: 10, 32, 34, 45, 51, , 67 72, 74, 85, 88; F. Pirson: 27; Prähistorische Staatssammlung München, Foto M. Eberlein: 39, 87, 113; Princeton, N.J., University Art Museum (nach: J. Martin, Das alte Rom, München 1994): 78; Rhein. Landesmuseum Bonn, H. Lilienthal: 84; Rhein. Landesmuseum Trier: 98, 103, 114, 115, 117, 118, 119, 120, 121, 125, 126, 128; Röm.-Germ. Museum Köln: 127; Römermuseum Augst, Roland de Versal: 69; Römermuseum Augst, Ursi Schild: 4, 101, 102, 105, 106, 107; Römermuseum Homburg-Schwarzenacker / Saar: 58, 110, 129; Römisches Museum Augsburg: 91, 94; Saalburgarchiv (Foto: I. Dittrich): 9; Scala, Florenz: 9, 15, 11, 19, 20, 36, 42, 50, 52, 60, 68, 70, 71, 73, 75, 76, 77, 83, 86; Helmut Schareika: Karte S. 8 (nach: Blanc/Nercessian, Cuisine romaine), 79 (Grafik); Martine Sciallano: 64; Stiftung Leonard von Matt: 13, 16, 35; The Corning Museum of Glass: 66; E. Thiem. Lotos Film, Kaufbeuren (nach: J. Martin, Das alte Rom, München 1994): 90; Ufficio monumenti storici Solduno: 48; Westf. Museum für Archäologie, Münster: 8 (St. Brentführer), 100; nach: A. Baumeister: Denkmäler des klass. Altertums: 18; nach: Blanc/ Nercessian, Cuisine romaine: 46; nach: Dalby/ Grainer, Küchengeheimnisse: 41; nach: Daremberg/Saglio, Dictionnaire des Antiquités…, Paris 1877–1918: 116; nach: Drack/Fellmann, Die Römer in der Schweiz: 104; nach: U. Körber-Grohne, Nutzpflanzen 109; nach: H. Mielsch, Die römische Villa: 56 [Journal of Roman Studies 9 (1919), 59ff. bzw. Röm. Mitteilungen 69 (1962), 96ff.], 63 [G. Schmiedt: Il livello antico del Mar Tirreno, Testimonianze dei resti archeologici (1972), Abb. 135], 59 [Notizie degli Scavi di Antichità, Rom, 1968, 12f., Abb. 8]; nach: Piazza Armerina, Italcards (Bologna) 1989: 28; nach: E. Salza Prina Ricotti, Ricette, »L'Erma« di Bretschneider, Rom 2000: 2, 3, 82, S. 107; nach: K. Schäfer, Brandgrab: 111; nach: M. Sciallano, Poissons: 43, 44, 62; nicht ermittelt: 80